Kyra Sänger
Christian Sänger

Canon PowerShot G7 X
für bessere Fotos von Anfang an!

Verlag: BILDNER Verlag GmbH
Bahnhofstraße 8
94032 Passau
http://www.bildner-verlag.de
info@bildner-verlag.de
Tel.: + 49 851-6700
Fax: +49 851-6624

ISBN: 978-3-8328-0122-9

Covergestaltung: Christian Dadlhuber
Produktmanagement: Lothar Schlömer
Layout und Gestaltung: Astrid Stähr
Autoren: Kyra Sänger, Christian Sänger
Herausgeber: Christian Bildner

© 2015 BILDNER Verlag GmbH Passau

Das FSC®-Label auf einem Holz- oder Papierprodukt ist ein eindeutiger Indikator dafür, dass das Produkt aus verantwortungsvoller Waldwirtschaft stammt. Und auf seinem Weg zum Konsumenten über die gesamte Verarbeitungs- und Handelskette nicht mit nicht-zertifiziertem, also nicht kontrolliertem, Holz oder Papier vermischt wurde. Produkte mit FSC®-Label sichern die Nutzung der Wälder gemäß den sozialen, ökonomischen und ökologischen Bedürfnissen heutiger und zukünftiger Generationen.

Für den kostenlosen Download der E-Book-Version dieses Buches gehen Sie wie folgt vor:

1. Registrieren Sie sich kostenlos bei unserem eBook-Portal unter www.readersplanet.de
2. Geben Sie anschließend folgende Adresse ein:
   www.readersplanet.de/Gutschein.aspx
3. Geben Sie im entsprechenden Feld nachfolgenden Gutschein-Code ein:

Ihr Gutschein-Code:

N8246EW98BCLB964FX7P

(Bitte Groß-/Kleinschreibung sowie den Unterschied zwischen 0 und O beachten)

Sie können das eBook nun aus Ihrer Bibliothek herunterladen.

Bei Problemen wenden Sie sich bitte über das entsprechende Kontaktformular an uns.

Wichtige Hinweise

Die Informationen in diesen Unterlagen werden ohne Rücksicht auf einen eventuellen Patentschutz veröffentlicht. Warennamen werden ohne Gewährleistung der freien Verwendbarkeit benutzt. Bei der Zusammenstellung von Texten und Abbildungen wurde mit größter Sorgfalt vorgegangen. Trotzdem können Fehler nicht vollständig ausgeschlossen werden. Verlag, Herausgeber und Autoren können für fehlerhafte Angaben und deren Folgen weder eine juristische Verantwortung noch irgendeine Haftung übernehmen. Für Verbesserungsvorschläge und Hinweise auf Fehler sind Verlag und Herausgeber dankbar.

Fast alle Hard- und Softwarebezeichnungen und Markennamen der jeweiligen Firmen, die in diesem Buch erwähnt werden, können auch ohne besondere Kennzeichnung warenzeichen-, marken- oder patentrechtlichem Schutz unterliegen.

Das Werk einschließlich aller Teile ist urheberrechtlich geschützt. Es gelten die Lizenzbestimmungen der BILDNER-Verlag GmbH Passau.

Inhaltsverzeichnis

1. **Die PowerShot G7 X im Überblick** 9
   - 1.1 Die wichtigsten Features der G7 X 10
   - 1.2 Die Bedienelemente in der Übersicht 13
   - 1.3 Das Bedienkonzept kurz beleuchtet 16
   - 1.4 Einstellung per Touchscreen 18
   - 1.5 Alles über Objektiv, Zoom & Co. 20
   - 1.6 Bildgrößen und Speicherformate 26

2. **Die Automatikprogramme im Einsatz** 33
   - 2.1 Vorbereiten der Speicherkarte 34
   - 2.2 Mit Smart Auto die Kamera entscheiden lassen 35
   - 2.3 Mit Hybrid Auto ein Filmtagebuch anlegen 38
   - 2.4 Spezial-Scene-Modi in der Übersicht 39
   - 2.5 Spaß mit den Kreativen Aufnahmen 46
   - 2.6 Kreative Filtereffekte einbauen 47

3. **Bilder wiedergeben, schützen oder löschen** 57
   - 3.1 Bilder in der G7 X wiedergeben 58
   - 3.2 Favoritensterne vergeben 61
   - 3.3 Diaschau-Präsentation 62
   - 3.4 Anzeigen von Bildern am TV 64
   - 3.5 Schutz vor versehentlichem Löschen 64
   - 3.6 Löschfunktionen 65

4. Fotografieren im Profimodus mit P, Tv, Av oder M ... 67

4.1	Programmautomatik für spontane Situationen	68
4.2	Die Belichtungszeit mit Tv selbst steuern	69
4.3	Av oder das Spiel mit der Schärfentiefe	71
4.4	Situationen für die manuelle Belichtung	73
4.5	Persönliche Einstellungen speichern mit C	74

5. Belichtung, Schärfentiefe und Kontraste managen ... 77

5.1	Über die Belichtungszeit	78
5.2	Was der intelligente Bildstabilisator leistet	79
5.3	Bildgestaltung mit Schärfentiefe	83
5.4	Lichtempfindlichkeit und Bildrauschen	84
5.5	Situationsbezogene Wahl der Messmethode	89
5.6	Bildkontrolle per Histogramm	93
5.7	Belichtungskorrekturen, wann und wie	95

6. Scharfstellen, automatisch oder manuell ... 101

6.1	Scharfstellen mit dem Highspeed-Autofokus	102
6.2	Wann der Einzel-AF geeignet ist	105
6.3	Was die Gesichtserkennung/AiAF leistet	108
6.4	Motivwahl mit dem Touch-AF	113
6.5	Bewegte Motive scharf stellen	115
6.6	Situationen für den manuellen Fokus	117
6.7	Die vielseitigen Selbstauslöser-Funktionen	120

7. Weißabgleich und My Colors 125

- 7.1 Der automatische Weißabgleich 127
- 7.2 Wann die Weißabgleichvorgaben besser geeignet sind 128
- 7.3 Manueller Weißabgleich empfohlen 132
- 7.4 Farbgebung über My Colors steuern 134

8. Kreativ blitzen mit der PowerShot G7 X 139

- 8.1 Leistungsspektrum des integrierten Blitzgerätes 140
- 8.2 Mehr Power dank externem Blitzgerät 142
- 8.3 Blitzwirkung per Blitzmodus steuern 144
- 8.4 Erweiterte Blitzmethoden 146

9. Spezialfunktionen für besondere Motive 151

- 9.1 Nahaufnahmen mit der G7 X realisieren 152
- 9.2 Panoramen erstellen 156
- 9.3 HDR-Bilder: automatisch oder manuell 158
- 9.4 Actionfotos und Bilderserien 162
- 9.5 Wischeffekte mit dem ND-Filter kreieren 165
- 9.6 Vier Strategien für den Sternenhimmel 166

10. Filmen mit der PowerShot G7 X 173

- 10.1 Automatische Filmaufnahmen 174
- 10.2 Die Aufnahmebedingungen variieren 178
- 10.3 Miniaturwelten im Zeitraffer 182
- 10.4 Tipps für bessere Tonaufnahmen 183
- 10.5 Filme betrachten und in der Kamera schneiden 183

11. Zubehör für die G7 X … 187

11.1 Pflege des Objektivs … 188
11.2 Empfehlenswerte Stative … 189
11.3 Akku und Speicherkarte … 191
11.4 Unterwassergehäuse für den erweiterten Fotospaß … 192

12. Wi-Fi, Bildweitergabe und Drucken … 195

12.1 Kabellose Bildübertragung per WLAN … 196
12.2 Die G7 X vom Smartphone fernsteuern … 202
12.3 Bilder mit der G7 X direkt ausdrucken … 203
12.4 Bildübertragung mit Canon CameraWindow … 204

13. Menüeinstellungen … 209

13.1 Das FUNC.-Menü individuell einrichten … 210
13.2 Das My Menu einrichten … 211
13.3 Steuerelemente neu belegen … 212
13.4 Was der Aufnahmemonitor alles anzeigt … 214
13.5 Die detaillierte Informationsanzeige … 216

Stichwortverzeichnis … 219

Die PowerShot G7 X im Überblick

Mit der neuen PowerShot G7 X bringt Canon eine leistungsstarke Kompaktkamera, die deutlich kleiner als alle bisherigen Modelle der PowerShot-G-Serie ist und trotzdem einen mit 1 Zoll verhältnismäßig großen Sensor ins Feld führt. Die wichtigsten Infos zum Aufbau der Kamera und zu ihrer Bedienung haben wir im ersten Kapitel für Sie zusammengefasst.

1/160 Sek. | f/9 | ISO 400 | 24 mm
▲ *Kleine Kamera, großes Stativ*

1.1 Die wichtigsten Features der G7 X

Zu den zentralen Elementen Ihrer neuen fotografischen Begleiterin zählt das Objektiv, das Auge Ihrer Kamera. Mit ihrem fest verbauten 4,2-fach-Zoomobjektiv (8,8–36,8 mm) und einer Lichtstärke von mehr als ordentlichen f/1,8–2,8 können wir der G7 X durchaus einen scharfen und lichtstarken Blick attestieren. Um all die komplizierten Prozesse, die zum Gelingen einer perfekten fotografischen Aufnahme beitragen, präzise und schnell zu steuern, braucht Ihre G7 X natürlich auch ein Gehirn. Diesen Part übernimmt der *Prozessor*; und je mehr er zu leisten in der Lage ist, desto besser wird die Performance vieler Kamerafunktionen ausfallen.

Mit dem modernen DIGIC6-Prozessor hat Canon einen wirklich leistungsfähigen Chip verbaut, der auch in den meisten aktuellen Spiegelreflexkameras von Canon seinen Dienst versieht. Das zentrale Nervensystem Ihrer G7 X ist also ebenfalls bestens in Form. Jetzt braucht es, analog zum menschlichen Auge, noch eine leistungsfähige Netzhaut, um die vom Objektiv eingefangenen Lichtstrahlen eines Motivs perfekt aufzufangen, in digitale Informationen umzuwandeln und an die Speicherkarte weiterzugeben. Bei Ihrer G7 X sorgt hierfür der 20,2-Megapixel-CMOS-Sensor. Dieser ist für eine derartig kompakte Kamera mit seinem Durchmesser von 1 Zoll sehr großzügig dimensioniert. Er besitzt immerhin die dreifache Fläche des nur 1/1,7 Zoll großen Sensors der PowerShot G16, die auch keine schlechten Aufnahmen gemacht hat.

Vorteile verschafft Ihnen der größere Sensor bei der Hintergrundunschärfe, und auch die Bildqualität wird durch die weiter voneinander entfernt liegenden Pixel verbessert. Vor allem bei wenig Licht und dadurch erhöhten ISO-Werten ist eine Vergrößerung der lichtempfindlichen Fläche Gold wert.

◄ Der Sensor der G7 X siedelt sich größenmäßig zwischen der G16 und der G1 X Mark II an (Bild: Canon).

Da dieses Bauteil vom Hersteller Sony zugekauft wurde und der schon eine Menge Erfahrung mit Sensoren dieses Maßes hat, sollte bezüglich der Lichtdetektion nicht mit negativen Überraschungen zu rechnen sein. Die Kombination aus Optik, Sensor und Prozessor nennt Canon übrigens *HS-System*.

Verwacklung ade, der optische Bildstabilisator

Klar, der eine hat eine ruhigere Hand als der andere, wird aber die Belichtungszeit zu lang, kann auch der größte Atemanhaltekünstler es nicht mehr vermeiden, dass sich Bewegungsunschärfe in die Bilder einschleicht. Eine wirklich sehr hilfreiche Funktion stellt daher der mit einem Lens-Shift-System arbeitende Bildstabilisator der G7 X dar, der es Ihnen ermöglicht, aus der Hand mit Belichtungszeiten zu arbeiten, die ohne Stabilisator zwangsläufig in verwackelten Bildern resultieren würden. Mehr zu diesem Thema finden Sie in Kapitel 5.2.

Highspeed, der 31-Punkt-Autofokus

Beispielsweise mit der PowerShot G16 verglichen, hat sich auch im Autofokusbereich einiges getan. Die Anzahl der Fokuspunkte wurde auf 31 Messfelder (31-Punkt-AiAF) erhöht. Damit ist der Autofokus sowohl schneller als auch präziser geworden, und auch die Prozesse der AF-Steuerung hat Canon zugunsten einer verbesserten AF-Geschwindigkeit optimiert. Mehr zu den Autofokusoptionen ist in Kapitel 6 ausführlich beschrieben. Sollten Sie hin und wieder manuelles Scharfstellen bevorzugen, haben die Canon-Entwickler der G7 X das *AF-Peaking* mit auf den Weg gegeben, das Ihnen das Finden der richtigen Fokuseinstellung erleichtert.

▼ *Der flexibel schwenkbare Bildschirm*

Steuerzentrale, der intuitive Touchscreen

Ein weiteres Feature, das hier ebenfalls gleich eingangs Erwähnung finden soll, ist der von Canon etwas hochtrabend als *PureColor-II-G-Touchscreen-LCD (TFT)* bezeichnete, nach oben ausklappbare Monitor. Er bildet die verschiedenen Ansichten mit ca. 1.040.000 Bildpunkten im Seitenverhältnis 3:2 ab und nimmt mit einer Diagonalen von 7,5 cm den mit Abstand größten Teil der Kamerarückseite ein – was kein Wunder ist, denn die kompakte Kamera ist selbst nicht viel größer als der Monitor. Wer bisher noch nicht mit einem Touchscreen fotografiert hat, wird anfangs eventuell eine gewisse Eingewöhnungszeit benötigen, aber dann schnell feststellen, dass der Touchscreen in vielen Situationen eine sehr komfortable Bedienung gewährleistet.

 Fingertipp-Symbol

Immer wenn sich im Verlauf des Buches etwas per Fingertipp steuern lässt, werden wir das durch das Touch-Symbol  entsprechend kennzeichnen.

Ein kurzer Fingertipp , und schon ist eine Einstellung getroffen oder die Aufnahme ausgelöst. Sogar das Fokussieren lässt sich mit einem Fingertipp bewerkstelligen. Ist der Monitor ganz nach oben geklappt, ist er in Verbindung mit der Touchscreen-Funktion auch perfekt für Selfies geeignet.

Leistungsstarke Filmfunktionen

Auch im Filmbereich ist die G7 X gut aufgestellt und ermöglicht Full-HD-Movies mit 60 Bildern pro Sekunde und Stereoton. Zusätzlich gibt es die Möglichkeit, einige der Spezial-Scene-Modi (*SCN*) und *Kreativen Filter* ◐ auch im Filmbereich einzusetzen. Aber auch Features wie Sternen-Zeitraffer-Movies, Miniatureffekt-Movies im Zeitraffer und der Modus *Hybrid Auto* ᴀ❋, mit dem Sie Videotagebücher erstellen können, sind interessante Optionen für alle G7-X-Videografen. Genaueres zu den Videofunktionen erfahren Sie in Kapitel 10.

1.2 Die Bedienelemente in der Übersicht

Bevor Sie sich mit der G7 X in die weite Welt der Fotografie stürzen, ist es für diejenigen, die vorher noch keine PowerShot-Kamera besessen haben, sicherlich sinnvoll, sich zu Beginn mit den wichtigsten Bedienelementen vertraut zu machen. Die folgenden Übersichten können Sie auch verwenden, falls Sie sich im Laufe dieses Buches die Positionierung einzelner Komponenten erneut ins Gedächtnis rufen möchten.

Vorderansicht

❶ Lampe: visualisiert die verstreichende Vorlaufzeit bei Selbstauslöser-Aufnahmen oder reduziert die Gefahr roter Augen oder wird als AF-Hilfslicht eingeschaltet, um den Autofokus zu unterstützen.

❷ Blitzentriegelungstaste ⚡: Hebel zum Ausklappen des eingebauten Blitzgerätes.

▲ *Die G7 X von vorn betrachtet*

③ WLAN-Antennenbereich ((¡)): zur drahtlosen Übertragung von Bildern mittels WLAN.

④ Ringsteuerung ( ): wird zum Anpassen von Aufnahmeeinstellungen verwendet.

Rückansicht

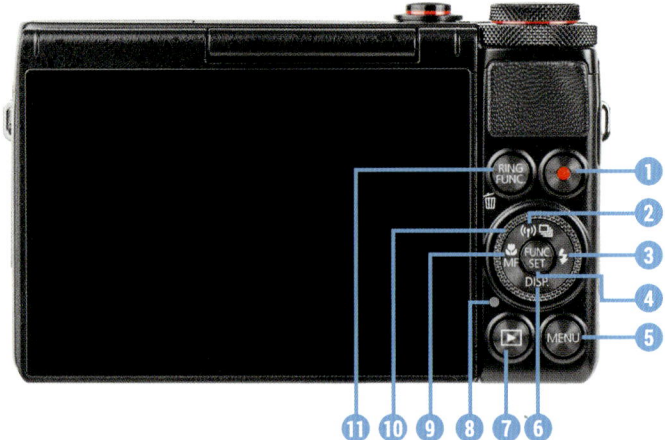

▲ *Bedienelemente auf der Rückseite der G7 X*

① Movie-Taste ●: zum Starten oder Stoppen der Filmaufzeichnung.

② Taste ((¡)) ⊒: zum Aufrufen des WLAN-Menüs aus der Wiedergabeansicht, dient auch der Einstellung des Auslösemodus oder als Pfeiltaste ▲ zur Navigation in den Menüs.

③ Blitztaste ⚡: zum Einstellen des Blitzmodus bei ausgeklapptem Blitzgerät, zum Aufrufen des Blitzmenüs, dient auch als rechte Pfeiltaste ▶ zur Navigation in den Menüs.

④ *FUNC./SET*-Taste: zur Bestätigung von geänderten Einstellungen.

⑤ *MENU*-Taste: zum Aufrufen des Kameramenüs, um allgemeine Kameraeinstellungen vorzunehmen und die Aufnahmeeinstellungen zu steuern.

⑥ *DISP.*-Taste: zur Wahl der Anzeigeform auf dem LCD-Monitor, dient auch als untere Pfeiltaste ▼ zur Navigation in den Menüs.

⑦ Wiedergabetaste ▶: zum Wiedergeben von Bildern und Filmen auf dem LCD-Bildschirm.

⑧ Kontrollleuchte: zeigt an, wenn die Kamera auf die Speicherkarte zugreift.

⑨ Makro/*MF*-Taste ✿: schaltet den Makromodus des Objektivs ein, mit dem der Fokusbereich auf nahe gelegene Motive beschränkt wird, oder aktiviert den manuellen Fokus, dient auch als linke Pfeiltaste ◀ zur Navigation in den Menüs.

⑩ Einstellungswahlrad ⊛: zur Auswahl von Einstellungen, zum Blättern durch Bilder und andere Aktionen.

⑪ Taste RING/FUNC: zur Auswahl der Funktionen für den Steuerring, dient auch als Löschtaste 🗑 für das Entfernen von Bildern und Filmen.

Aufsicht

▲ *Die G7 X von oben*

① Zoomregler: zum Einstellen der Zoomstufe/Brennweite vom Weitwinkel [▥] bis zum Tele [▲], dient bei der Wiedergabe auch zur Ansicht des Index ▦ oder zum Vergrößern Q der Bildansicht.

② Auslöser: wird zum Scharfstellen halb und zur Aufnahme der Bilder ganz heruntergedrückt.

③ Belichtungskorrektur-Wahlrad: dient dem Anpassen der Bildhelligkeit, wenn das Ergebnis zu hell oder zu dunkel ausfällt.

④ Modus-Wahlrad: ermöglicht die Auswahl verschiedener Aufnahmeprogramme.

⑤ *ON/OFF*-Taste: erweckt Ihre G7 X zum Leben.

⑥ Integriertes Mikrofon.

⑦ Eingebautes Blitzgerät, das über die Blitzentriegelungstaste aus dem Gehäuse geklappt werden kann.

⑧ Integrierter Lautsprecher.

Rechte Seitenansicht

▲ *Anschlussbuchsen auf der rechten Kameraseite*

① DIGITAL-Anschluss (Typ Mini-B): dient als Audio-/Videoausgang (AV-out) oder als Anschluss für die Verbindung der G7 X per USB-Kabel mit einem Computer oder Drucker.

② HDMI-Mikroanschluss (Typ D): für die Verbindung mit einem HDMI-Anschluss am Fernsehgerät oder Computer zur Präsentation von Bildern und Movies.

③ Verbindungstaste 🗔: für den direkten Aufbau einer WLAN-Verbindung zu einem Smartphone oder dem Bildersynchronisationsdienst CANON iMAGE GATEWAY.

1.3 Das Bedienkonzept kurz beleuchtet

Wenn Sie mit Ihrer G7 X unterwegs sind oder daheim ein paar Aufnahmen von der Familie machen möchten, fragen Sie sich bestimmt, welche Wege Ihnen nun offenstehen, um die Eigenschaften der Kamera und die Aufnahmeparameter ideal an die jeweilige Situation anzupassen. Dabei ist wichtig zu wissen, dass das Bedienkonzept der G7 X auf drei grundlegenden Vorgehensweisen basiert. So können Sie die Kamera je nach der einzustellenden Funktion und entsprechend Ihren individuellen Vorlieben bedienen. Die drei Säulen sind das *FUNC.*-Menü, die Direkttasten und das systematisch aufgebaute Kameramenü.

Direkter Zugriff über das Einstellungswahlrad

▲ *Das Einstellungswahlrad bietet direkten Zugriff auf wichtige Funktionen.*

Da Sie bestimmte Aufnahmeeinstellungen sicherlich häufiger benötigen werden als andere, haben die Entwickler bei Canon der G7 X einige wichtige Funktionen auf die Druckpunkte des Einstellungswahlrads ⚫ gelegt, die wie Direkttasten funktionieren. So können Sie mit der Taste ⟨ᵖ⟩ ⧠ ❶ den Auslösemodus einstellen oder im Wiedergabemodus ▶ das WLAN-Menü aufrufen.

Ob und wie der Blitz, den Sie zuvor aus dem Gehäuse herausklappen müssen, sein Licht hinzusteuern soll, bestimmen Sie über die Taste für den Blitzmodus ⚡ ❷. Um im Wiedergabemodus ▶ die verschiedenen Anzeigemodi aufzurufen, steht die Taste *DISP.* ❸ zur Verfügung.

▲ *Mit der Taste ✿MF können Sie blitzschnell den passenden Fokussierbereich einstellen.*

Welchen Fokussierbereich die G7 X scharf stellen soll, den Nahbereich oder alles von etwa 50 cm bis Unendlich, können Sie mit der Taste ✿MF ❹ festlegen, mit der es alternativ auch möglich ist, den manuellen Fokus (*MF*) aufzurufen.

Mehr Individualität mit dem FUNC.-Menü

Egal, mit welchem Aufnahmeprogramm Sie fotografieren oder filmen, das *FUNC.*-Menü ❺ hält auf jeden Fall die wichtigsten Aufnahmefunktionen für Sie bereit. Dazu zählen beispielsweise die Vorgaben für den Weißabgleich oder die Bildqualität.

Allerdings variieren die verfügbaren Optionen je nachdem, welches Aufnahmeprogramm Sie eingestellt haben. So bietet der Modus *Smart Auto* (AUTO) erwartungsgemäß weniger Optionen an als zum Beispiel die Programmautomatik (*P*).

Um das *FUNC.*-Menü zu verwenden, drücken Sie einfach die *FUNC./SET*-Taste im Zentrum des Einstellungswahlrads. Wählen Sie anschließend in der links angeordneten Menüzeile mit den Tasten ▲ oder ▼ die gewünschte Funktion aus, beispielsweise die Optionen für die Weißabgleichvorgaben ❶. Mit den Tasten ◀ oder ▶ oder durch Drehen am Einstellungswahlrad ⊛ lässt sich die gewünschte Einstellung zügig festlegen, zum Beispiel die Weißabgleichoption *Wolkig* ⛅ ❷.

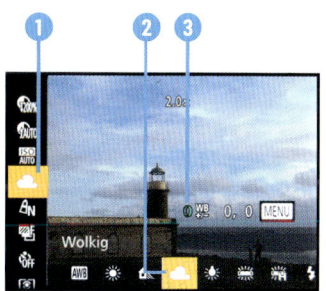

▲ *Aktivierung der Weißabgleichvorgabe: Wolkig*

Sollte die gewählte Funktion weitere Einstellungsmöglichkeiten bieten, weist die G7 X auf dem Display darauf hin. Hier können Sie beispielsweise mit dem Steuerring ⚪ ❸ den Weißabgleich feinjustieren (mehr dazu in Kapitel 7.2).

Bestätigen Sie zum Schluss alle Änderungen mit der *FUNC./SET*-Taste, um wieder zum Aufnahmebildschirm zurückzukehren. Wie das *FUNC.*-Menü sich individuell Ihren persönlichen Anforderungen gemäß einrichten lässt, erfahren Sie in Kapitel 13.1 ab Seite 210.

Das Kameramenü als grundlegende Steuerzentrale

Das Kameramenü ist die zentrale Steuereinheit Ihrer G7 X. Darüber können Sie einerseits allgemeine Kameraeinstellungen verändern, wie das Datum und die Uhrzeit. Andererseits werden Sie das Menü öfter benötigen, um motivabhängige Veränderungen der Aufnahmeeinstellungen einzugeben. Denn es gibt Funktionen, die nur über das Menü einstellbar sind.

Das Menü erreichen Sie über die gleichnamige *MENU*-Taste auf der Rückseite der Kamera. Nun können Sie als Erstes einmal den Zoomregler einsetzen, denn damit landen Sie stets auf der obersten Menüebene der Registerkarten

▲ *Navigieren im Menü der G7 X*

> **My Menu und Steuerelemente individuell belegen**
>
> Die G7 X gibt Ihnen neben dem *My Menu* auch bei einigen Bedienelementen die Freiheit, diese individuell mit anderen Funktionen zu belegen.
>
> Tipps und Informationen dazu finden Sie ab S. 212.

❶ und können nach links [◐] oder rechts [⋯] von Karte zu Karte springen. Die einzelnen Menüeinträge ❷ können Sie anschließend mit dem Einstellungswahlrad ⊙ oder den Pfeiltasten ▲ oder ▼ aufrufen, wobei nur auf Einträge in weißer Schrift zugegriffen werden kann. Um eine Option ❸ zu ändern, verwenden Sie die Tasten ◄ oder ►.

Sollte das Menü eine weitere Unterkategorie aufweisen, navigieren Sie mit der Taste ► weiter und stellen dann die Funktion ein. Tippen Sie schließlich einfach den Auslöser an, um das Menü ganz zu verlassen, die Einstellung wird automatisch übernommen. Um Ebene für Ebene zurück zu navigieren, nehmen Sie die MENU-Taste.

Zu Beginn mag es etwas unübersichtlich erscheinen, aber das Kameramenü werden Sie im Laufe der Zeit bestimmt ganz intuitiv in Ihr Bedienungsrepertoire aufnehmen. Hierbei enthält das Aufnahmemenü ◉ alle Funktionen, die für die Bildaufnahme benötigt werden. Im Einstellungsmenü ⚙ finden Sie Optionen für grundlegende Kamera- und Bedienungseinstellungen (Datum, LCD-Helligkeit, Touch-Bedienung). Wenn Sie Bilder betrachten, können Sie das Wiedergabemenü ▶ aufrufen. Es bietet Funktionen für die Bildbetrachtung, zum Schützen, Löschen oder Optionen für die kamerainterne Bildbearbeitung. Ebenfalls aus der Wiedergabeansicht heraus lässt sich das Druckmenü 🖶 ansteuern, über das Sie die Bilder auf der Speicherkarte für den Druck vorbereiten können. Schließlich gibt es noch das *My Menu* ★. Es hält fünf Speicherplätze für häufig verwendete Funktionen parat, die Sie selbst mit Menüeinträgen belegen können.

1.4 Einstellung per Touchscreen

Sehr erfreulich ist, dass die G7 X sowohl den schwenkbaren Monitor als auch den Touchscreen der G7 X Mark II mit auf den Weg bekommen hat, denn je nach Situation können beide Features sehr hilfreich sein. Sollten Sie bisher noch keine Kamera mit Touchscreen besessen haben, werden Sie sich nach einer kurzen Eingewöhnungsphase bestimmt schnell daran gewöhnen, alle wichtigen Aufnahmefunktionen per Fingertipp einstellen zu können.

Prinzipiell können Sie den Touchscreen auf allen Einstellungsebenen und in allen Menüs anwenden, und selbst der Autofokus kann damit schnell und intuitiv an die gewünschte Position gelegt werden. Erfahren Sie im Laufe dieses Buches also stetig mehr über die Optionen, die sich per Fingertipp steuern lassen.

Zum ersten Ausprobieren können Sie gleich einmal die *FUNC./SET*-Taste drücken. Wenn Sie in der senkrechten Zeile am linken Rand mit dem Finger auf den Eintrag für die Aufnahmereihe ❶ tippen, öffnen sich entlang des unteren Rands die möglichen Einstellungen. Diese können Sie mit einem einfachen Antippen auswählen, beispielsweise die AEB-Belichtungsreihe ❷. Sollte es weitere Einstellungsmöglichkeiten geben, blendet die G7 X eine entsprechende Schaltfläche ein, hier ❸. Tippen Sie darauf, um zu den Einstellungsoptionen zu gelangen.

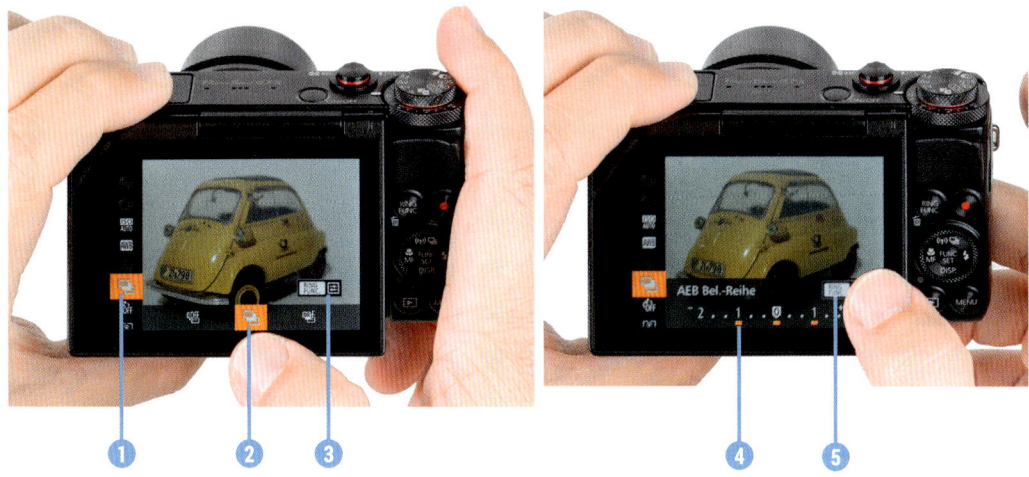

▲ *Auswahl und Einstellen der AEB-Belichtungsanzeige mit der Touch-Bedienung*

Im Fall der AEB-Belichtungsreihe erscheint dann eine Skala, die die Abstände der möglichen Belichtungsstufen anzeigt ❹. Auch hier funktioniert die Touch-Bedienung, berühren Sie einfach die Stelle auf der Anzeige, die dem gewünschten Abstand zur Nullposition entspricht, und schon springen die orangefarbenen Unterstriche genau dorthin ❺. In manchen Fällen, zum Beispiel bei der Funktion *Custom Timer*, kann es aber auch passieren, dass sich die konkreten Einstellungen nur mit den dafür angegebenen Bedienelementen wie Steuerring oder Einstellungswahlrad durchführen lassen und eine Touch-Bedienung über das Display nicht möglich ist. In jedem Fall können

Sie dann die Auswahl per Fingertipp auf die Schaltfläche RING FUNC. ❺ bestätigen. Wenn Sie nun doppelt auf die Option *AEB Bel.-Reihe* ❷ tippen, wird die Funktion ausgewählt und sogleich bestätigt, sodass das *FUNC.*-Menü wieder geschlossen wird. Übrigens, sollten Sie eine weiter unten aufgeführte Funktion aus der linken Menüzeile des *FUNC.*-Menüs benötigen, ziehen Sie den Finger auf der Menüzeile nach oben.

Touchaktionen festlegen

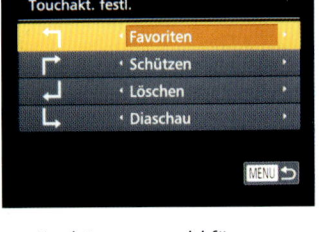

▲ *Funktionsauswahl für die Touchaktionen*

Die Touchaktionen, die Sie durch Streichen mit dem Finger über den Monitor in den Richtungen ↰, ↱, ↲ oder ↳ ausführen können, lassen sich flexibel mit Funktionen verknüpfen. Dazu rufen Sie im Wiedergabemenü ▶ die Rubrik *Touchakt. festl.* auf und ordnen die vier Funktion individuell zu.

> **Die Touch-Bedienung anpassen**
>
> Es kann vorkommen, dass die G7 X auf keinerlei Fingertipp-Steuerung reagiert. Navigieren Sie in dem Fall zum Einstellungsmenü 🔧 und steuern Sie den Menüeintrag *Touch-Bedien.* an. Wählen Sie die Option *An*. Sollte Ihnen die Reaktion der Touch-Steuerung zu unsensibel vorkommen, weil Sie zum Beispiel sehr trockene Finger haben, können Sie den Eintrag bei *Touch-Reaktion* auf *Hoch* setzen, dann sollte es besser gehen.

1.5 Alles über Objektiv, Zoom & Co.

Die G7 X besitzt ein völlig neu entwickeltes Objektiv. Es bietet einen 4,2-fachen optischen Zoom ❶ mit Bildstabilisator (IS) ❷ und deckt einen Brennweitenbereich von 8,8 mm (Weitwinkel) bis 36,8 mm (Tele) ❸ ab, was einem Äquivalent zum Kleinbild von 24 mm bis 100 mm entspricht. Die Lichtstärke ist mit einem Bereich von f/1,8 bis f/2,8 ❹ ebenfalls erfreulich hoch. Im Verhältnis zu ihrem kompakten Format bietet die G7 X einen angenehm großen Weitwinkelausschnitt, mit dem sich Landschaften oder Architekturmotive sehr gut in Szene setzen lassen. Dank der hohen Lichtstärke, dem leistungsstarken Bildstabilisator und der flexiblen ISO-Lichtempfindlichkeit gelingen mit dem Objektiv selbst in recht dunkler Umgebung rauschfreie und detailreiche Fotos aus freier Hand.

▲ Das neue Zoomobjektiv der PowerShot G7 X

 Die Lichtstärke

Mit der Lichtstärke wird die maximale Öffnung eines Objektivs bezeichnet, ausgedrückt als Blendenwert. Eine hohe Lichtstärke bewirkt, dass in kurzer Zeit viel Licht zum Sensor geleitet werden kann, was für Freihandaufnahmen bei wenig Licht vorteilhaft ist. Außerdem fällt die Schärfentiefe besonders gering aus, wenn mit niedrigem Blendenwert fotografiert wird.

Im Telebereich können Sie die hohe Lichtstärke dazu nutzen, Personen, Tiere oder Makromotive noch besser vor einem diffusen Hintergrund hervorzuheben. Ebenfalls sehr willkommen ist die sehr brauchbare Naheinstellgrenze, die zwischen 5 cm (Weitwinkel) und 40 cm (Tele) liegt. Alles in allem liefert das Objektiv rundum eine sehr gute Performance.

Den Cropfaktor einbeziehen

In Ihrer G7 X verrichtet ein digitaler CMOS-Sensor seine Arbeit, dessen Breite (13,2 mm) im Vergleich zum Vollformatsensor (36 mm) 2,73-fach kleiner ist. Bezeichnet wird dieser Unterschied mit dem Begriff Crop- oder Verlängerungsfaktor. Aufgrund der daraus resultierenden geringeren Bildfläche erfasst die G7 X auch einen kleineren Bildausschnitt.

Ein Beispiel: Wenn Sie die gezeigte Landschaft mit einem Vollformatsensor bei 24 mm Brennweite aufnehmen könnten, so reichten bei der G7 X bereits 8,8 mm Brennweite aus, um einen vergleichbaren Bildausschnitt zu erhalten (24 mm geteilt durch 2,73).

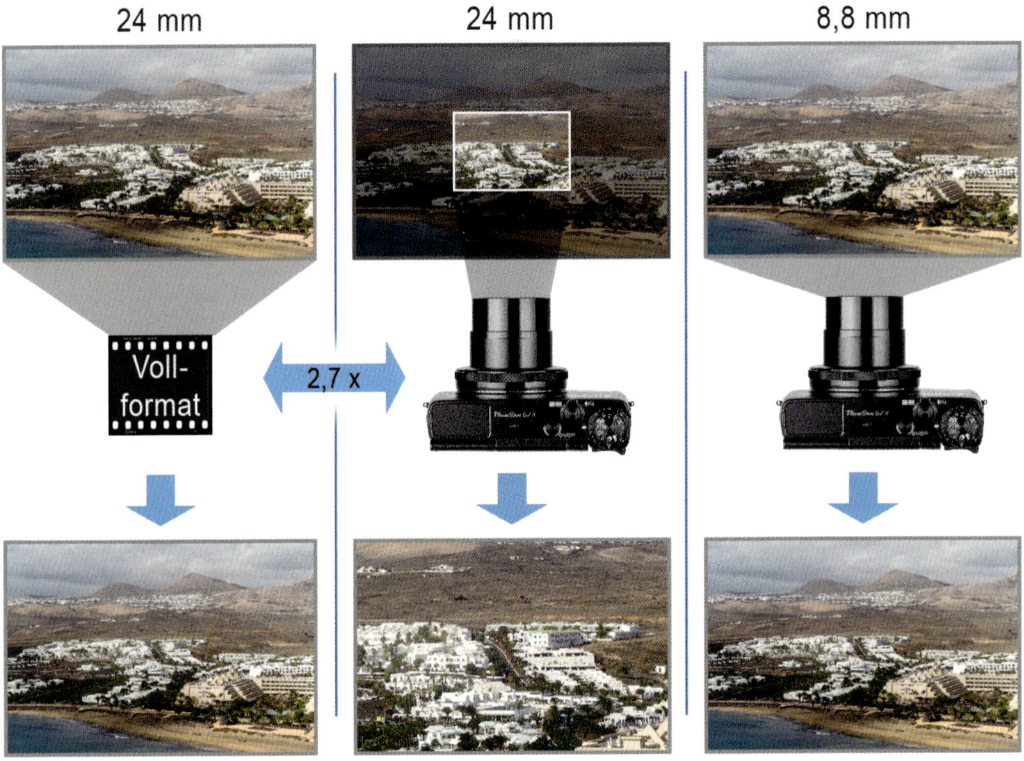

▲ *Linke Spalte: Bildausschnitt mit einem Vollformatsensor. Mittlere Spalte: Bei gleicher Brennweite sieht das Motiv aus der G7 X 2,73-fach vergrößert aus. Rechte Spalte: Bei 2,73-fach geringerer Brennweite ist der Bildausschnitt aus der G7 X mit dem des Vollformatsensors vergleichbar.*

Die Brennweite der G7 X lässt sich somit auf das Vollformat umrechnen. Dazu wird die Brennweite mit dem Cropfaktor 2,73 multipliziert. Das 8,8–36,8-mm-Objektiv würde somit vergleichbare Bildausschnitte liefern wie ein 24–100-mm-Objektiv an einer Vollformatkamera, vom unterschiedlichen Verhalten der Schärfentiefe einmal abgesehen. Das ist freilich nur eine Spielerei. Sie kann aber

✓ Die Brennweite herausfinden

Bei der G7 X wird das Objektiv über Zoomstufen oder Zoomfaktoren eingestellt. Daher lässt sich auch die verwendete Brennweite weder bei der Aufnahme noch in der Bildansicht ablesen. Sobald Sie Ihre Bilder jedoch auf den Computer übertragen, können Sie die Objektivbrennweite herausfinden, beispielsweise indem Sie die *INFO*-Schaltfläche im mitgelieferten Programm Digital Photo Professional anklicken.

▶ *Ablesen der Brennweite ❶ aus den Aufnahmeinformationen in Digital Photo Professional*

dem ein oder anderen vielleicht das Abschätzen der Wirkung verschiedener Brennweiten erleichtern. Denn wer früher schon häufiger mit ±24 mm fotografiert hat, weiß in etwa, welchen Bildausschnitt er mit 8,8 mm Brennweite an der G7 X erwarten kann.

Übrigens sind alle Brennweiten in diesem Buch ohne Umrechnung angegeben, sie entsprechen den Werten des G7-X-Objektivs, die aus den Aufnahmedaten (Exif) der Bilder ausgelesen werden können.

Zoomfunktion: optisch und digital

Die G7 X verfügt über zwei Zoomoptionen, einen 4,2-fachen optischen und einen 4-fachen digitalen Zoom. Ersterer wird direkt über die Glaslinsen im Objektiv gesteuert und mit dem eigens dafür eingerichteten Zoomregler ❶ in feinen Abstufungen eingestellt.

In die Zoomeinstellung Weitwinkel gelangen Sie durch Schieben des Reglers nach links. Durch Ziehen des Reglers nach rechts in Richtung Tele können Sie das Motiv 4,2-fach optisch vergrößern. Anhand des weißen Zoombalkens ❸ zeigt Ihnen die G7 X dabei stets an, auf welcher Zoomstufe Sie sich gerade befinden. Hierbei gibt sie auch Informationen über den möglichen Fokussierbereich ❷ preis. Wird der maximal mögliche optische Zoom erreicht, zeigt das LC-Display den Zoomfaktor *4.2×* ❹ an.

▲ *Zoomregler zum Einstellen des Bildausschnitts vom Weitwinkel bis zum Tele*

◄ *Beim Betätigen des Zoomreglers werden der Zoombalken und der Fokussierbereich stets eingeblendet.*

1/160 Sek. | f/10 | ISO 125 | 9 mm
▲ Zoomregler in Weitwinkeleinstellung

1/160 Sek. | f/10 | ISO 125 | 9 mm
▲ Zoomregler in Weitwinkeleinstellung

 Zoomen verändert die Perspektive nicht

Beim Zoomen fahren Sie quasi wie mit einer Filmkamera immer weiter in die Szene hinein. Dabei wird der Bildausschnitt nur herausvergrößert, eine Änderung der Perspektive findet nicht statt. Dem Empfinden nach rücken bei der Teleeinstellung das fokussierte Objekt und der Hintergrund zwar näher aneinander, sodass die räumliche Ausdehnung des Hintergrunds enger erscheint. Sie können jedoch das Telefoto verkleinern und es wäre deckungsgleich mit dem Teilbereich des Weitwinkelfotos. Die Perspektive ändert sich erst, wenn Sie den Kamerastandpunkt variieren.

Mit dem Digitalzoom noch näher ran

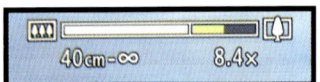
▲ Optischer Zoom 4,2-fach plus Digitalzoom 2-fach

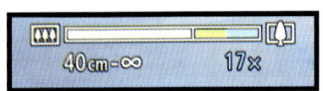
▲ Optischer Zoom 4,2-fach plus Digitalzoom 4-fach

Mit dem 4-fachen Digitalzoom können Sie Ihrem Fotomotiv noch näher zu Leibe rücken. Insgesamt schafft die G7 X mit beiden Zoomfunktionen maximal eine 17-fache Bildvergrößerung, die sich aus dem 4,2-fachen optischen Zoom multipliziert mit dem 4-fachen digitalen Zoom zusammensetzt. Der Digitalzoom steht in den Aufnahmeprogrammen *P* bis *C*, *Smart Auto* (AUTO), *Hybrid Auto*, den *SCN*-Modi *Porträt*, *Intelligente Aufnahme*, *Unterwasser*, *Schnee*, *Feuerwerk* und bei

 Den Digitalzoom deaktivieren

Wer nicht riskieren möchte, aufgrund des unabsichtlich aktivierten Digitalzooms Bilder mit verminderter Qualität aufzunehmen, kann ihn über das Aufnahmemenü auch einfach komplett ausschalten.

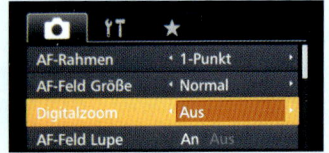

Movie-Aufnahmen 🎥 zur Verfügung, aber nur, wenn Sie mit den JPEG-Auflösungen (L, M1, M2 oder S) fotografieren. Um ihn einzusetzen, ziehen Sie den Zoomregler einfach weiter in Richtung Tele [♠], sodass zusätzlich zum weißen Zoombalken erst ein gelber (ZoomPlus) und dann ein blauer Balken hinzukommt. Der Digitalzoom basiert auf einer softwaregestützten Ausschnittvergrößerung. Hierbei wird im Prinzip nur ein Teil der Sensorfläche für die Bildaufnahme verwendet. Dieser Teilausschnitt wird anschließend wieder auf die ursprüngliche Bildfläche hochgerechnet. Dazu werden nicht vorhandene Bildpixel hinzugerechnet (Interpolation).

1/250 Sek. | f/10 | ISO 125 | 36,8 mm

▲ *Links: Zoomfaktor 8,4×
Rechts: Zoomfaktor 17*

Aufgrund des Rechenprozesses geht der Digitalzoom prinzipiell immer zulasten der Bildqualität, denn Auflösung und Schärfe können nicht so brillant wiedergegeben werden wie bei einer objektivbasierten Vergrößerung. Somit stellt der Digitalzoom im Allgemeinen keinen Ersatz zum optischen Zoom dar. Setzen Sie ihn daher nicht zu oft, sondern lieber in homöopathischen Dosen ein. Ausschnitte aus dem Foto lassen sich später immer noch per Bildbearbeitung anfertigen.

ZoomPlus zum Schutz der Bildqualität

Die G7 X bietet eine ZoomPlus-Option, die mit dem gelben Zoombalken verdeutlicht wird. Solange sich der Zoom in diesem Bereich befindet, werden die Bilder ohne störende Bildkörnung aufgezeichnet. Die Bildqualität bleibt somit auf hohem Niveau und ZoomPlus stellt so etwas wie einen Digitalzoom im abgesicherten Modus dar. Springt der Balken dagegen auf Blau um, ist mit einer verstärkten Bildkörnung und abnehmender Schärfe zu rechnen, die durch

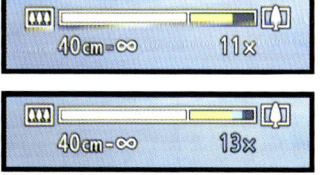

▲ *Der ZoomPlus-Bereich erstreckt sich bei der Bildgröße M1 bis zum Zoomfaktor 11× (oben). Eine Zoomstufe weiter (13×) springt der Balken auf Blau um.*

das Interpolieren der Bildpixel zustande kommt. ZoomPlus ist außerdem abhängig von der gewählten Auflösung des Bildes. Je geringer die Auflösung, desto weiter reicht der ZoomPlus-Bereich. In der Tabelle finden Sie hierzu eine kleine Übersicht:

▶ ZoomPlus in Abhängigkeit von den verschiedenen Bildgrößen (Auflösung)

Bildgröße (Auflösung)	L	M1	M2 und S
verlustfreier ZoomPlus-Bereich	bis 8,4×	bis 11×	bis 17×

Digitalzoom im Dauereinsatz mit dem Digital-Telekonverter

▲ Aktivierung des Digital-Telekonverters

Eine Möglichkeit für das Fotografieren oder Filmen mit durchgehend erhöhten Zoomfaktoren besteht in der Verwendung des Digital-Telekonverters, den Sie im Aufnahmemenü ◘ bei *Digitalzoom* aktivieren können. Mit dieser Funktion können Sie die Bilder oder Filme generell um den Faktor *1.6×* oder *2.0×* vergrößert aufnehmen. Der Telekonverter steht aber nur in den Modi *P* bis *C* und bei Verwendung der JPEG-Auflösungen L, M1, M2 und S zur Verfügung. Der Hauptvorteil besteht darin, dass Sie mit dem Digital-Telekonverter weniger Brennweite benötigen, um ein Motiv genauso groß abzubilden wie ohne Telekonverter. Da sich mit dem Sinken der Brennweite die Blende weiter öffnen lässt, kann das Motiv bei kürzerer Belichtungszeit aufgenommen werden. Das ist an sich eine gute Sache, um bei schwachem Licht ohne Stativ ein wenig mehr Zeitreserven herauszukitzeln und Verwacklungen noch besser zu vermeiden – aber auch nur dann. Denn die Auflösung leidet immer ein wenig. Bei guter Beleuchtung würden wir Ihnen generell raten, den Telekonverter abzuschalten und lieber mit der vollen Sensorauflösung und dann gegebenenfalls auch mit der Auflösung RAW oder RAW+JPEG zu fotografieren.

1.6 Bildgrößen und Speicherformate

Mit der PowerShot G7 X können Sie Ihre Fotos in verschiedenen Bildgrößen und Seitenverhältnissen aufzeichnen.

Außerdem stehen Ihnen zwei Speicherformate zur Verfügung: JPEG und RAW. In diesem Kapitel erfahren Sie, welche Größe für welche Situation gut geeignet ist und welche Vor- und Nachteile die Speicherformate mit sich bringen.

Die Bildgrößen und Formate der G7 X

Wenn Sie mit der PowerShot G7 X im JPEG-Format fotografieren, können Sie vier verschiedene Bildgrößen nutzen: Large (L, Groß), Medium 1 (M1) und Medium 2 (M2) und das kleinste Format Small (S). Hinzu gesellt sich das Rohdatenformat RAW. Zusätzlich können die JPEG-Bilder in den Modi P, Tv, Av und M unterschiedlich komprimiert abgespeichert werden. Dabei liefert die Einstellung S (Superfein) die bestmögliche Auflösung und Detailzeichnung und somit die höchste Qualität. Die Stufe ◢ (Fein) erzeugt aber ebenfalls noch sehr gute Qualitäten und liefert gleichzeitig Dateien mit etwa halb so großem Speichervolumen.

▲ Bildgrößenwahl

Um die Aufnahmepixel (Bildgröße) und die Kompressionsstufe auszuwählen, drücken Sie die *FUNC./SET*-Taste. Navigieren Sie nun mit der unteren Pfeiltaste auf den jeweiligen Menüpunkt und wählen Sie die gewünschte Größe bzw. Kompressionsstufe aus und bestätigen Sie die Qualitätseinstellung anschließend mit der *FUNC./SET*-Taste.

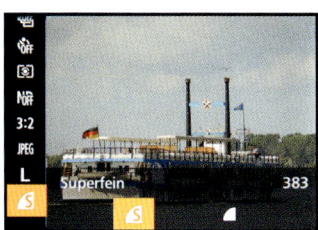

▲ Einstellen der Kompressionsstufe

Bild-größe	Auf-lösung	Seitenver-hältnis	Qualität/Bilder auf 8-GByte-Karte		Druckgröße
			S	◢	
L	4.864 × 3.648	4:3	972	1.575	A3 bis A2 (Poster)
M1	3.840 × 2.880	4:3	1.499	2.349	A5 bis A3 (Poster)
M2	2.048 × 1.536	4:3	4.788	8.587	bis zu A5 (Postkarte)
S	640 × 480	4:3	>9.999	>9.999	E-Mail und Internet
RAW	4.864 × 3.648	4:3	347		A3 bis A2 (Poster)

▲ JPEG- und RAW-Speicherformate mit den dazugehörigen Bildgrößen der PowerShot G7 X (Bildanzahl ermittelt bei ISO 125). Bei der Wahl eines anderen Seitenverhältnisses kann sich die Anzahl möglicher Bilder etwas ändern. Bei der Kombination von RAW und JPEG geht die Zahl der möglichen Aufnahmen je nach gewähltem JPEG-Format entsprechend zurück.

▲ Die vier Bildgrößen der Power-
Shot G7 X im 4:3-Seitenverhältnis.

Achtung, programmabhängiges RAW
Nicht in jedem Belichtungsmodus können Sie alle Bildformate nutzen. So steht Ihnen das RAW-Format beispielsweise nur in den Modi *P*, *Tv*, *Av*, *M* und *C* zur Verfügung.

Wahl eines anderen Seitenverhältnisses

Neben den unterschiedlichen Bildgrößen stellt Ihnen die G7 X auch zur Wahl, in welchem Seitenverhältnis das Foto aufgezeichnet werden soll. So können Sie das Four-Thirds-Format (4:3) in das klassische Kleinbildformat (3:2), in ein quadratisches Bild (1:1), in ein für Passbilder und Porträts gut geeignetes Maß von 4:5 oder gar ins Breitbildformat 16:9 umwandeln, das dem Seitenverhältnis eines Flachbild-HD-Fernsehers entspricht. Allerdings bedeutet die Umstellung nur, dass die Kamera bei der Aufnahme weniger Pixel verwendet. Die Randbereiche werden quasi abgeschnitten. Das bedeutet aber auch, dass Sie das Format genauso gut nachträglich wählen können, indem Sie die Ränder des Bildes einfach im Bildbearbeitungsprogramm entfernen.

◄ *Die PowerShot G7 X bietet fünf verschiedene Seitenverhältnisse zur Auswahl an.*

Ein Ändern des Seitenverhältnisses ist in folgenden Programmen möglich: *P*, *Tv*, *Av*, *M*, *Smart Auto* (AUTO), *SCN* (außer 📷), ✪ (außer HDR, 💡, 🎆, 📷, 🌄 und 👤). Drücken Sie für die Anpassung die *FUNC./SET*-Taste und navigieren Sie dann zum Seitenverhältnis-Icon. Mit den Pfeiltasten ◄/► oder dem Einstellungswahlrad ⚙ lassen sich die Bildmaße umstellen. Bestätigen Sie die Aktion mit der *FUNC./SET*-Taste. Im Monitor sind nun entsprechend des Seitenverhältnisses Balken eingezeichnet, die die Begrenzungen des JPEG-Bildes darstellen. Auf das RAW-Format wird das Seitenverhältnis nicht angewendet.

▲ *Auswahl des Seitenverhältnisses 16:9*

Welche Größe für welchen Zweck?

Sicherlich haben Sie sich schon einmal gefragt, warum das Ganze so kompliziert sein muss. Eigentlich würde es ja ausreichen, lediglich zwischen JPEG und RAW zu unterscheiden. Nun, prinzipiell wäre das auch in Ordnung, würde die Unterteilung in verschiedene Größen und Qualitätsstufen nicht doch in der ein oder anderen Situation Vorteile mit sich bringen. So sind die kleineren JPEG-Auflösungen immer dann sinnvoll, wenn der Speicherplatz auf der Karte

✓ RAW mitspeichern

Ist genug Platz auf der Speicherkarte, empfehlen wir das parallele Speichern von RAW und JPEG . Dabei ist es möglich, JPEG-Bilder mit der gewünschten Auflösung (L, M1, M2 oder S) und/oder anderem Seitenverhältnis parallel zur RAW-Datei zu nutzen. So sichern Sie sich stets die volle Auflösung des Sensors, haben aber auch die gewünschte JPEG-Bildgröße zur direkten Verfügung. Eine wirklich praktische Sache, wie wir finden.

eng wird. Außerdem können Sie die JPEG-Bilder bereits beim Fotografieren auf den späteren Verwendungszweck einstellen und sich Arbeit am PC sparen: S wäre beispielsweise geeignet für Verkaufsgegenstände im Internet oder kleine Bilder für Internetbildergalerien.

Mit M1 könnten Sie zum Beispiel bei Flickr oder Fotocommunity Bilder in höchster Qualität einstellen. Das Seitenverhältnis 3:2 ist vorteilhaft, wenn Sie für Diaschaus oder Ähnliches die G7 X-Fotos mit den üblichen 3:2-Bildern aus digitalen Spiegelreflexkameras mischen möchten. M2 im Seitenverhältnis 16:9 ist besonders geeignet für die Präsentation am Breitbild-TV. Die Bilder besitzen eine Auflösung von 1.920 × 1.080 Pixeln und entsprechen damit perfekt den HD-Vorgaben. So können die Fotos auch gut mit HD-Filmen kombiniert werden. Die höchste Qualität und Auflösung ⬛L ist auf alle Fälle immer dann sinnvoll, wenn die Bilder vielseitigen Zwecken dienen sollen. Angefangen vom Ausdruck in A2-Größe können Sie die Fotos beliebig verkleinern, haben aber eben auch die volle Auflösung zur Verfügung.

Mehr Möglichkeiten mit dem RAW-Format

▼ Aus der RAW-Datei (rechts) konnten die überstrahlten Bildbereiche zurückgenommen werden, alle wichtigen Details sind vorhanden. Das JPEG-Foto (links) weist hingegen großflächig nicht zu rettende weiße Überstrahlungsflächen auf.
1/160 Sek. | f/5 | ISO 125 | 27 mm

Für all diejenigen, die ihre Bilder ohne umfangreiche Nachbearbeitung am liebsten gleich präsentieren, ausdrucken oder per E-Mail versenden möchten, ist das JPEG-Format bestens geeignet. Denn die JPEG-Bilder werden bereits in der Kamera bearbeitet und fix und fertig abgespeichert. Beim Fotografieren in ausgewogenen Lichtsituationen und wenn die Kontraste nicht zu hart sind, liefert JPEG meist sehr gute Bildresultate.

Bei kontrastreicheren Motiven, wie sie zum Beispiel im harten Licht der Mittagszeit gerne vorkommen, oder auch in Gegenlichtsituationen kann es bei JPEG-Bildern jedoch zu überstrahlten Bereichen kommen, die sich nachträglich meist nur noch sehr unzureichend wiederherstellen lassen.

Aber auch Nachtaufnahmen mit hellen Lampen, Studioaufnahmen mit besonderen Lichteffekten, Mischlichtsituationen, bei denen der Weißabgleich schwer zu treffen ist, und Szenarien, in denen mit hohem ISO-Wert fotografiert wird, sind mit RAW-Dateien besser zu bewältigen.

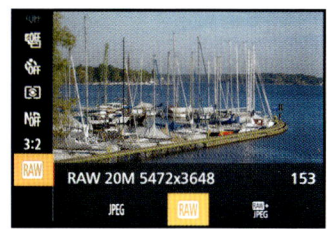

▲ *Das RAW-Format lässt sich per FUNC.-Menü schnell einstellen.*

Das RAW-Format der PowerShot G7 X speichert die Bilddaten hingegen absolut verlustfrei im Dateiformat CR2 (**C**anon **R**AW) ab. Auch die anschließende Bearbeitung am Computer mittels RAW-Konverter erfolgt ohne Verlust an Dateninformation, sie kann somit jederzeit wieder rückgängig gemacht werden.

Aus diesem Grund können Rohdaten leichte bis mittlere Belichtungsfehler viel besser wegstecken. Sie besitzen eine höhere Dynamik, können also mehr Helligkeitsstufen parallel anzeigen. Hinzu kommt, dass sich die Farbgebung des Bildes flexibler gestalten lässt, Weißabgleich und Bildstil sind frei wählbar. Und auch wenn hohe ISO-Werte benötigt werden, schlägt der RAW-Vorteil zu, denn die Art und Höhe der Rauschreduzierung lässt sich dann ebenfalls dem Motiv angepasst dosieren.

Um Ihre RAW-Dateien zu konvertieren, können Sie das mitgelieferte Programm Digital Photo Professional von Canon verwenden, aber auch Photoshop (Elements) oder Adobe Lightroom leisten hier gute Dienste. Rücken Sie Ihr Bild damit optimal ins rechte Licht, indem Sie die Belichtung, den Weißabgleich, die Farbsättigung und die Bildschärfe nach den eigenen Wünschen justieren. Sicherlich ist es etwas mühsamer, eine ganze Reihe an Dateien auf diese Weise zu „entwickeln". Haben Sie aber erst einmal das Potenzial der RAW-Dateien kennengelernt, werden Sie zumindest wichtige Bilder bestimmt nur noch im RAW-Modus speichern.

RAW-Grenzen

Das RAW-Format erlaubt zwar sehr weitreichende Anpassungen, grenzenlos flexibel ist es aber auch nicht. Was sich gar nicht ändern lässt, ist beispielsweise die ISO-Einstellung. Auch Fehlbelichtungen können nur in Maßen gerettet werden, denn alles, was mehr als zwei Stufen über- oder unterbelichtet wurde, wird schwerlich noch ordentlich aufzufangen sein. RAW-Dateien sind überdies nicht nur bearbeitungsintensiver, sie fordern auch mehr Platz auf der Speicherkarte. Auch sinkt die Reihenaufnahmegeschwindigkeit von maximal 6,5 Bildern pro Sekunde auf etwa 1,5 Bilder pro Sekunde. Dennoch möchten wir Ihnen das RAW-Format ans Herz legen, denn nur damit holen Sie die höchste Qualität aus dem Sensor der G7 X heraus.

Die Automatikprogramme im Einsatz

Mit den vielseitigen Automatiken der PowerShot G7 X können Sie sich voll und ganz auf das Motiv konzentrieren, die notwendigen technischen Einstellungen übernimmt die Kamera dabei weitestgehend automatisch. Selbst die Art des Motivs wird hierbei analysiert. Auf diese Weise gellngen auf Anhieb persönliche Porträts oder farblich imposante Nachtaufnahmen.

1/160 Sek. | f/2,8 | ISO 160 | 32 mm
▲ *Indisches Springkraut, einge-fangen im Modus AUTO.*

Zu den vollautomatischen Programmen der G7 X zählen der Modus *Hybrid Auto* , *Smart Auto* (AUTO), *Kreative Aufnahme* , *Spezielle Szene* SCN und *Kreative Filter* . Ihre Wahl können Sie ganz einfach über einen Dreh am Modus-Wahlrad auf der Kameraoberseite treffen.

2.1 Vorbereiten der Speicherkarte

Damit die Bilder korrekt und sicher auf der Speicherkarte landen, sollten Sie, bevor es mit dem ersten Foto losgeht, die Karte auf das Kamerasystem einstellen. Dazu wird die Karte formatiert. Denken Sie vor dem Formatieren daran, alle wichtigen Daten von der Karte zu ziehen, denn die Formatierung löscht alles, was sich auf dem Speichermedium befindet.

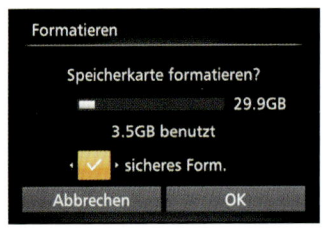
▲ *Formatieren der Speicherkarte*

Gehen Sie nun im Einstellungsmenü zur Option *Formatieren*. Drücken Sie *FUNC./SET*, wählen Sie die Schaltfläche *OK* aus und drücken Sie wieder *FUNC./SET*. Es erscheint eine Warnung, dass alle Daten auf der Speicherkarte gelöscht werden. Wählen Sie *OK* und drücken Sie erneut *FUNC./SET*. Jetzt wird die Karte formatiert und die verfügbare Kapazität, die etwas unter dem auf der Karte angegebenen Wert liegen kann, wird angezeigt. Bestätigen Sie am Ende mit der Schaltfläche *OK* und verlassen Sie das Menü.

2.2 Mit Smart Auto die Kamera entscheiden lassen

Der Modus *Smart Auto* (AUTO) ist das integrierte Rundum-sorglos-Paket der G7 X. Das Programm eignet sich vor allem für Einsteiger oder ist in Situationen hilfreich, in denen sehr spontan reagiert werden muss. Bemerkenswert ist, dass die Kamera das Motiv eigenständig analysieren kann, wenn sie auf die Szene ausgerichtet wird, und so beispielsweise eine Landschaft oder ein Makromotiv als solches identifiziert. Wenn Sie möchten, können Sie den Bildausschnitt über den Zoomregler ein wenig enger bzw. weiter fassen.

Sollte der Blitz benötigt werden, kümmert sich (AUTO) auch in dieser Hinsicht um den Fotografen. Es erscheint der Hinweis für das Zuschalten des Blitzes. In vielen Fällen sollten

✓ Sicheres Formatieren

Ein kleiner Tipp noch. Wenn Sie das Gefühl haben, dass die Speicherkarte irgendwie langsamer wird, oder eine Fehlermeldung auftritt, kann das sogenannte sichere Formatieren hilfreich sein. Wählen Sie dazu mit der oberen Pfeiltaste ▲ den Eintrag *sicheres Form.* aus. Drücken Sie die rechte Pfeiltaste ▶, sodass ein Häkchen erscheint. Wählen Sie dann die Schaltfläche *OK*. Jetzt wird auch die Ordnerstruktur auf der Karte mit entfernt.

▼ *Smart Auto* stellt die Aufnahmewerte meistens gut auf das jeweilige Motiv ein.
1/400 Sek. | f/4 | ISO 125 | 36,8 mm

▲ *Aufnahmemonitor bei halb heruntergedrücktem Auslöser*

Sie das dann auch tun, um Gegenlichtschatten aufzuhellen oder mehr Licht ins Dunkel zu bringen. Allerdings leuchtet der kleine integrierte Blitz nur etwa einen Bereich zwischen 0,5 und 5 m ordentlich aus.

Um zu sehen, welchen Bildbereich die G7 X scharf stellen wird, drücken Sie den Auslöser erst einmal nur halb herunter, sodass die eingeblendeten Autofokusrahmen grün aufleuchten. Die AF-Rahmen werden dabei automatisch so ausgewählt, dass üblicherweise auf das am nächsten gelegene Motivdetail scharf gestellt wird.

Werden Gesichter erkannt, können Sie diese mit dem eingeblendeten Gesichtsrahmen spezifisch fokussieren. Außerdem können Sie nun auch den Blendenwert, die Belichtungszeit und die ISO-Zahl ablesen.

Für die eigentliche Aufnahme drücken Sie den Auslöser entweder gleich ganz durch oder halten ihn nur kurz auf halber Höhe, damit der Fokus möglichst präzise sitzt.

Das war's schon, das Foto ist im Kasten und erscheint für zwei Sekunden auf dem Monitor. Währenddessen können Sie aber schon wieder das nächste Motiv ansteuern.

Erweiterte Möglichkeiten

Obwohl die G7 X im Modus *Smart Auto* alle Parameter selbst regelt, ist es möglich, gewisse Einstellungen selbst vorzunehmen. Allerdings handelt es sich dabei nicht um Funktionen, die die Bildbelichtung betreffen, sondern um, wir nennen es mal, periphere Funktionen.

So können Sie durch das Drücken der *FUNC./SET*-Taste den Selbstauslöser, das Seitenverhältnis, die Bildqualität und die Bildqualität für Movies einstellen und durch Betätigen der Taste die Betriebsart auswählen.

Die Szenen-Icons in der Übersicht

In den Modi *Smart Auto* und *Hybrid Auto* detektiert die PowerShot G7 X selbstständig, um welches Motiv es sich handelt, und stellt dementsprechend die Farbe und die Helligkeit möglichst optimal ein. Es ist aber nicht verkehrt, in etwa zu wissen, welche Szene die Kamera gerade vor sich zu haben gedenkt, denn sie kann sich ja auch einmal irren. Daher gibt Ihnen die folgende Tabelle eine Übersicht über die möglichen Szenen-Icons.

An der Hintergrundfarbe des jeweiligen Symbols können Sie ablesen, ob es sich um ein Motiv vor blauem Himmel, vor einem anders gearteten hellen Hintergrund oder vor einem dunklen Hintergrund handelt.

	Hintergrund				
	Normal	Gegenlicht	Dunkel	Sonnen-untergang	Spotlights
Menschen					
Personen in Bewegung					
Schatten im Gesicht					
Lächeln					
Schlafen					
Babys					
Lächelnde Babys					
Schlafende Babys					
Kinder in Bewegung					
Andere Motive					
Andere sich bewegende Motive					
Andere nahe Motive					

▲ *Szenen-Icons, die von der G7 X in Abhängigkeit von den Motiv- und Lichtverhältnissen eigenständig gewählt werden.*

Abhängig von der Aufnahmesituation und den Kameraeinstellungen stehen nicht immer alle Szenen-Icons zur Verfügung. So werden die Symbole für Babys und Kinder beispielsweise nur angezeigt, wenn die Gesichtserkennung aktiv ist und für das jeweilige Baby oder Kind eine Gesichts-ID eingerichtet wurde.

> ✓ **Falsches Szenen-Icon? In P-Modus wechseln**
>
> Es kann vorkommen, dass die G7 X aus den Farben des Motivs einen falschen Rückschluss zieht. Wenn Sie beispielsweise eine Pflanze vor einem Haus mit einer orangefarbenen Wand aufnehmen möchten, könnte die Kameraelektronik annehmen, es handele sich um ein Sonnenuntergangsmotiv. Farben und Helligkeit des Bildes können durch die Wahl dieser ungeeigneten Aufnahmeeinstellung falsch dargestellt werden. In derlei Situationen ist es sinnvoll, in den *P*-Modus umzuschalten. Dieser funktioniert im Prinzip genauso wie AUTO, besitzt aber die Szenenerkennung nicht.

2.3 Mit Hybrid Auto ein Filmtagebuch anlegen

Mit dem Modus *Hybrid Auto* bietet die G7 X eine Möglichkeit an, neben Bildern auch einen Film aufzuzeichnen, der die jeweilige Fotoszene als kurze Filmsequenz festhält. Dazu bereitet die PowerShot im Hintergrund permanent einen Videomitschnitt vor. Die Filmsequenz wird aber nur dann gespeichert, wenn per Auslöser ein Bild aufgenommen wird.

▶ *Der Modus Filmtagebuch zeichnet parallel ein Bild im Fotoverhältnis 4:3 und einen zugehörigen Filmclip im Seitenverhältnis 16:9 auf..*

Wenn Sie also ein Bild auslösen, werden die dem Foto vorausgegangenen 2–4 Sek. als Filmclip mitgespeichert. Achten Sie daher darauf, die Kamera vor dem Auslösen schon ein paar Sekunden ruhig zu halten, sonst entstehen total verwackelte Filme.

Bei der Bildaufnahme verhält sich die Kamera vom Vorgehen her übrigens wie im Modus *Smart Auto* und der Film wird im iFrame-Format mit 1.280 × 720 Pixeln Auflösung gespeichert.

Auf der Speicherkarte finden Sie später neben den einzelnen Fotos eine MOV-Datei, die maximal 4 GByte groß oder 29'59'' Minuten lang sein darf und alle Filmschnipsel in der Reihenfolge der Bildaufnahme enthält. Bei der Betrachtung dieses Films wird eine Szene nach der anderen abgespielt, sodass sich eine bewegte Bildergeschichte der erlebten Fotomomente ergibt.

Übrigens, wenn Sie nicht möchten, dass parallel ein Foto mitgespeichert wird, wählen Sie im Systemmenü bei der Option *Filmtagebuchtyp* den Eintrag *Keine Standb.* Wir empfehlen das, weil sonst hinter jedem Filmclip das parallel aufgezeichnete Standbild eingeblendet wird, was den Ablauf des Filmtagebuches doch eher stört.

Filmtagebücher von störenden Szenen befreien

Häufig kommt es vor, dass bestimmte, nicht ganz so optimal aufgenommene Filmsequenzen das Filmtagebuch stören. Daher können Sie einzelne Filmclips aus dem Gesamtfilm entfernen.

Dazu rufen Sie mit der Wiedergabetaste ▶ das Filmtagebuch und anschließend mit der *FUNC./SET*-Taste die Filmsteuerung auf. Navigieren Sie auf die Schaltfläche *Nächster Clip* ▶❶ und drücken Sie die *FUNC./SET*-Taste so oft, bis die störende Szene auf dem Monitor erscheint.

Wählen Sie nun die Schaltfläche *Clip löschen* ❷ aus und bestätigen Sie das Entfernen mit *FUNC./SET*. Markieren Sie die Schaltfläche *OK* und bestätigen Sie die Aktion. Der Clip ist nun unwiederbringlich aus der Filmdatei entfernt worden. Den Vorgang können Sie nun mit weiteren zu löschenden Szenen gleichermaßen durchführen.

▲ *Löschen einzelner Clips aus dem Filmtagebuch*

2.4 Spezial-Scene-Modi in der Übersicht

Der Modus *Spezielle Szene* **SCN** gibt Ihnen die Möglichkeit, die Art des Motivs schon vor dem Auslösen selbst an die Kamera zu übermitteln. Alle weiteren Einstellungen

Verwacklungswarnung

In einigen Szenemodi wird die G7 X das Zuschalten des integrierten Blitzgerätes oder die Verwendung eines Stativs empfehlen. Dazu schaltet sich die Verwacklungswarnung ein.

stimmt die G7 X dann automatisch auf Ihr Motiv ab. Wenn Sie beispielsweise ein Schneemotiv fotografieren möchten, geben Sie der Kamera diese Motivart vor. Sie wird dafür sorgen, dass die Szene richtig belichtet, farblich korrekt und mit genügend Kontrast aufgenommen wird.

Um die Szenemodi aufzurufen, stellen Sie das Modus-Wahlrad auf **SCN** und drücken die *FUNC./SET*-Taste, woraufhin der abgebildete Einstellungsbildschirm erscheint. Nun können Sie auf der unteren Leiste mit den Pfeiltasten ◀/▶ oder mit dem Einstellungswahlrad ⚙ zum gewünschten *SCN*-Modus navigieren, der dann auch in der Auswahlleiste auf der linken Seite immer ganz oben angezeigt wird.

▲ *Einstellen der Vorgabe Schnee*

Porträt

Der *SCN*-Modus *Porträt* 🕺 ermöglicht es Ihnen, auf einfache Art und Weise Aufnahmen von Ihren Lieben, Freunden und Bekannten anzufertigen. Die G7 X wählt die Einstellungen so aus, dass Gesichter oder Personen vor einem weichen, unscharfen Hintergrund prägnant herausgestellt werden, also ungefähr so, wie es ein versierter Fotograf prinzipiell auch manuell einstellen würde. Dabei kann der Blitz automatisch aktiviert werden, um im Gesicht auftretende Schattenwürfe etwas aufzuhellen. Die beste Freistellung erzielen Sie mit der Teleeinstellung [♦] des Objektivs und möglichst viel Abstand zwischen Person und Hintergrund.

1/250 Sek. | f/2,8 | ISO 320 | 36,8 mm

▶ *Der unruhige Hintergrund ließ sich im Modus Porträt angenehm unscharf ausblenden.*

Intelligente Aufnahme

Der Begriff *Intelligente Aufnahme* klingt im ersten Moment etwas undefiniert. Was hat es also mit diesem Modus auf sich? Zuerst sei gesagt, dass es auch hierbei um das Aufnehmen von Personen geht. Genauer gesagt liegt der Fokus auf dem Gesicht und darauf, dass die Aufnahme mimisch ausgelöst werden kann.

Hierzu hält die G7 X drei Methoden bereit, die Sie, gewisse mimische Fertigkeiten Ihrerseits vorausgesetzt, alle auch prima als Selbstauslöser-Optionen verwenden können. Um diese aufzurufen, drücken Sie im Modus die untere Pfeiltaste ▼. Nun können Sie eine der drei Optionen am unteren Rand des Displays auswählen.

▲ *Einstellungsmöglichkeiten im SCN-Modus Intelligente Aufnahme.*

- Im Modus *Lächeln* erkennt die G7 X tatsächlich die Emotion im Gesicht. Ohne Drücken des Auslösers wird ein Bild aufgenommen, sobald Sie selbst oder andere Personen im Bildausschnitt zu lächeln beginnen – gut für Selfies geeignet.

- Als Zweites steht ein *Blinzel-Timer* zur Verfügung. Dieser reagiert, nachdem Sie den Auslöser ganz durchgedrückt haben, auf ein kräftiges Zudrücken der Augen und löst dann mit einer Verzögerung von 2 Sek. die Aufnahme aus. Die Gesichter dürfen hierfür aber nicht zu klein abgebildet sein.

- Als dritte Option können Sie den *Gesichts-Timer* nutzen, der erst dann den Auslösevorgang startet, wenn ein Gesicht in das Visier der G7 X gerät. Es ist in diesem Fall also anzuraten, so lange nicht in die Kamera zu schauen, bis Sie Ihre Fotoposition eingenommen haben. Sobald die Kamera das Gesicht erkannt hat, startet die Aufnahme nach 2 Sek. Wartezeit – gut geeignet für Selbstauslöser-Fotos ohne Fernbedienung.

Sternenhimmel

Im Modus *Sternenhimmel* können Sie vom Stativ aus Aufnahmen des Sternenhimmels anfertigen, entweder in Form einer Momentaufnahme oder Sie halten die Sternenbewegung über eine längere Zeit hinweg in einem Bild fest. Auch können kurze Zeitraffervideos und Porträtaufnahmen damit erstellt werden (mehr dazu erfahren Sie ab Seite 166).

▲ *Sternbild Orion, aufgenommen mit der Sternennachtaufnahme.*

Um die verschiedenen Optionen aufzurufen, drücken Sie die untere Pfeiltaste ▼, woraufhin die vier Aufnahmeoptionen am unteren Rand des Displays erscheinen.

Nachtaufnahmen ohne Stativ

Das Programm *Nachtaufnahmen ohne Stativ* verwenden wir gerne, wenn wir in der Stadt unterwegs sind und keine Lust haben, ein unhandliches Stativ mitzunehmen. Denken Sie nur an ein schönes Abendessen auf Reisen und dann entdecken Sie auf dem Heimweg ein schön beleuchtetes Gebäude.

Halten Sie die G7 X in diesem Modus möglichst ruhig und drücken Sie den Auslöser länger herunter, denn es werden direkt mehrere Bilder ausgelöst. Diese werden automatisch zur finalen Aufnahme verrechnet, die trotz hoher ISO-Werte dann erstaunlich rauscharm ist. Bewegen sich Personen während der Aufnahme durch den Bildausschnitt, tauchen diese nur an der Stelle auf, an der sie die Kamera bei der ersten Reihenaufnahme „erwischt" hatte.

Der Modus funktioniert auch prima, um im Dunkeln ein Porträt aufzunehmen, bei dem der Hintergrund nicht zum schwarzen Loch mutiert, sondern erkennbar bleibt. Hier-

▼ *Auch ohne Stativ gelingen solche Aufnahmen des Nachts und zur blauen Stunde mit dem Programm* Nachtaufnahme ohne Stativ.
1/40 Sek. | f/2,8 | ISO 3200 | 11 mm

zu wird der integrierte Blitz verwendet, der sich aber nur auf das erste Foto auswirkt. Dennoch ist es wichtig, dass sich das angeblitzte Motiv auch während der folgenden Bilder nicht bewegt. Der Bildausschnitt wird an den Rändern übrigens etwas beschnitten, es kann also nicht das volle Weitwinkelformat genutzt werden.

Unterwasser

Der Modus *Unterwasser* ist in erster Linie für die Verwendung des optional für die G7 X erhältlichen Unterwassergehäuses gedacht. Die Motive werden dabei möglichst natürlich wiedergegeben, indem die Blautöne des Wassers reduziert werden. Beim Fotografieren im Aquarium, was ja quasi auch Unterwasserfotografie ist, lässt sich das Programm aber ebenfalls gut einsetzen.

Da die meisten Fische üblicherweise in Bewegung sind, hat die G7 X zwei spezielle Fokusoptionen für Unterwassermotive in petto. Diese können Sie nur im Modus *Unterwasser* nutzen. Die Funktion *Unterwasser-Makro* zielt auf dichte Aufnahmeabstände von 1 bis 50 cm ab und nutzt die Weitwinkeleinstellung des Objektivs. Entfernte Motive in einem Bereich von 1,50 bis 20 m lassen sich hingegen mit der Einstellung *Schnell* gut einfangen.

▼ *Schöne Farben und spezielle Fokusoptionen für Fischaufnahmen liefert der Modus Unterwasser.*
1/100 Sek. | f/4 | ISO 1600 | 36,8 mm

Alles, was sich weiter entfernt befindet, nehmen Sie am besten in der Einstellung *Normal* ▲ auf. Zum Einstellen des Fokussierbereichs drücken Sie die Taste ♥MF.

Schnee

Schneeaufnahmen haben oft einen mehr oder weniger intensiven Blaustich. Mit dem Programm *Schnee* ⛄ wirkt die G7 X dem entgegen und sorgt zusätzlich für ausreichend Helligkeit. Damit lässt sich die Hautfarbe von Personen vor verschneitem Hintergrund deutlich natürlicher darstellen. Damit Gesichter vor dem oft gleißend hellen Hintergrund nicht zu dunkel aussehen, können Sie über die Blitztaste ⚡ zusätzlich den kamerainternen Blitz aktivieren. Das ist manchmal notwendig, da es passieren kann, dass der Blitz über die Automatik ⚡A im gerade aktuellen Szenario nicht gezündet wird.

Sollte die Helligkeit des Schnees trotz *SCN*-Modus den Belichtungsmesser dazu verführen, die Aufnahme insgesamt zu dunkel werden zu lassen, sodass der Schnee eher grau denn weiß dargestellt ist, können Sie die Bildhelligkeit korrigieren. Verwenden Sie hierzu das oben rechts auf der Kamera befindliche Wahlrad für die Belichtungskorrektur. Für Schneebilder sind erfahrungsgemäß Werte von +$\frac{1}{3}$ bis +1 EV zu empfehlen. Denken Sie aber daran, dass eine

▼ *Achten Sie bei Schneeaufnahmen darauf, dass die hellen Flächen noch Struktur haben.*
1/400 Sek. | f/8 | ISO 125 | 14 mm

zu starke Überbelichtung die Strukturen des Schnees verschwinden lässt und Sie dann nur noch eine glatte weiße Fläche im Bild haben. Hier ist einmal mehr der sensible Blick des Fotografen gefragt.

Feuerwerk

Die Feuerwerksfotografie ist ein wirklich außerordentlich schönes und ästhetisches Thema in der Fotografie, aber nicht immer so ganz einfach umzusetzen. Um Ihnen dennoch die Möglichkeit zu geben, ohne große Umschweife Feuerwerksaufnahmen zu fotografieren, bietet die G7 X das empfehlenswerte *SCN*-Programm *Feuerwerk*. Denken Sie daran, auf alle Fälle ein Stativ zu verwenden, denn die Belichtungszeit liegt hier bei 2 Sek.

Manchmal ist es allerdings etwas knifflig, die unterschiedlich ausladenden Raketenschweife in voller Gänze und gleichzeitig groß genug ins Bild zu bekommen. Aber Sie werden während des Feuerwerks sicher schnell herausfinden, welche Zoomstufen Sie am besten verwenden, um alles eindrucksvoll auf den Sensor zu bannen. Übrigens, auch für Lichtspuren, fahrende Autos, Karussells oder Ähnliches ist dieses Programm sehr empfehlenswert, vorausgesetzt, die 2 Sek. Belichtungszeit reichen aus, um eine schöne Spur ins Bild zu bekommen.

▼ *Der Modus Feuerwerk belichtet helle Objekte vor dem Nachthimmel besonders prägnant.*
2 Sek. | f/11 | ISO 125 | 36,8 mm

2.5 Spaß mit den Kreativen Aufnahmen

Mit dem Modus *Kreative Aufnahme* hat die G7 X ein Spielzeug an Bord, das seinen ganz eigenen Weg geht, um spannende Aufnahmen zu generieren. In diesem Programm sind nämlich nicht Sie es, der entscheidet, welche Bilder am Ende entstehen, sondern die G7 X. Das gilt sowohl für den Bildausschnitt als auch für verschiedene Effekte.

Damit es für Sie nicht zu einseitig wird, nimmt die G7 X sechs verschiedene Aufnahmen in Folge auf, die Sie bei Gefallen behalten oder einfach löschen können. Lassen Sie sich also ruhig einmal überraschen, was sich die G7 X für ein bestimmtes Motiv so einfallen lässt. Wobei, um das Ruder nicht völlig aus der Hand zu geben, können Sie die Filter, die auf die Bilder angewendet werden, vorab thematisch etwas ordnen.

Verfügbar sind die Filter *Retro* (Aufnahmen mit historischem Touch), *Monochrome* (verschiedene Farbtonungen), *Spezial* (Mix aus kreativen Effekten) und *Natürlich* (natürlich wirkende Interpretationen des Motivs). Mit dem Modus *Automatik* entscheiden Sie sich für eine wilde Mixtur aus allen Filtertypen, was das Ergebnis entsprechend unberechenbar macht, aber durchaus spannend anzusehen ist.

Betrachten der Bilder

Die sechs Aufnahmen landen in einer Gruppe. Möchten Sie die Bilder unmittelbar nach der Aufnahme einzeln betrachten, drücken Sie gleich die **FUNC./SET**-Taste und wählen mit dem Einstellungswahlrad oder per Fingertipp eines der sechs Bilder aus.

Danach können Sie mit den Pfeiltasten ◀/▶ oder durch Ziehen des Fingers auf dem Monitor nach links oder rechts von Bild zu Bild blättern. Wie Sie die gruppierten Bilder später einzeln anschauen können, erfahren Sie ab Seite 61.

1/1250 Sek. | f/5 | ISO 250 | 18 mm

◀ Einmal ausgelöst, und schon sind sechs ganz unterschiedliche Bilder im Kasten.

2.6 Kreative Filtereffekte einbauen

Während die Automatiken (AUTO) und 🅰️ sowie die *SCN*-Programme auf bestimmte Fotosituationen ausgelegt sind, geht der Modus *Kreative Filter* 🔘 einen Schritt weiter.

Hier werden die Bilder anhand vorgewählter Filtereffekte verfremdet. So entsteht im Nu der Eindruck einer Miniaturwelt oder einer Aufnahme mit einer Spielzeugkamera.

Um die Filter zu aktivieren, wählen Sie im Modus *Kreative Filter* 🔘 den Effekt einfach mit der *FUNC./SET*-Taste und den Pfeiltasten ◀/▶ aus und bestätigen die Aktion mit der *FUNC./SET*-Taste.

▲ *Auswahl des Filters Nostalgisch*

Achten Sie dabei auf die Angaben im Display. Je nach Filtertyp lassen sich zusätzliche Optionen einstellen, wie zum Beispiel die Intensität beim Filter *Nostalgisch* 💡.

Die Optionen können Sie einfach durch Verwendung des angegebenen Bedienungselements, in diesem Fall der Ringsteuerung 🔘 ❶, wahrnehmen. Die möglichen Effektstufen werden ebenfalls auf dem Bildschirm dargestellt ❷.

▲ *Anpassen des Filtereffekts*

High Dynamic Range

Beim Effekt HDR werden automatisch drei Aufnahmen mit jeweils unterschiedlicher Bildhelligkeit aufgenommen und zu einer HDR-Aufnahme fusioniert. Dadurch werden alle Helligkeitsstufen besser durchzeichnet wiedergegeben und es entsteht der mehr oder weniger stark ausgeprägte typische HDR-Bildstil.

▼ *Links: HDR-Effekt Natürlich*
Rechts: HDR-Effekt Markant
1/200 Sek. | f/3,2 | ISO 125 | 36,8 mm

Denken Sie daran, die G7 X bei der Aufnahme so ruhig wie möglich zu halten oder besser noch auf ein Stativ zu montieren.

Die drei Aufnahmen sollten sich vom Bildausschnitt her möglichst wenig oder gar nicht verschieben. Aus demselben Grund ist dieses Programm für bewegte Motive nicht gut geeignet.

Für die HDR-Wirkung stehen Ihnen fünf künstlerische Effekte zur Verfügung, die Sie mit der Ringsteuerung anwählen können: *Natürlich* (normale Bildwirkung, aber mit besserer Durchzeichnung), *Standard* (bessere Durchzeichnung mit mehr Sättigung), *Gesättigt* (farbkräftig wie eine Illustration), *Markant* (Detailkontrast und Sättigung hoch, ölgemäldeartige Wirkung) und *Prägung* (hoher Detailkontrast, wenig Sättigung, düstere Wirkung). Mehr Informationen zum Thema HDR finden Sie ab Seite 158.

Nostalgisch

Mit dem Effektfilter *Nostalgisch* können Sie Ihre Motive sehr schön wie alte Fotos wirken lassen. Über fünf Stufen, die sich mit der Ringsteuerung auswählen lassen, verblassen hierbei die Farben, während sich die Bildkörnigkeit verstärkt.

▼ *Salzgewinnung wie aus einer anderen Zeit, aufgenommen mit dem Effekt Nostalgisch*
1/250 Sek. | f/4 | ISO 125 | 27 mm

Fischaugeneffekt

Beim *Fischaugeneffekt* 🐟 wird die Mitte des Bildes konzentrisch nach außen gewölbt, sodass der Eindruck entsteht, das Bild sei mit einem extremen Weitwinkelobjektiv, einem sogenannten Fischaugenobjektiv, aufgenommen worden. Über die Ringsteuerung 🔘 können fünf verschiedene Intensitäten eingestellt werden.

Links: 1/400 Sek. | f/4 | ISO 125 | 36,8 mm
Rechts: 1/1000 Sek. | f/2,8 | ISO 125 | 28 mm

▲ *Links: Ohne Effekt Rechts: Mit Fisheye-Effekt wirkt der Bär doch gleich viel knuddeliger.*

Miniatureffekt

Einmal die Welt von oben betrachten wie ein Adler oder ein Ballonfahrer, alles wirkt klein und niedlich wie bei einer Spielzeugeisenbahn. So oder so ähnlich präsentieren sich Menschen, Landschaften und Gebäude, wenn Sie den Filter *Miniatureffekt* 🏛 zuschalten. Der Effekt beruht darauf, dass das Bild größtenteils unscharf gehalten ist und nur einen schmalen scharf erkennbaren Bereich besitzt. Dadurch entsteht der optische Effekt einer Miniaturwelt.

Auch beim *Miniatureffekt* können Sie gewisse Parameter selbst einstellen. Betätigen Sie hierzu zuerst die *DISP.* Taste. Nun können Sie mit dem Zoomregler (▥/▤) die Breite des scharfen Bildstreifens regulieren und ihn durch Drehen am Einstellungswahlrad ⚙ oder durch horizontales Ziehen mit dem Finger ☝ nach oben oder unten verschieben. Wenn Sie den Bildstreifen hochformatig positionieren möchten, können Sie dies mit den horizontalen Pfeiltasten ◀/▶ bewerkstelligen.

▲ *Einstellungsoptionen im Modus Miniatureffekt*

> **Miniaturfilm im Zeitraffer**
>
> Beim Filmen aus dem *Miniatureffekt* heraus nimmt die G7 X automatisch ein Zeitraffervideo auf. Dabei können Sie die Geschwindigkeit des Zeitraffers mit der Ringsteuerung 🔘 festlegen. Mehr dazu erfahren Sie ab Seite 182.

1/640 Sek. | f/5,6 | ISO 125 | 36,8 mm

▲ Am besten wirken die Bilder mit *Miniatureffekt* von einem erhöhten Standpunkt aus, wie einem Turm, einer Brücke oder einer Dachterrasse.

Spielzeugkamera

Mit dem Effekt *Spielzeugkamera* erhalten die Fotos stark abgedunkelte Bildecken. Diese Vignettierung lenkt einerseits den Blick des Betrachters auf das Bildzentrum und ist andererseits prima geeignet, um unschöne Artefakte am Bildrand verschwinden zu lassen, wie Leitungsmasten oder ähnliche Störfaktoren.

Über die Ringsteuerung haben Sie die Wahl zwischen drei Farbvarianten: *Standard*, *Warm* (Gelb-/Orangetöne erhöht) und *Kalt* (stärkere Blaunote).

1/125 Sek. | f/2,5 | ISO 200 | 14 mm

▶ *Spielzeugkamera*-Effekt mit der Farbtonung Blau

Unscharfer Hintergrund

Der Modus *Unscharfer Hintergrund* automatisiert eine der wichtigsten fotografischen Techniken, das Freistellen eines Motivs vor einem harmonischen diffusen Hintergrund.

Dazu nimmt die G7 X schnell hintereinander zwei Bilder auf. Eines davon wird weichgezeichnet und dann mit dem scharfen Bild verschmolzen. Das funktioniert dann am besten, wenn sich das Hauptmotiv durch klare Kanten von einem möglichst gleichmäßig kontrastierenden Hintergrund abzeichnet.

▼ *Bei diesem Motiv hat der Modus* Unscharfer Hintergrund *gut gearbeitet.*
1/500 Sek. | f/2,8 | ISO 125 | 36,8 mm

Schauen Sie sich das Bild nach der Aufnahme am besten vergrößert an, um eventuelle Bildfehler zu finden, bei denen etwa das Hauptobjekt versehentlich auch weichgezeichnet wurde. Leider passieren solche Verarbeitungsfehler sehr häufig.

Schalten Sie dann mit der Ringsteuerung ◉ eine schwächere Effektstufe ein, um die Fehler zu minimieren oder zumindest weniger auffällig im Bild zu haben.

Weichzeichner

Der Filter *Weichzeichner* ◉ verleiht Ihrem Motiv ein romantisches Aussehen, wobei Sie die Stärke des Effekts in drei Stufen wählen können.

Dieser Stil eignet sich besonders, um Blumen und Blüten (siehe Bild unten) einen romantischen Look zu geben. Aber auch Porträts lassen sich mit dem Weichzeichner gefühlvoll veredeln.

Monochrome

Warum nicht einmal ein passendes Motiv in Schwarz-Weiß oder Sepia präsentieren? Manche Szenarien werden erst durch diese vermeintlich altertümlichen Darstellungen so richtig prägnant.

Nicht umsonst hat die Schwarz-Weiß-Fotografie einen eingeschworenen Kreis von Enthusiasten. Mit dem Bildeffekt *Monochrome* ◪ haben Sie es einfacher als der analoge Fotograf in der Dunkelkammer, denn Ihnen genügt ein

▼ *Blumenstrauß im Stil des Weichzeichner-Effekts*
1/500 Sek. | f/2,5 | ISO 125 | 36,8 mm

Dreh an der Ringsteuerung ⟨⟩, um von Schwarz-Weiß auf Sepia oder Blautönung umzustellen.

1/400 Sek. | f/2,5 | ISO 125 | 19 mm

▲ *Die drei* Monochrome*-Effekte* Blau, Schwarzweiß *und* Sepia

✅ **Umfärben per Bildbearbeitungsprogramm**

Die entfärbte Darstellung ist nicht immer kontrastiert genug und kann daher etwas flau wirken. Am besten nehmen Sie das Bild daher doch wie gewohnt farbig auf und eröffnen sich die Möglichkeit, es beispielsweise mit der Funktion *In Schwarzweiß konvertieren* aus Photoshop Elements oder mit ähnlichen Funktionen anderer Bildbearbeitungsprogramme zu entfärben und gleichzeitig mehr Struktur hineinzubringen.

▲ *Kontrastreicheres Schwarz-Weiß per Bildbearbeitung*

Farbverstärkung

Mit dem Filter *Farbverstärkung* 🖼 gelingen besonders intensive Farbdarstellungen. Er kann dazu dienen, verhalten gefärbten Motiven etwas mehr farblichen Esprit zu verleihen oder aber auch besonders farbigen Objekten einen besonderen Knalleffekt zu verpassen. Dabei sollten Sie sich auf Ihren guten Geschmack verlassen, oder auch nicht, denn der ist ja bekanntlich außerordentlich subjektiv. Wir zum Beispiel gehen gerne auf die Jagd nach besonderen Graffiti oder Wandbemalungen, um diese dann bewusst poppig auf den Sensor zu bannen, wobei wir als RAW-Liebhaber grundsätzlich immer auch eine Aufnahme im Modus *P* oder *Av* machen.

1/640 Sek. | f/4 | ISO 125 | 23 mm

▶ *Die bunte Mauerkunst wird mit der* Farbverstärkung *attraktiv intensiviert.*

Postereffekt

Um den *Postereffekt* zu kreieren, gibt die G7 X Ihren Bildern intensive Farben und einen erhöhten Kontrast mit auf den Weg. Daher ist es möglich, dass bei an sich schon recht kontrastreichen Motiven die hellen Bildstellen etwas überstrahlen.

Bei den dunkleren Bereichen konnten wir ein Abrutschen in die Kontrastlosigkeit nicht so oft feststellen. Legen Sie also besonderes Augenmerk auf die helleren Bildareale. Mit abgeschaltetem Blitz ist die Wirkung des *Postereffekts* übrigens meist ein gutes Stück intensiver.

1/80 Sek. | f/2,2 | ISO 125 | 12 mm

▲ *Gute Kontraste und intensivere Farben mit dem* Postereffekt *bringen auch diese Streetart groß heraus.*

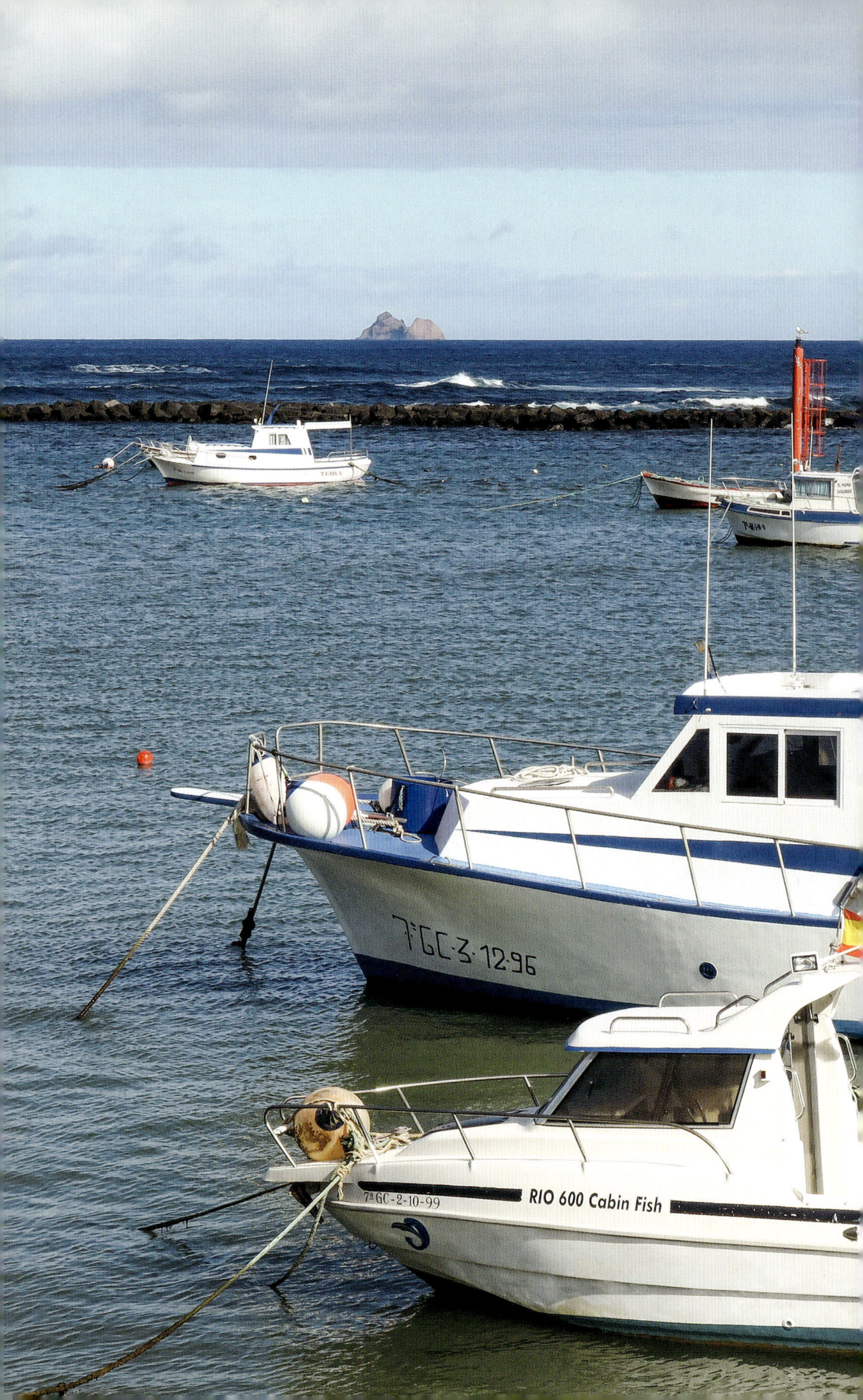
7ªGC-2-10-99
RIO 600 Cabin Fish

Bilder wiedergeben, schützen oder löschen

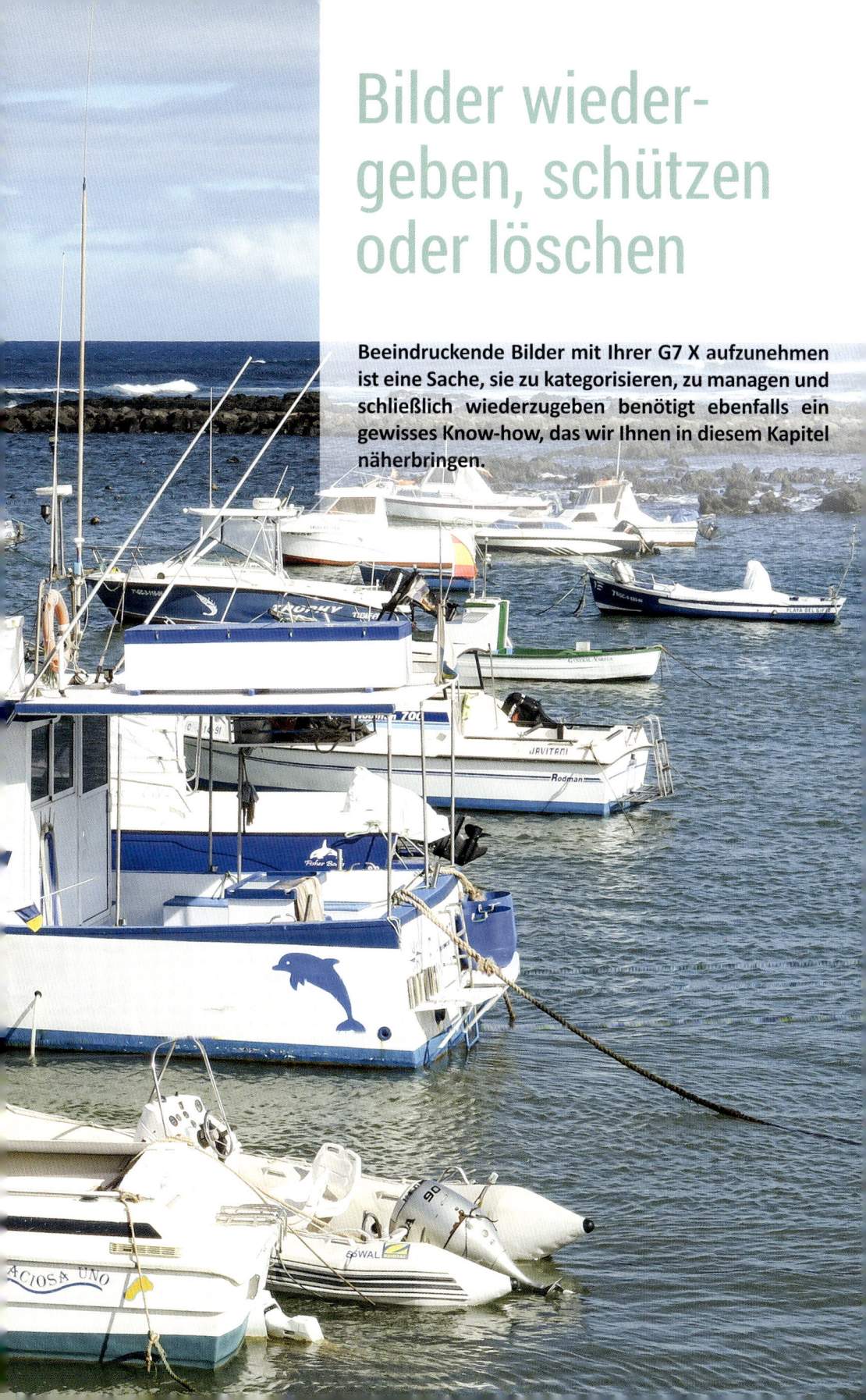

Beeindruckende Bilder mit Ihrer G7 X aufzunehmen ist eine Sache, sie zu kategorisieren, zu managen und schließlich wiederzugeben benötigt ebenfalls ein gewisses Know-how, das wir Ihnen in diesem Kapitel näherbringen.

2 Sek. | f/3,2 | ISO 125 | 9 mm

▲ *Leuchtende Ballons der Lichtgrenze in Berlin.*

▲ *Festlegen des Startpunktes der Wiedergabeansicht*

> **Den Übergangseffekt ändern**
>
> Die Vorschaubilder werden standardmäßig mit einem kurzen Einblendungseffekt angezeigt. Diesen können Sie, sofern Sie ihn als störend empfinden, im Wiedergabemenü ▶ bei *Übergangseffekt* ausschalten.

3.1 Bilder in der G7 X wiedergeben

Die von Ihnen angefertigten Fotos lassen sich flink mit der Wiedergabetaste ▶ in die Betrachtungsansicht holen. Drehen Sie dann am Einstellungswahlrad, drücken Sie die Pfeiltasten ◀/▶ oder wischen Sie mit dem Finger nach links oder rechts über den Monitor, um Bild für Bild einzeln aufzurufen und alles genau in Augenschein zu nehmen.

Einen schnellen Bilddurchlauf erzielen Sie, indem Sie die Pfeiltaste ◀ oder ▶ länger gedrückt halten. Aus dieser gescrollten Anzeige heraus können Sie das Einzelbild mit der *MENU*-Taste wieder auf volle Monitorgröße bringen.

Übrigens, je nach der Einstellung im Wiedergabemenü ▶ bei der Funktion *Wiedergabe* präsentiert Ihnen die G7 X als Erstes das zuvor betrachtete Bild (*Betrachtet*) oder das vom Aufnahmezeitpunkt her neueste Foto oder Video (*LetzteAufn*).

Die verschiedenen Anzeigeinformationen

Um die Aufnahmedetails Ihrer Fotos und Videos ablesen zu können, gibt es die Möglichkeit, verschiedene Monitoransichten aufzurufen. Dazu drücken Sie die *DISP.*-Taste. So gelangen Sie vom Anzeigemodus *Keine Informationsanzeige* zur *Einfachen Informationsanzeige*, dann zur *Detaillierten Informationsanzeige* und weiter zur Anzeige des *RGB-Histogramms* inklusive der eventuell mit aufgezeichneten *GPS-Informationen*. Mit der *DISP.*-Taste springen Sie somit von Anzeigeform zu Anzeigeform und landen am Ende wieder bei der ersten Darstellungsform. Die Benennung aller Elemente der detaillierten Informationsanzeige haben wir Ihnen ab Seite 216 zusammengestellt.

▲ *Keine Informationsanzeige*

▲ *Einfache Informationsanzeige*

Objektiv einfahren lassen

Zum Schutz des Objektivs wird dieses nach etwa einer Minute automatisch ins Kameragehäuse zurückgefahren. Wenn dies direkt beim Starten der Bildbetrachtung geschehen soll, können Sie die Zeit im Einstellungsmenü ❔❔ bei *Obj.einfahren* auf *0 Sek.* setzen. Es belastet die Mechanik allerdings unnötig, wenn Sie direkt nach der Aufnahme nur mal kurz das Ergebnis kontrollieren möchten und danach weiterfotografieren. Bei uns bleibt diese Funktion daher auf dem Standardwert *1 Min.* stehen.

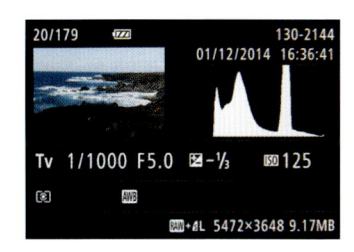

▲ *Detaillierte Informationsanzeige*

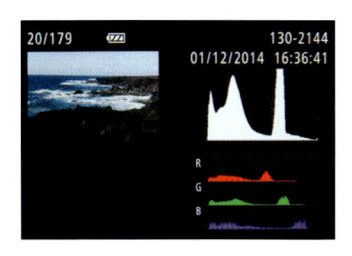

Bilder vergrößert betrachten

Wenn Sie den Zoomregler in Richtung Q bewegen, wird das Foto bis zu 10-fach vergrößert dargestellt. Mit den Pfeiltasten können Sie darin navigieren und genau die Stelle ansteuern, die Sie prüfen möchten, wobei Ihnen die aktuelle Position ❷ stets angezeigt wird (siehe Bild auf der nächsten Seite). Mit dem Einstellungswahlrad ❹ springen Sie in der vergrößerten Darstellung von Bild zu Bild. Zudem können Sie die Schärfe des oder der AF-Rahmen prüfen, die die G7 X zum Zeitpunkt der Aufnahme verwendet hat. Dazu drücken Sie die *FUNC./SET*-Taste ❸ einmal, um den ersten Fokuspunkt anzuzeigen, und wiederholen dies, um auch die anderen Fokuspunkte anzusteuern, sofern bei der Aufnahme mehrere AF-Rahmen aktiv waren. Um wieder herauszuzoomen, bewegen Sie den Zoomregler auf die Position ▪▪ oder drücken die *MENU*-Taste ❶.

▲ *RGB-Histogramm*

✂ **Vergrößern/ Verkleinern/ Verschieben**

Zum Vergrößern ziehen Sie Daumen und Zeigefinger auseinander und wieder zusammen für die Einzelbildansicht. Verschieben können Sie den Ausschnitt durch Ziehen mit einem Finger über das Bild.

▶ *Bildwiedergabe in der vergrößerten Ansicht*

Mehr Übersicht mit dem Index

Neben der vergrößerten Bildansicht können Sie sich auch mehrere Bilder und Videos gleichzeitig auf dem Monitor auflisten lassen. In diese Indexanzeige gelangen Sie durch Bewegen des Zoomreglers nach links in Richtung ▦. Nun werden Ihnen erst 6, dann 12, 42 und schließlich 110 Vorschaubilder gleichzeitig angezeigt.

▶ *Indexansicht mit 42 Bildern*

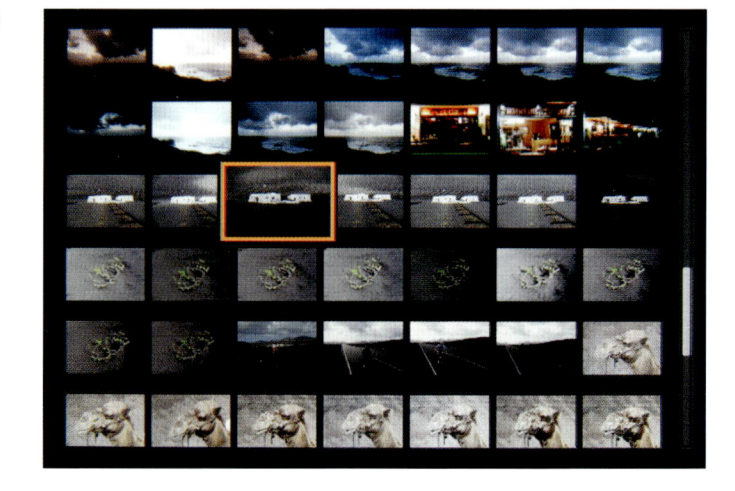

✂ **Indexanzeige**

Zum Verkleinern ziehen Sie Daumen und Zeigefinger zusammen. Durch Wischen mit dem Finger nach oben oder unten scrollen Sie durch den Bildbestand. Wählen Sie ein Bild per Fingertipp aus und öffnen Sie die Einzelbildansicht durch zweimaliges Antippen.

Mit den Pfeiltasten lassen sich einzelne Fotos auswählen und dann per *FUNC./SET*-Taste auf Vollbildgröße ziehen. Wenn Sie in der Indexansicht die Pfeiltaste ▲ oder ▼ länger drücken oder schnell am Einstellungswahlrad ✺ drehen, können Sie den Bildbestand zügig durchstöbern.

Dabei wird die Indexanzeige mit einem 3-D-Effekt versehen, bei dem der Index nach unten hin schmaler wird. Wenn Ihnen dieser Effekt nicht gefällt, können Sie ihn im Wiedergabemenü ▶ bei *Indexeffekt* einfach ausschalten.

Gruppierte Bilder anzeigen

JPEG-Aufnahmen im Modus *Reihenaufnahme* 🖳 oder Bilder und Filme, die Sie in den Modi *Kreative Aufnahme* 🗇 oder *Sternen-Zeitraffer-Movie* ⁂ anfertigen, werden standardmäßig gruppiert angezeigt. Bei der Wiedergabe ist also jeweils nur das erste Foto der Serie zu sehen. Dies erkennen Sie an der gestapelten Bildansicht und am Symbol 🆂🅴🆃 🖳.

Wenn Sie alle Bilder einzeln betrachten möchten, drücken Sie einfach die *FUNC./SET*-Taste oder tippen das Symbol 🆂🅴🆃 🖳 mit dem Finger an. Jetzt können Sie sich wie gewohnt alles Bild für Bild anschauen. Mit der Taste ▲ erscheint *Alle Aufnahmen wiedergeben*. Wenn Sie dies mit der *FUNC./SET*-Taste bestätigen, können Sie die Bilder wieder als Gruppe anzeigen lassen.

Möchten Sie sich alle gruppierten Aufnahmen ohne Umschweife immer direkt als Einzelbilder anzeigen lassen, ist das auch möglich. Wählen Sie dazu im Wiedergabemenü ▶ bei *Bilder gruppier.* die Einstellung *Aus*.

▲ *Ausschalten des Indexanzeigeeffekts*

▲ *Gruppierte Bilder*

▲ *Ausschalten der gruppierten Bildanzeige*

3.2 Favoritensterne vergeben

Eine praktische Möglichkeit, Ihre Topbilder bereits in der G7 X als solche zu markieren und sie später schnell wiederzufinden, bieten die Favoritensternchen ★. Zu deren Vergabe rufen Sie das gewünschte Bild in der Wiedergabeansicht auf und navigieren anschließend im Wiedergabemenü ▶ zum Eintrag *Favoriten*. Bestätigen Sie dies mit der *FUNC./SET*-Taste und drücken Sie die *FUNC./SET*-Taste danach erneut, um das Bild mit einem Sternsymbol ❶ als Favorit zu kennzeichnen. Anschließend können Sie direkt weitere Bilder aufrufen und genauso markieren. Am Ende schließen Sie die ganze Aktion in einem Rutsch mit der *MENU*-Taste ab, wählen die Schaltfläche *OK* aus und bestä-

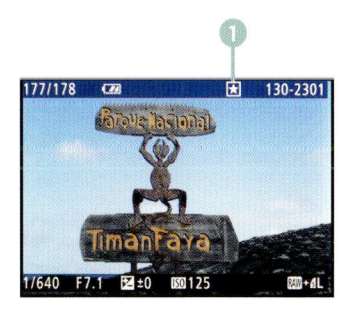

▲ *Markierung über das Menü Favoriten*

▲ *Direkte Bewertung per Touch-Steuerung*

✋ **Favoriten**

Wenn Sie mit dem Finger nach oben und weiter nach links über den Monitor streichen ↰, können Sie das Bild direkt aus der Wiedergabeansicht als Favorit markieren. Mit der gleichen Gestik heben Sie die Markierung wieder auf.

▲ *Einstellungsoptionen für die Diaschau*

▲ *Direkter Start per Touch-Steuerung*

tigen den Markierungsvorgang mit der *FUNC./SET*-Taste. Alle markierten Bilder sind nun als Favoriten gespeichert.

Bei der Bildbetrachtung können Sie die Bewertung sichtbar machen, indem Sie mit der *DISP.*-Taste die Ansichten mit den eingeblendeten Aufnahmeinformationen aufrufen. Wie Sie die Favoritenbilder in der G7 X gezielt wiederfinden, erfahren Sie ab Seite 63.

Die Markierung als Favorit bleibt auch nach der Übertragung der Dateien auf den Computer erhalten, sodass Sie die markierten Fotos beispielsweise im Explorer von Windows Vista/7/8 schnell heraussortieren können (Detailanzeige nach Bewertung). Allerdings werden von der G7 X immer nur drei von fünf möglichen Sternen vergeben. Am Computer können Sie den Bewertungsstatus somit noch etwas feiner nachjustieren und die wirklich genialen Bilder mit fünf Sternen von den guten oder den gerade noch akzeptablen Bildern hervorheben.

▲ *Anzeige der Favoritenbewertung im Windows-Explorer*

3.3 Diaschau-Präsentation

Eine schöne und nicht so statisch wirkende Präsentationsmöglichkeit ist die Diaschau. Hier können Sie Ihre Fotos am Kameramonitor oder, wenn die G7 X mit dem Computer oder dem Fernseher verbunden ist, auch auf einem größeren Bildschirm ansprechend präsentieren. Die Einstellungsoptionen dazu finden Sie im Wiedergabemenü ▶ bei *Diaschau*. Legen Sie darin bei *Wiederholen* fest, ob die Diaschau nach dem letzten Foto wieder von vorn beginnen soll. Gehen Sie dann nach unten und bestimmen Sie die *Abspieldauer*. Mit dem Menüpunkt *Effekt* legen Sie fest, ob die Bilder animiert eingeblendet werden sollen oder nicht. Am Ende gehen Sie nach unten auf *Start* und drücken die *FUNC./SET*-Taste, um die Diaschau zu beginnen. Sie startet mit dem ersten Bild auf der Speicherkarte oder, wenn Sie die Touch-Steuerung verwenden, mit dem aktuell ausgewählten Foto.

Während der Diaschau können Sie die Präsentation mit der FUNC./SET-Taste pausieren und mit erneutem Tastendruck wieder fortsetzen. Außerdem können Sie mit dem Einstellungswahlrad ⚙, mit den Tasten ◀/▶ oder durch Wischen mit dem Finger nach links oder rechts manuell ein Bild weiter- oder zurückspringen. Mit der MENU-Taste beenden Sie die Diaschau.

Gefilterte Wiedergabe

Ihre G7 X ist in der Lage, die Bilder und Videos automatisch bestimmten Kategorien zuzuordnen. Auf diese Weise können Sie spezielle Motivtypen schneller wiederfinden. Dabei stehen folgende Kategorien zur Verfügung: *Favoriten* ★ (die von Ihnen als Favorit markierten Bilder und Videos), *Aufnahmedatum* ⊘, *Menschen* 🦊 (Bilder, bei denen die Gesichtserkennung aktiv war), *Foto/Movie* 🎬 (unterteilt alle Mediendateien in Fotos, Movies oder Filmtagebuch-Movies) und *Name* 👤 (präsentiert nur die Bilder, bei denen die Gesichts-ID eine Person identifiziert hat).

Die einer bestimmten Kategorie zugehörigen Fotos oder Movies können gezielt ausgewählt und anschließend unabhängig von allen anderen betrachtet werden. Dazu drücken Sie in der Wiedergabeansicht die MENU-Taste und wählen die Funktion *Bildsuche*. Nun können Sie im linken Fensterbereich eine der fünf übergeordneten Kategorien ❶ aussuchen, die Anzahl enthaltener Bilder oder Videos können Sie oben rechts ablesen ❸.

Wenn Sie *Aufnahmedatum* ⊘ oder *Foto/Movie* 🎬 gewählt haben, entscheiden Sie sich mit der Pfeiltaste ▶ für ein bestimmtes Datum ❷ oder einen bestimmten Dateityp. Bei *Name* 👤 drücken Sie die FUNC./SET-Taste und wählen anschließend die gewünschte Person aus. Nach Auswahl der Unterkategorie und in den Kategorien *Favoriten* ★ und *Menschen* 🦊 drücken Sie schließlich die FUNC./SET-Taste. Jetzt werden Ihnen alle ausgewählten Bilder mit einer gelben Umrahmung präsentiert und Sie können wie gewohnt Datei für Datei aufrufen. Um die gefilterte Wiedergabe aufzuheben, gehen Sie zurück in das Menü, navigieren zum Eintrag *Bildsuche abbrechen* und drücken die FUNC./SET-Taste. Bestätigen Sie den Abbruch abschließend mit *OK*.

✓ **Diaschau**

Wenn Sie den Finger in der Monitormitte ansetzen und dann nach unten und weiter nach rechts streichen ↳, können Sie die Diaschau direkt starten. Es gelten die Einstellungen aus dem Menü *Diaschau*. Beendet wird die Präsentation mit einem Fingertipp auf den Monitor.

▲ *Auswahl der Kategorie Aufnahmedatum*

▲ *Gefilterte Wiedergabe nach Datum*

3.4 Anzeigen von Bildern am TV

Der Kameramonitor ist viel zu klein, der Computer steht im Arbeitszimmer und der Laptop ist ebenfalls nicht so richtig geeignet, sich mit der Familie oder Freunden die Fotos mal so richtig schön groß und gemütlich im Wohnzimmer anzuschauen. Was nun? Na ja, da wäre ja noch der Fernseher … Gedacht, getan. Schließen Sie Ihre G7 X doch einfach einmal mit einem HDMI-Kabel am TV-Gerät an. Schon flimmern die Bilder im stattlichen Format in die heimische Stube. Dafür benötigen Sie ein maximal 2,5 m langes HDMI-Kabel mit einem kameraseitigen Mikrostecker vom Typ D. Schalten Sie nun als Erstes die G7 X und den Fernseher aus, schließen Sie den HDMI-Mikrostecker am HDMI-Ausgang ❶ Ihrer Kamera und das größere HDMI-Ende am entsprechenden Eingang des TV-Gerätes an. Schalten Sie dann zuerst den Fernseher ein und wählen Sie den Kanal, der den verwendeten Anschlussbuchsen zugeordnet ist (hier: HDMI). Anschließend starten Sie die Bildansicht der G7 X mit der Wiedergabetaste ▶. Nun können Sie die Bilder oder Videos einzeln aufrufen oder, wie zuvor gezeigt, eine Bildwiedergabe als Diaschau starten.

▲ *HDMI-Anschlussbuchse der G7 X*

▲ *HDMI-Anschluss am Fernseher*

3.5 Schutz vor versehentlichem Löschen

Stellen Sie sich vor, Sie haben eine tolle Fotochance genutzt und die Szene in einem schönen Bild festgehalten. Jetzt wäre es fast schon dramatisch, wenn dieses Foto oder mehrere aus der Serie versehentlich gelöscht würden. Um dies zu verhindern, besitzt Ihre G7 X eine Schutzfunktion. Darüber werden die Fotos markiert, die keinesfalls gelöscht werden dürfen. Um den Bildschutz anzuwenden, steuern Sie im Wiedergabemenü ▶ die Funktion *Schützen* an. Einzelbilder werden im Menü *Wählen* einfach per FUNC./SET-Taste geschützt, sodass ein Schlüsselsymbol ❶ angezeigt wird. Durch erneutes Drücken der FUNC./SET-Taste heben Sie den Schutz wieder auf. Vergeben Sie das Schlüsselsymbol an beliebig viele Bilder. Am Ende drücken Sie die MENU-Taste und bestätigen die OK-Schaltfläche mit der FUNC./SET-Taste, damit der Schutz angewendet wird. Im Fall der Option *Bereich wählen* steuern Sie das linke Vorschaubild ❷ an und drücken die FUNC./

▲ *Menü Schützen*

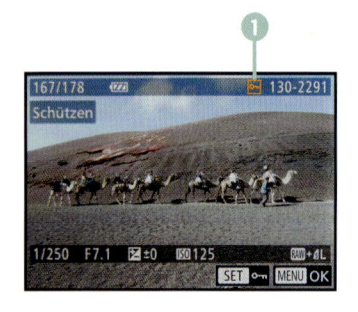

▲ *Schutz eines einzelnen Bildes*

SET-Taste. Rufen Sie die erste zu schützende Datei in der Wiedergabeansicht auf und drücken Sie wieder FUNC./SET. Genauso verfahren Sie mit dem rechten Bild ④, das das letzte zu schützende Foto anzeigt. Navigieren Sie dann auf die Schaltfläche Schützen ③ und drücken Sie die FUNC./SET-Taste. Alle Fotos inklusive des ersten und des letzten ausgewählten Bildes werden nun geschützt – hier sind es 15 ⑤ an der Zahl. Möchten Sie alle auf der Speicherkarte befindlichen Bilder zusammen schützen, wählen Sie die Option Alle Bilder schützen, und schon sind alle Dateien gesichert. Die unterste Option Nicht alle Bilder schützen, Sie erraten es schon, dient dazu, den Schutz aller auf der Karte befindlichen Dateien wieder aufzuheben.

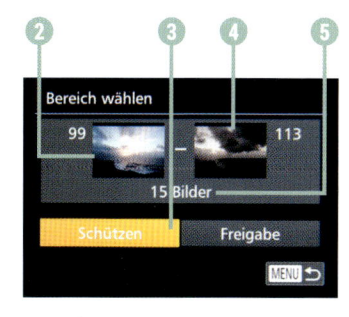

▲ Schützen mehrerer Bilder am Stück

3.6 Löschfunktionen

Es liegt in der Natur der Sache, dass nicht jedes Bild gelingt, das geht Amateuren genauso wie eingefleischten Profis. Daher ist es sinnvoll, die eindeutig vermasselten Fotos gleich in der G7 X zu löschen. Das spart nicht nur Platz auf der Speicherkarte, man kann auch von vornherein einer Flut wenig brillanter Bilder vorbeugen, die sonst nur allzu schnell Computerspeicher rauben. Um einzelne Fotos gezielt zu löschen, rufen Sie das Bild in der Wiedergabeansicht auf und drücken dann einfach die Löschtaste 🗑. Liegt das Foto im Format 🖼 vor, können Sie wählen, ob beide oder nur eines der beiden Formate entfernt werden soll. Bestätigen Sie die Aktion der Schaltfläche mit der FUNC./SET-Taste. Genauso wie beim Schützen eines ganzen Bildbereichs können Sie auch beim Löschen vorgehen. Wählen Sie dazu im Wiedergabemenü ▶ bei Löschen den Eintrag Bereich wählen und suchen Sie sich das erste und letzte zu löschende Bild aus. Mit dem Bestätigen der Schaltfläche Löschen starten Sie den Vorgang.

▲ Löschen eines einzelnen Bildes

▲ Entfernen eines Bildbereichs mit sieben Fotos

Schnell alles löschen durch Formatieren

Um die Speicherkarte in einem Zug von allen Bildern zu befreien, zum Beispiel nachdem alle sicher auf den Computer übertragen wurden, wählen Sie am besten die Funktion Formatieren, die Sie im Einstellungsmenü 🔧 finden. Der Löschvorgang geht dann wesentlich schneller vonstatten. Aber Achtung, auch geschützte Bilder 🔒 werden bei diesem Vorgang entfernt.

✂ Löschen

Um ein einzelnes Bild noch schneller zu löschen, ziehen Sie den Finger von der Monitormitte ausgehend nach unten und weiter nach links ↵. Tippen Sie nun zur Bestätigung die Schaltfläche Löschen an.

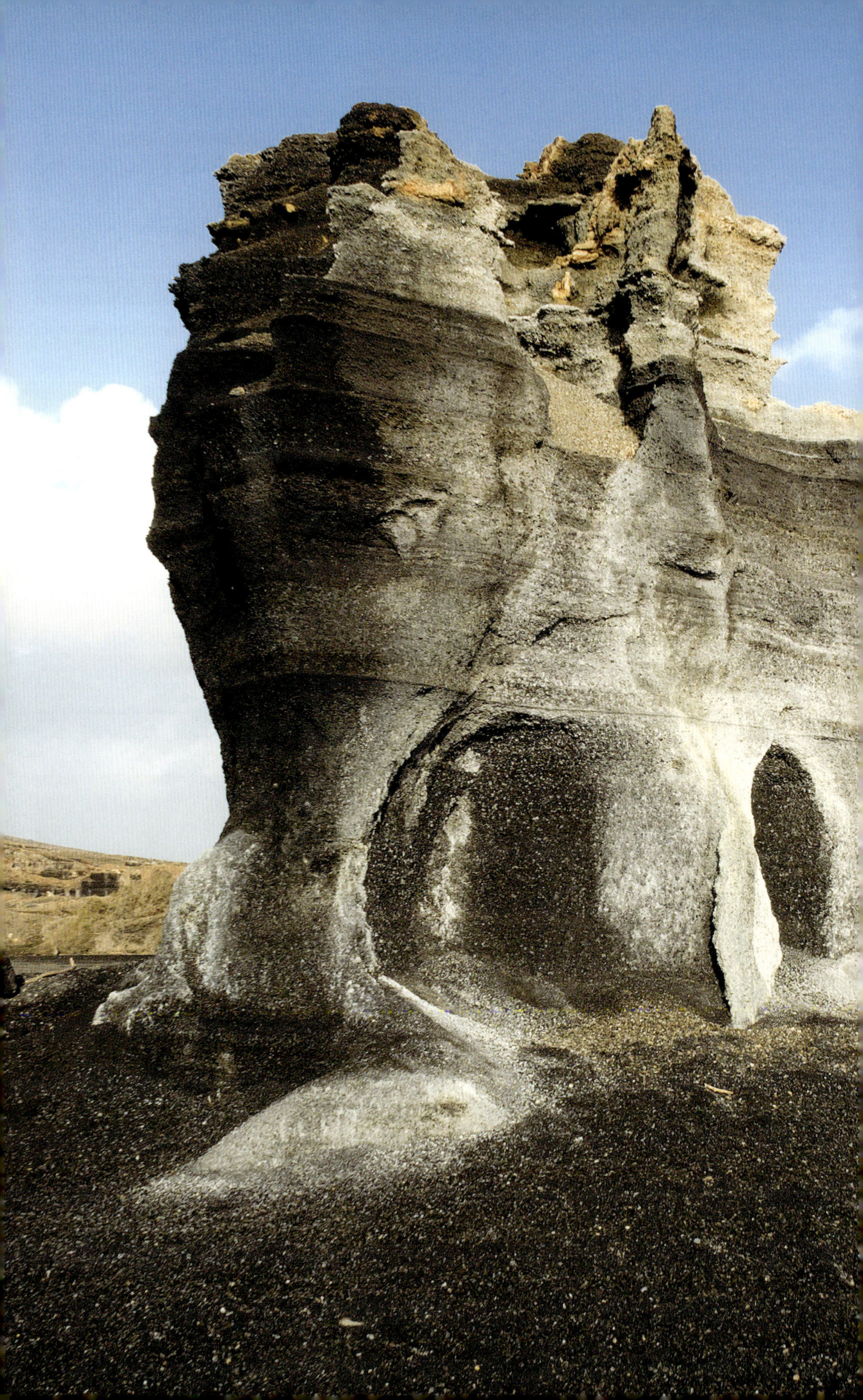

Fotografieren im Profimodus mit P, Tv, Av oder M

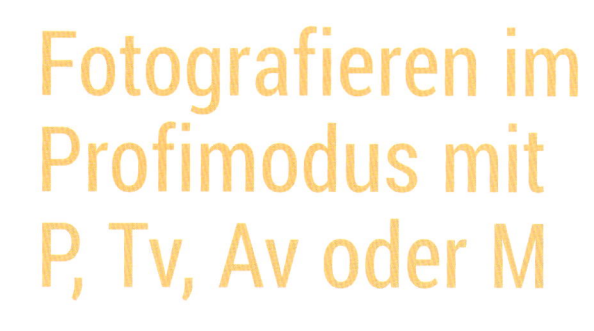

Suchen Sie Belichtungsprogramme, die bei der Gestaltung anspruchsvoller Fotoideen kaum noch Wünsche offenlassen? Dann sollten Sie auf jeden Fall die Kreativprogramme kennenlernen. Es handelt sich hierbei um eine Belichtungsautomatik (*P*), zwei halbautomatische Modi (*Tv*, *Av*), einen komplett manuellen Modus (*M*) und einen programmierbaren freien Platz für eigene Programmdefinitionen (*C*). Schöpfen Sie das Potenzial Ihrer PowerShot G7 X mit diesen Optionen voll aus und wählen Sie den professionellen Weg zu beeindruckenden Bildern.

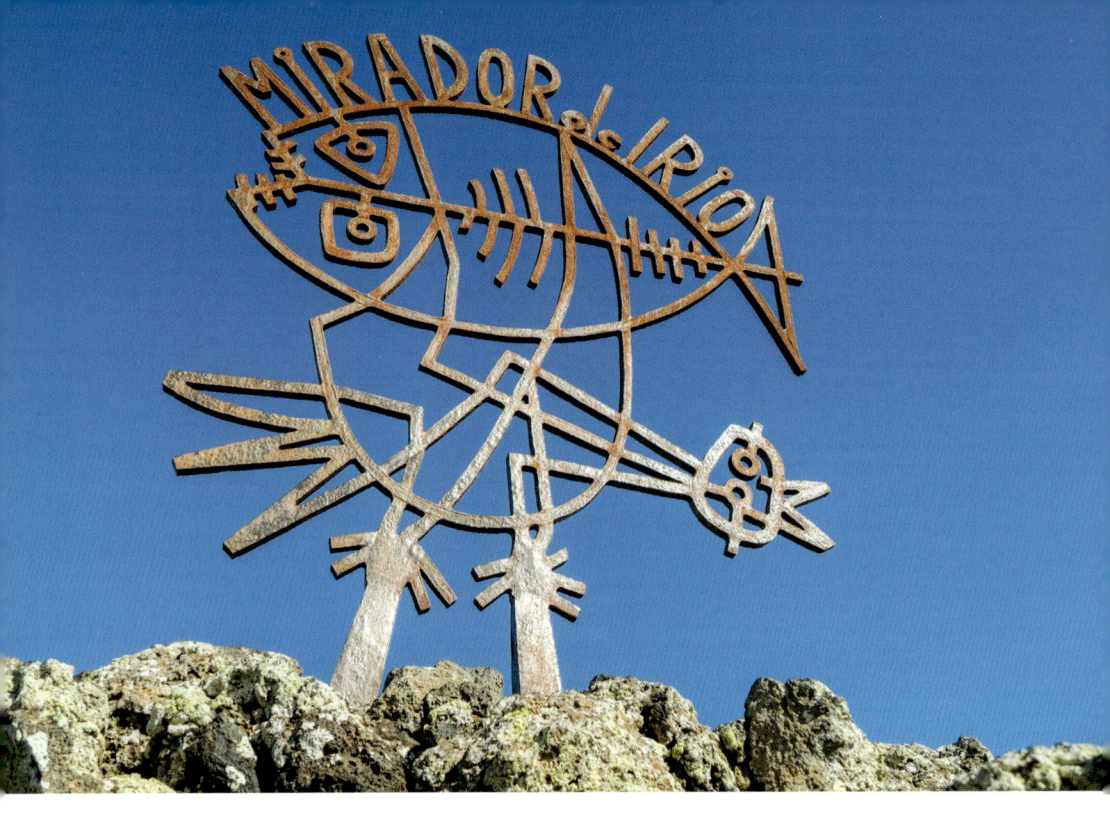

1/1250 Sek. | f/4,0 | ISO 125 | 11,6 mm

▲ César Manrique Skulptur auf Lanzarote, eingefangen mit der Programmautomatik

▲ Alle zentral wichtigen Belichtungseinstellungen und das RAW-Format als Aufnahmemedium stehen Ihnen im Modus *P* zur Verfügung.

4.1 Programmautomatik für spontane Situationen

Die *Programmautomatik* bietet sich vor allem an, wenn Sie gerne spontan und unkompliziert fotografieren, einige wichtige Einstellungen dennoch selbst bestimmen möchten. Sie findet die zur Situation passende Kombination aus Belichtungszeit und Blende selbst heraus und liefert in den meisten Fällen korrekt belichtete Aufnahmen. Die Werte können Sie im Display ablesen, sobald Sie den Auslöser zum Fokussieren halb durchgedrückt haben.

Gegenüber der Vollautomatik (AUTO) oder den *SCN*-Modi besteht der große Vorteil, dass Sie wichtige Parameter wie den ISO-Wert, den Weißabgleich, die Belichtungskorrekturen und einiges mehr selbst bestimmen können.

Darüber hinaus ist es möglich, den AF-Rahmen im Modus *1-Punkt* frei im Bildausschnitt zu platzieren, um genau das gewünschte Motivdetail scharf zu stellen. Last, but not least ist im Modus *P* auch das RAW-Format verfügbar, was Ihnen bei der Nachbearbeitung der Bilder deutlich erweiterte Möglichkeiten bietet.

Belichtungswarnung

Es kann vorkommen, dass das vorhandene Licht für eine korrekte Belichtung nicht ausreicht oder – im umgekehrten Fall – zu stark ist. Dies deutet die G7 X durch orangefarbene Zeit-Blende-Werte an. Dann ist es ratsam, bei zu wenig Licht den ISO-Wert zu erhöhen oder den Blitz einzuschalten, um ein helleres Bildergebnis zu erzielen.

Umgekehrt sollten Sie bei starker Helligkeit den ISO-Wert senken oder den ND-Filter aktivieren. Sind die Belichtungswerte dann wieder im grünen Bereich, werden die Zeit-Blende-Angaben wieder weiß dargestellt.

4.2 Die Belichtungszeit mit Tv selbst steuern

Im Modus *Tv* (*T*ime *V*alue) wird die Belichtungszeit vom Fotografen festgelegt, und die G7 X stellt automatisch eine dazu passende Blende ein. Daher wird der Modus auch als Zeitvorwahl oder Blendenautomatik bezeichnet.

Tv eignet sich sehr gut für Sportaufnahmen, Bilder von rennenden Menschen oder fliegenden Tieren oder zum Aufnehmen eines Sekundenbruchteils spritzenden Wassers – also alles Motive, bei denen Momentaufnahmen schneller Bewegungsabläufe im Vordergrund stehen. Arbeiten Sie dann am besten mit Zeiten von 1/200 Sek. und kürzer.

Einstellen können Sie die Belichtungszeit übrigens ganz unkompliziert über die Ringsteuerung ❶. Hierbei verlängert sich die Belichtungszeit ❷ durch das Drehen des Rads nach rechts und verkürzt sich mit einem Linksdreh. Dabei wird die Einstellung durch eine Zeitskala ❸ visualisiert.

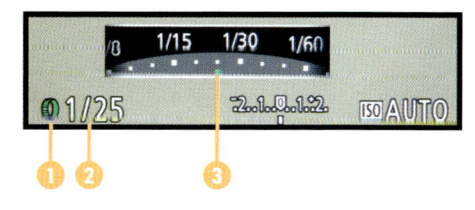

▲ *Einstellung der Belichtungszeit im Modus Tv*

Die längste Belichtungszeit, die Sie bei der G7 X wählen können, liegt bei 15 Sek. Sie verkürzt sich von da aus Schritt um Schritt bis zur kürzesten Belichtungszeit von 1/2000 Sek.

1/2000 Sek. | f/2,5 | ISO 640 | 25 mm
Mit einer sehr kurzen Belichtungszeit wird Wasser in seiner Bewegung eingefroren.

⊗ Belichtungswarnung im Modus Tv

Wenn die Belichtung bei dem gewählten Zeitwert nicht optimal wird, leuchtet der Blendenwert während des Fokussierens im Display orange auf. Steht die Blende hierbei auf dem niedrigsten Wert, erhöhen Sie den ISO-Wert oder setzen Sie Blitzlicht ein, um die Unterbelichtung zu kompensieren.

Steht der Blendenwert auf f/11, verkürzen Sie die Belichtungszeit, verringern Sie den ISO-Wert oder aktivieren Sie den ND-Filter, um eine Überbelichtung zu vermeiden. Alternativ können Sie auch die *Safety-Shift*-Funktion zur Vermeidung von Fehlbelichtungen einsetzen, wie ab Seite 72 beschrieben.

4.3 Av oder das Spiel mit der Schärfentiefe

Die Bezeichnung *Av* kommt von **A**perture **V**alue (Blendenwert) und bedeutet Blendenwertvorgabe. Demnach wählen Sie die Blendenöffnung selbst aus, die passende Belichtungszeit wird automatisch bestimmt.

Da die Blende bekanntlich die Schärfentiefe des Bildes beeinflusst, haben Sie mit *Av* die Gestaltung der Hintergrundschärfe selbst im Griff.

▼ Mit dem Objektiv in Teleeinstellung und Blende 2,8 gelingen schöne Freisteller mit unscharfem Hintergrund.
1/1600 Sek. | f/2,8 | ISO 125 | 32,9 mm

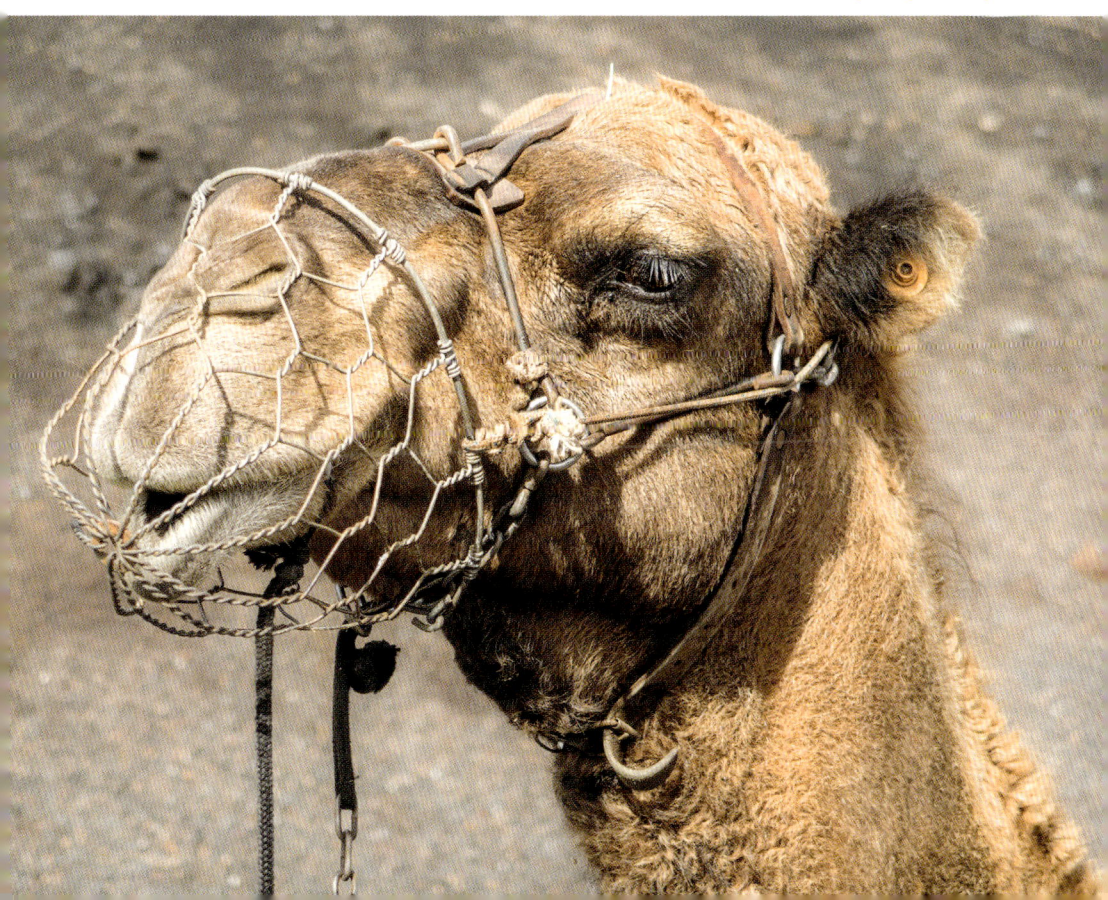

Die Schärfentiefe können Sie bei *Av* durch Drehen an der Ringsteuerung ❶ beeinflussen. Nach links gedreht erhöhen sich Blendenwert ❷ und Schärfentiefe, nach rechts sinken Blendenwert und Schärfentiefe. Die Einstellung wird durch eine entsprechende Skala ❸ visualisiert. Wichtig bei *Av* ist es, stets ein Auge auf die Belichtungszeit zu haben. Denn vor allem bei hohen Blendenwerten kann die Belichtungszeit schnell einmal so lang werden, dass das Fotografieren aus der Hand ohne Verwacklung kaum mehr möglich ist. Verwenden Sie dann ein Stativ oder erhöhen Sie den ISO-Wert bzw. arbeiten Sie von vornherein mit der ISO-Automatik.

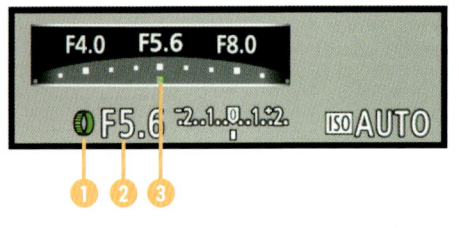

▲ *Einstellung des Blendenwertes im Modus Av*

Belichtungswarnung im Modus Av

Bei *AV* springt der Zeitwert in Orange um, wenn eine Unterbelichtung (Belichtungszeit steht auf 1 Sek.) oder Überbelichtung (Belichtungszeit steht auf 1/2000 Sek.) droht. Um die Belichtung zu korrigieren, ändern Sie die Blendeneinstellung, bis die Zeitangabe und/oder der ISO-Wert wieder weiß leuchtet. Oder legen Sie, wenn nicht die ISO-Automatik gewählt ist, einen passenden ISO-Wert fest. Im Fall einer Überbelichtung können Sie auch den ND-Filter aktivieren oder bei Unterbelichtung mit Blitzlicht arbeiten.

Übrigens: Je höher der Zoomfaktor des Objektivs eingestellt wird, desto höher wird auch der niedrigstmögliche Blendenwert, die sogenannte Lichtstärke, den Sie im *Av*-Modus wählen können. In der stärksten Weitwinkeleinstellung liegt die Lichtstärke des G7-X-Objektivs bei f/1,8, wohingegen sie bei der 36,8-mm-Teleeinstellung f/2,8 beträgt. Empfehlenswert ist es, Porträtbilder in der Teleeinstellung mit f/2,8 aufzunehmen. Das verhindert einerseits Verzerrungen und gewährleistet andererseits einen schönen unscharfen Hintergrund.

Mehr Sicherheit dank Safety Shift

▲ *Bei aktiviertem Safety Shift werden die Belichtungswerte angepasst, sobald Sie den Auslöser halb herunterdrücken.*

Die G7 X besitzt eine automatische Korrektursteuerung, die Fehlbelichtungen in den Modi *Tv* und *Av* verhindert. Dazu wird bei *Tv* die Belichtungszeit und bei *Av* der Blendenwert verändert, falls der von Ihnen gewählte Wert zu einer Fehlbelichtung führen würde. Für weniger geübte Fotografen oder in Situationen, in denen schnell und spontan gehandelt werden muss, also kaum Zeit bleibt, die Einstellungen ständig zu prüfen, ist das eine tolle Hilfe. Die Funktion wird als *Safety Shift* bezeichnet und kann über das Aufnahmemenü 📷 aktiviert werden.

4.4 Situationen für die manuelle Belichtung

Im Modus *Manuelle Belichtung* (*M*) können Sie jegliche Belichtungseinstellung selbst vornehmen und unabhängig voneinander wählen. Das heißt, sowohl Blende als auch Belichtungszeit sind frei einstellbar. Das hat beispielsweise Vorteile bei Nachtaufnahmen, wenn es darum geht, mit hoher Schärfentiefe und geringem ISO-Wert qualitativ hochwertige Bilder anzufertigen. Oder denken Sie an die Aufnahme verschieden belichteter Fotos für ein HDR-Bild. Der Modus *M* erlaubt es Ihnen, alle Bilder mit der gleichen Blende, aber mit unterschiedlichen Belichtungszeiten aufzunehmen. Schließlich hat die manuelle Belichtung auch beim Fotografieren mit Blitzlicht im Fotostudio den einen oder anderen Vorteil parat.

10 Sek. | f/5,6 | ISO 125 | 17 mm | Stativ

◄ *Qualitativ hochwertige Nachtaufnahmen sind mit der G7 X im Modus M plus Stativ ganz unproblematisch anzufertigen. Wichtig sind ein niedriger ISO-Wert, ein mittlerer bis höherer Blendenwert und eine dazu passende Belichtungszeit.*

Um mit der manuellen Belichtung zu fotografieren, richten Sie als Erstes den geplanten Bildausschnitt ein. Entscheiden Sie sich anschließend für einen ISO-Wert. Bei dem gezeigten Bild haben wir beispielsweise auf viel Qualität gesetzt und daher ISO 125 ❹ eingestellt. Um genügend Schärfentiefe in das Bild zu bekommen, haben wir als zweiten Schritt mit der Ringsteuerung 🎛 ❶ einen Blendenwert von f/5,6 ❷ gewählt.

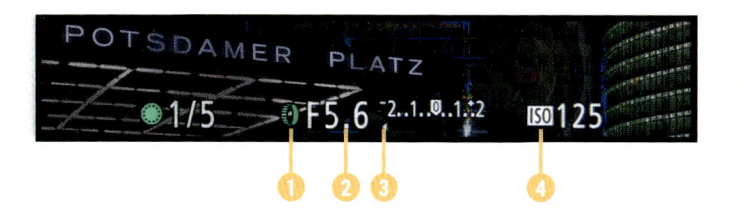

◄ *Die Einstellung von ISO- und Blendenwert ergab zunächst eine Unterbelichtung.*

Mit dem Einstellungswahlrad ⚫ ❺ haben wir als dritten Schritt die Belichtungszeit ❻ auf 10 Sek. hochgesetzt, um eine angemessene Bildhelligkeit zu erhalten. Wenn es darum geht, bewegte Motive manuell zu belichten, drehen Sie die Reihenfolge einfach um, stellen also erst die benötigte Belichtungszeit ein und justieren anschließend die Blende so, dass die Bildhelligkeit stimmt.

▶ *Korrekte Belichtung nach Anpassung der Belichtungszeit*

An der *Belichtungsstufenanzeige* können Sie stets ablesen, ob die manuell gewählte Belichtung mit der von der G7 X ermittelten Standardbelichtung übereinstimmt (Markierung mittig ❼) oder nicht (Markierung links bei Unter- und rechts bei Überbelichtung). Übersteigt die Differenz zwei ganze Belichtungsstufen, wird dies durch kleine Pfeilspitzen links ❸ oder rechts neben der Belichtungsstufenanzeige deutlich gemacht.

4.5 Persönliche Einstellungen speichern mit C

Vielleicht möchten Sie des Öfteren mit der 2-Sek.-Selbstauslöser-Funktion arbeiten, wenn Sie vom Stativ aus fotografieren. Diese Funktion wird aber beim Aus- und Einschalten der G7 X immer wieder deaktiviert. Oder Sie haben ein spezielles Setting für das Fotografieren von Verkaufsgegenständen im kleinen Heimstudio, das Sie einiges an Einstellungsarbeit gekostet hat. Dann ist spätestens jetzt die Programmierung eines individuellen Belichtungsprogramms angesagt. Dafür steht Ihnen bei der G7 X das Programm *C* auf dem Modus-Wahlrad zur Verfügung.

Wählen Sie dazu als Erstes einen der Modi *P*, *Tv*, *Av* oder *M* aus. Nehmen Sie alle wichtigen Einstellungen vor, zum Beispiel die Grundeinstellungen für Makrofotos: Modus *Av*, niedriger Blendenwert, Fokussierbereich Makro 🌷,

▲ *Unsere bevorzugten Grundeinstellungen für Makroaufnahmen mit der G7 X*

Zoomstufe *100 mm*, AF-Rahmen *1-Punkt* mit kleinem Fokusfeld, Bildqualität 🅡 und Blitzmodus Langzeitsynchronisierung 🗲.

Gehen Sie danach im Aufnahmemenü 📷 zur Option *Einst. speicher* und bestätigen Sie die Konfiguration über die *OK*-Schaltfläche. Wenn Sie das Modus-Wahlrad jetzt auf die Position *C* stellen, erscheinen alle Einstellungen, die Sie zuvor gespeichert haben. Die Einstellungen bleiben auch aktiv, wenn Sie die G7 X aus- und wieder einschalten.

In der Tabelle finden Sie ein paar gängige Fotothemen mit Vorschlägen für die entsprechende Gestaltung des C-Speicherplatzes.

	Landschaft, Architektur	Porträts bei Tageslicht	Wenig Licht und kein Stativ	Sport und Action	HDR ohne Stativ
Modus	Av	Av	Tv	Tv	P
Blendenwert	f/8	f/2,8	–	–	–
Belichtungszeit	–	–	1/15 Sek.	1/500 Sek.	–
Zoomstufe	24 mm	85 mm	24 mm	24 mm	24 mm
ISO-Wert	Auto	Auto	Auto	Auto	Auto
Max. ISO-Empf.	1600	1600	6400	3200	1600
ISO-Änderungsrate	Langsam	Standard	Standard	Schnell	Langsam
My Colors	Kräftig	Aus	Aus	Aus	Neutral
AEB-Reihe	Aus	Aus	Aus	Aus	Ein
Einzelbild/Reihenaufnahme	☐	⧉	☐	⧉	☐
Fokussierbereich	▲	▲	▲	▲	▲
AF-Rahmen	1-Punkt	Gesicht/AiAF	1-Punkt	Gesicht/AiAF	1-Punkt
Servo AF	Aus	Aus	Aus	An	Aus
Belichtungsmessung	⊙	[ ]	⊙	⊙	[ ]

▲ *Speichervorschläge für gängige Fotoszenarien*

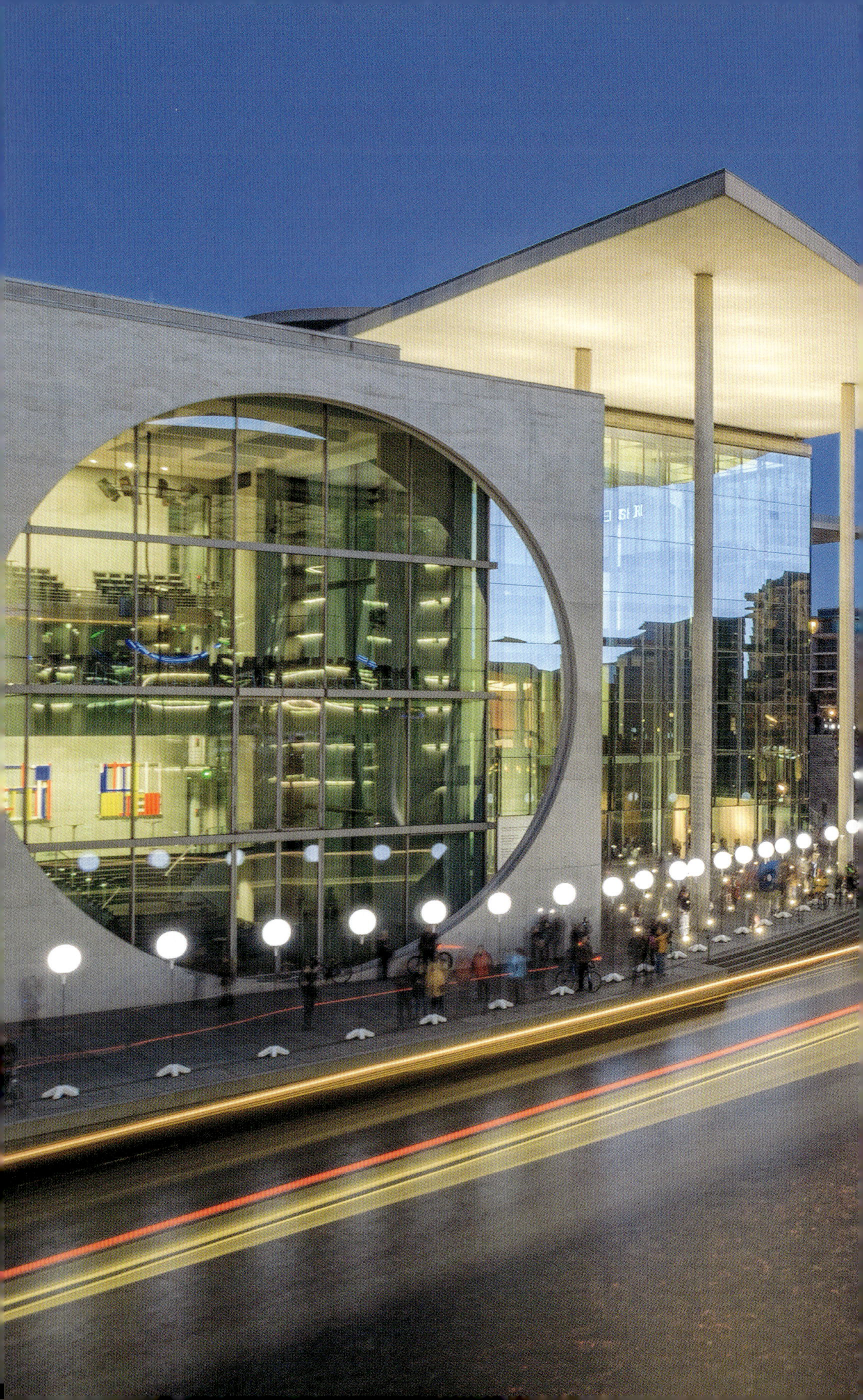

Belichtung, Schärfentiefe und Kontraste managen

Richtig belichtet ist halb gewonnen. Daher gibt Ihnen die PowerShot G7 X auch so viele Korrekturmöglichkeiten an die Hand, um auf die unterschiedlichsten Lichtsituationen reagieren und gleichzeitig qualitativ hochwertige Fotos produzieren zu können. Jonglieren Sie gekonnt mit Belichtungszeit, Blende sowie ISO-Wert und erfahren Sie in diesem Kapitel alles Wichtige über situationsbezogene und unkomplizierte Wege zur professionellen Belichtung.

1/60 Sek. | f/8,0 | ISO 125 | 10,2 mm

▲ *Haus der Kulturen der Welt, ins rechte Licht gerückt*

5.1 Über die Belichtungszeit

Die richtige Belichtungszeit zählt zu den wichtigsten Grundvoraussetzungen für gelungene Fotos. Schließlich soll das Motiv optimal hell auf dem Sensor landen und Verwacklungen sollen vermieden werden. Damit Sie die Belichtungszeit ❶ stets im Auge behalten können, wird diese am unteren Rand des Monitorbildes angezeigt, wenn Sie den Auslöser zwecks Fokussierung halb durchdrücken.

In den meisten Programmen wird die Belichtungszeit automatisch so kurz wie möglich gehalten, um Verwacklungsunschärfe zu vermeiden. In den Kreativmodi *Tv* (oder *M*) können Sie die Belichtungszeit dagegen selbst bestimmen und beispielsweise kreative Wischeffekte erzeugen. Gestalten Sie beispielsweise einen sogenannten Mitzieher, indem Sie die Kamera mit einer an die Bewegungsgeschwindigkeit angepassten Belichtungszeit mit Ihrem Motiv verschwenken. Diese Methode, die wir bei dem

▲ *In den Kreativprogrammen kann die Belichtungszeit direkt (Tv, M) eingestellt bzw. indirekt beeinflusst werden (P, Av).*

vorbeisausenden Motocrossfahrer angewendet haben, erfordert zwar etwas Übung, resultiert aber auch in Aufnahmen, die das Motiv sowohl prägnant als auch sehr dynamisch abbilden. Am besten lösen Sie hierbei mit der Reihenaufnahme 🖵 mehrere Bilder aus.

Welche Zeitwerte Sie zum Einfrieren, Verwischen oder Mitziehen benötigen, hängt in erster Linie von der Schnelligkeit der Bewegung des Motivs ab, liegt aber meistens irgendwo zwischen 1/60 und 1/250 Sek.

1/80 Sek. | f/4 | ISO 125 | 35 mm | Stativ

▲ *Durch das Mitziehen bleibt der Sportler scharf und nur die Umgebung verwischt.*

5.2 Was der intelligente Bildstabilisator leistet

Um einem versehentlichen Verwackeln so gut wie möglich entgegenzusteuern, besitzt die PowerShot G7 X einen Bildstabilisator (IS = **I**mage **S**tabilizer) im Objektiv. Dieser unterstützt Sie darin, selbst bei längeren Belichtungszeiten noch zu scharfen Freihandaufnahmen zu kommen, und kann bei normalen Fotoaktivitäten ruhig permanent eingeschaltet bleiben.

0,8 Sek. | f/8 | ISO 125 | 28 mm

▲ Links: Ohne Bildstabilisator unscharf. Rechts: Mit Bildstabilisator scharf.

Der intelligente Bildstabilisator Ihrer G7 X vermag aber noch mehr zu leisten. Er kann quasi Ihre Aktionen interpretieren und die Stabilisation darauf abstimmen. Welche Modi der Bildstabilisator situationsbezogen einsetzt, können Sie der folgenden Auflistung entnehmen. Die Symbole werden im Display zwar nur im Modus (AUTO) angezeigt, sind aber dennoch in allen anderen Modi aktiv.

- *Normal IS* (((🖐))): Dieser Modus wird bei allen gängigen Fotoaufnahmen aktiviert. Er stabilisiert die Bewegungsunschärfe in alle Richtungen und passt sich an die Brennweite und den Motivabstand an.

- *Schwenken IS* ((→)): Schwenken ist die Stärke dieser IS-Automatik. Es wird immer die Richtung stabilisiert, die von der Schwenkbewegung ausgenommen ist, bei horizontalem Schwenk die Vertikale und umgekehrt. Somit wird dieser IS-Modus immer dann aktiv, wenn die Kamera deutlich und mit einigermaßen konstanter Geschwindigkeit in eine bestimmte Richtung gedreht wird.

- *Stativmodus* (((ዳ))): Die G7 X erkennt automatisch, ob sie sich auf einer festen Unterlage befindet oder nicht. Da der Bildstabilisator dann nicht mehr aktiv sein muss, wird er automatisch abgeschaltet. Beim Filmen wird hingegen ((ዳ)) angezeigt, und die Bildstabilisierung arbeitet weiter.

1/125 Sek. | f/8 | ISO 125 | 36,8 mm

▲ *Der Panning-IS-Modus erkennt Kameraschwenks und erleichtert das Aufnehmen dynamisch wirkender Mitzieher.*

- *Makro IS*: Der Makro-IS-Modus arbeitet mit dem sogenannten Hybrid-IS. Dieser gleicht neben dem „normalen" Wackeln auch leichte Kameraverschiebungen aus und ist daher für Nah- und Makroaufnahmen bestens geeignet. Beim Filmen im Makrobereich wird gezeigt.

- *Dynamic IS*: Dieser Stabilisationsmechanismus wird bei Filmaufnahmen aktiviert. Er sorgt für eine zuverlässige Stabilisierung des Bildes, selbst wenn Sie aus dem Laufen heraus filmen.

- *Powered IS*: Bei Aufnahmen mit hohen Zoomfaktoren kommt der Bildstabilisation besondere Bedeutung zu, denn die vergrößerte Ansicht bringt es leider mit sich, dass das leichte Zittern der Hände schneller zu Unschärfe führt. Dem setzt der Powered IS eine angepasste Stabilisationstechnik entgegen, die zum Beispiel auch bei Camcordern von Canon verwendet wird.

Allerdings ist der Bildstabilisator kein Allheilmittel. Bei sehr langen Belichtungszeiten oder extrem zittrigen Armen hilft auch er nicht mehr und Sie sollten die G7 X auf ein Stativ stellen. Am besten testen Sie selbst einmal aus, bei welchen Belichtungszeiten und Zoomstufen Sie die Kamera noch verwacklungsfrei halten können. Vor allem auch dann, wenn Sie nicht gerade völlig entspannt im Sessel sitzen, sondern vielleicht ein paar Treppenstufen gegangen sind und die Kamera im Stehen geradeaus halten. Die von uns ermittelten Werte finden Sie als Anhaltspunkte in der folgenden Tabelle:

▶ *Belichtungszeiten, mit denen wir mit Bildstabilisator noch scharfe Fotos erhalten*

Brennweite	Zoomstufe	Belichtungszeit
8,8 mm		0,8 Sek.
12,1 mm		0,8 Sek.
36,8 mm		1/5 Sek.

Bildstabilisator bei Stativaufnahmen

Stünde Ihre G7 X absolut bombenfest auf dem Stativ, könnte es theoretisch passieren, dass Resonanzen in der Kamera dem Bildstabilisator eine leichte Verwacklung vorgaukeln. Die Bildstabilisierung würde fälschlicherweise anspringen und dadurch unscharfe Fotos erzeugen. Da im realen Leben aber kaum ein Stativ die Kamera so felsenfest fixieren kann, kommt dies kaum vor. Lassen Sie den Bildstabilisator daher ruhig permanent an. So kann er beispielsweise auch leichte Schwingungen des Stativs abfedern. In unserem Fotoalltag ist uns vom Stativ aus jedenfalls noch kein Bild wegen des eingeschalteten Bildstabilisators verwackelt.

Um den Bildstabilisator Ihrer G7 X zu aktivieren, navigieren Sie im Aufnahmemenü 🄲 zu *IS-Einstellungen*. Dort finden Sie drei verschiedene IS-Modi und die Einstellung des Dynamischen IS für Filmaufnahmen.

◀ *Der Bildstabilisator wird über das Menü aus- und eingeschaltet.*

- Im Modus *Kontinuierlich* ist der Bildstabilisator ständig aktiv, auch wenn Sie das Motiv nur anvisieren und gar nicht auslösen. Das Monitorbild wird somit auch immer mitstabilisiert. Diese Option verbraucht zwar am meisten Strom, ist jedoch als Standardeinstellung zu empfehlen.

- Bei der Option *Nur Aufnahme* wird der IS nur beim Drücken des Auslösers aktiviert. Das Wackeln kann vorher auf dem Monitor daher mehr auffallen, als es sich im Bild nachher darstellt.

- Die Option *Aus* kann bei Aufnahmen vom Stativ aus sinnvoll sein. Auch wenn Sie in heller Umgebung fotografieren, bei der Sie den IS ohnehin kaum benötigen, und der Akku bald schlappmacht, könnten Sie durch Abschalten des Bildstabilisators Strom sparen.

- Speziell für Filmaufnahmen ist die Option *Dynam. IS* gedacht. In der Einstellung *1* werden zusätzlich zur normalen Verwacklungsreduktion auch die beim Gehen entstehenden Schwankungen stärker gedämpft. Mit der Einstellung *2* fällt diese zusätzliche Maßnahme weg. Generell wirken die Filmaufnahmen im Modus *1* beim Gehen und Schwenken der Kamera ruhiger, daher empfehlen wir Ihnen diese Einstellung als Standard.

5.3 Bildgestaltung mit Schärfentiefe

Rechts neben der Belichtungszeit wird im Monitor stets der Blendenwert ❶ angezeigt, wenn Sie den Auslöser halb durchdrücken.

▲ *Anzeige des Blendenwertes*

Der Blendenbereich Ihrer G7 X erstreckt sich hierbei von f/1,8 (Weitwinkel) bzw. f/2,8 (Tele) bis f/11. In den Kreativmodi *Av* und *M* können Sie die Blende selbst steuern.

Die kleine, unscheinbare Blendenöffnung sorgt stets für eine Veränderung der Bildwirkung. Sie beeinflusst die Schärfentiefe im Foto, also den vor und hinter der Schärfeebene noch als scharf erkennbaren Bildbereich, und verändert damit einen zentralen Faktor der Bildgestaltung.

Dabei nimmt die Schärfentiefe stets mit steigender Blendenzahl (Blende schließt sich) zu oder verringert sich, wenn der Blendenwert sinkt (Blende öffnet sich).

Eine offene Blende mit einem kleinen Wert von f/1,8 im Weitwinkel- oder f/2,8 im Telebereich erzeugt einen unscharfen Hintergrund, der sich beispielsweise für Detailaufnahmen, für Porträts von Menschen und Tieren oder für Sportaufnahmen eignet.

Höhere Blendenwerte zwischen f/5,6 und f/8 liefern dagegen schärfere Hintergründe, bestens einzusetzen bei Landschaften und Architekturbildern, die mit viel Detailgenauigkeit abgebildet werden sollen.

Links: 1/500 Sek. | f/2,8 | ISO 125 | 36,8 mm

Rechts: 1/200 Sek. | f/11 | ISO 800 | 36,8 mm

▲ Links: Freistellung bei geringem Blendenwert. Rechts: Scharfer Hintergrund bei hohem Blendenwert

5.4 Lichtempfindlichkeit und Bildrauschen

Ihre G7 X ist nicht nur bei Blende und Belichtungszeit absolut variabel, sondern vor allem auch bei der Lichtempfindlichkeit des Sensors, die über den ISO-Wert gesteuert wird. Damit haben Sie stets ein Ass im Ärmel. Vor allem, wenn das Umgebungslicht sehr begrenzt ist.

Eine kleine Erhöhung des ISO-Wertes reicht dann meist schon aus, um das Motiv ohne Verwackler auf den Sensor zu bekommen. „Kleine Aktion, große Wirkung" könnte man sagen. Nehmen Sie beispielsweise:

- ISO 125 bis 200 für Aufnahmen bei Sonnenschein.
- ISO 200 bis 800 bei Außenaufnahmen im Schatten oder hellen Innenräumen mit größeren Fenstern.
- ISO 400 bis 1600 für Innenaufnahmen mit schwächerer Beleuchtung (zum Beispiel in der Kirche) oder Nacht-

aufnahmen (beleuchtete Gebäude, Bürotürme vor dem Nachthimmel).

- ISO 1600 bis 12800 für Konzertaufnahmen ohne Blitz oder Hallensport. Je höher der ISO-Wert ist, desto besser kann Bewegungsunschärfe eingefroren werden.

1/20 Sek. | f/2,8 | ISO 1600 | 20 mm

▲ *Spontaner Schnappschuss, verwacklungsfrei dank hoher Lichtempfindlichkeit*

Den ISO-Wert einstellen

Um die Lichtempfindlichkeit des Sensors manuell einstellen zu können, muss sich Ihre G7 X in einem der Kreativmodi *P* bis *C* befinden. Am unkompliziertesten lässt sich der ISO-Wert anpassen, wenn Sie die Ringsteuerung mit der ISO-Funktion belegt haben, was im Programm *P* sogar als Standard eingestellt ist.

Durch Drehen des Rings wird der Wert dann direkt verändert und ist auf der Skala im Display ablesbar.

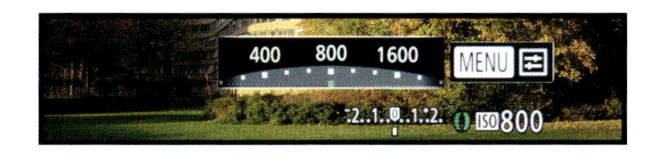

◀ *Skala beim Einstellen des ISO-Wertes mit der Ringsteuerung*

Kapitel 5   Belichtung, Schärfentiefe und Kontraste managen   85

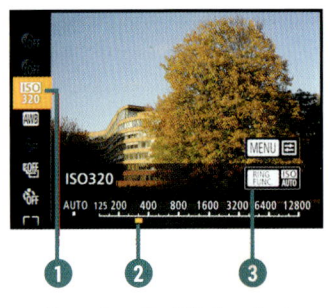

▲ *Einstellen der ISO-Empfindlichkeit über das FUNC.-Menü*

Gleiches erreichen Sie durch Drücken der *FUNC./SET*-Taste, Auswählen der ISO-Steuerung ❶ in der Auswahlleiste am linken Monitorrand und Verstellen des ISO-Wertes über die untere Auswahlleiste ❷ mit dem Einstellungswahlrad ✸ oder per Fingertipp. Von hier aus können Sie, wenn gewünscht, durch Drücken oder Antippen der RING FUNC.-Taste/Schaltfläche direkt auf *ISO-Auto* umstellen ❸, wobei die G7 X die Lichtempfindlichkeit vollautomatisch bestimmt. Schließlich besteht auch die Möglichkeit, den ISO-Wert auf die RING FUNC.-Taste oder die Movie-Taste ⬤ zu legen und auf diesem Weg die ISO-Auswahlleiste aufzurufen (siehe ab Seite 213).

ISO-Einfluss auf die Bildqualität

Leider bewirken hohe ISO-Werte ein erhöhtes Bildrauschen. Tausende kleine unterschiedlich helle oder bunte Fehlpixel führen dazu, dass Helligkeit und Farbe nicht gleichmäßig wiedergegeben werden. Dabei ist das Bildrauschen der G7 X bei den niedrigen Stufen ISO 125 und 200 noch kaum wahrzunehmen und bei ISO 400 immer noch gering. Auch bei ISO 800 und 1600 hält es sich in einem erfreulich engen Rahmen. Bei ISO 3200 bis 6400 tritt das Bildrauschen dagegen deutlicher zutage, und bei ISO 12800 ist es sehr störend. Fotografieren Sie daher, wenn es die Bedingungen zulassen, mit niedrigeren ISO-Einstellungen im Bereich von ISO 125 bis 1600 und nur, wenn es nicht anders geht, maximal auch mit ISO 3200 oder gar ISO 6400.

▼ *Die Ausschnitte zeigen das unterschiedlich stark ausgeprägte Bildrauschen bei den ISO-Stufen 125 ❶, 800 ❷, 3200 ❸ und 12800 ❹ (konvertierte RAW-Dateien ohne Rauschunterdrückung).*

86   Kapitel 5   Belichtung, Schärfentiefe und Kontraste managen

Die höhere Lichtempfindlichkeit geht auch immer zulasten der Detailauflösung. So verschwimmen in den gezeigten Bildausschnitten die feinen Linien mit steigendem ISO-Wert zunehmend. Auch aus diesem Grund ist es von Vorteil, mit niedrigen ISO-Werten zu agieren und so die bestmögliche Performance aus dem Sensor zu holen.

Bildrauschen unterdrücken

Die Darstellung des Bildrauschens ist im vorherigen Abschnitt zugegebenermaßen ein wenig unfair ausgefallen, denn die G7 X ist unbestritten auch bei höheren ISO-Werten zu mehr Qualität in der Lage. Dazu trägt die Rauschunterdrückung bei, die bei JPEG-Fotos automatisch in der Kamera angewendet wird und bei RAW-Bildern mit den Rauschreduzierungsfunktionen des Konverters justiert werden kann.

Dennoch wollten wir Ihnen einfach mal demonstrieren, wie viel Rauschen vom Sensor kommt und was die Kamera am Ende daraus machen kann. Hier also der Fairness halber gleich auch noch ein Vergleich der Ausschnitte mit kamerainterner Rauschunterdrückung.

Was allerdings auffällt, ist, dass sich der Verlust an Detailschärfe auch mit Rauschreduzierungsmitteln nicht wettmachen lässt. Mit ein wenig Zeichnungsverlust ist bei hohen ISO-Werten daher immer zu rechnen. Wieder ein Grund mehr für das Stativ bei unbewegten Objekten in dunkler Umgebung, finden Sie nicht auch?

▲ *Ergebnisse mit Rauschunterdrückung bei ISO 125* ❺*, ISO 800* ❻*, ISO 3200* ❼ *und ISO 12800* ❽*. Zu sehen sind die Ausschnitte der kameraintern automatisch verarbeiteten JPEG-Bilder.*

Die G7 X besitzt zur Reduktion des Bildrauschens die Funktion *High ISO NR*. Damit wird das ISO-Rauschen vor allem bei hohen ISO-Werten verringert. Die Stärke der Rauschunterdrückung können Sie im Aufnahmemenü 📷

in drei Stufen einstellen. Allerdings ist das nur in den Modi *P* bis *C* möglich und auch nur, wenn Sie das Aufnahmeformat JPEG verwenden. Zu empfehlen ist es, die Funktion auf dem voreingestellten Wert *Standard* zu belassen und nur bei Aufnahmen mit ISO-Werten von 6400 oder 12800 auf *Hoch* umzustellen.

Vor- und Nachteile der ISO-Automatiken

Möchten Sie sich in den Modi *P* bis *C* nicht ständig mit der ISO-Einstellung auseinandersetzen, dann lassen Sie Ihre G7 X doch einfach selbst einen geeigneten Wert wählen. Mit der ISO-Automatik können Sie absolut flexibel bei wechselnden Lichtsituationen agieren. Dabei ist es sogar möglich, einen bestimmten ISO-Höchstwert vorzugeben, um in Abhängigkeit von der jeweiligen Fotosituation stets bestmögliche Bildqualitäten zu erzielen.

Um die ISO-Automatik zu aktivieren, wählen Sie im *FUNC.*-Menü den Eintrag für die ISO-Einstellung ❶. Drücken Sie anschließend die RING/FUNC.-Taste oder tippen Sie mit dem Finger direkt auf den Eintrag RING/FUNC. ❷ auf dem Monitor.

Um *ISO-Auto* Ihren Ansprüchen entsprechend zu konfigurieren, drücken Sie danach gleich die *MENU*-Taste/Schalt-

▲ *Einschalten der ISO-Automatik*

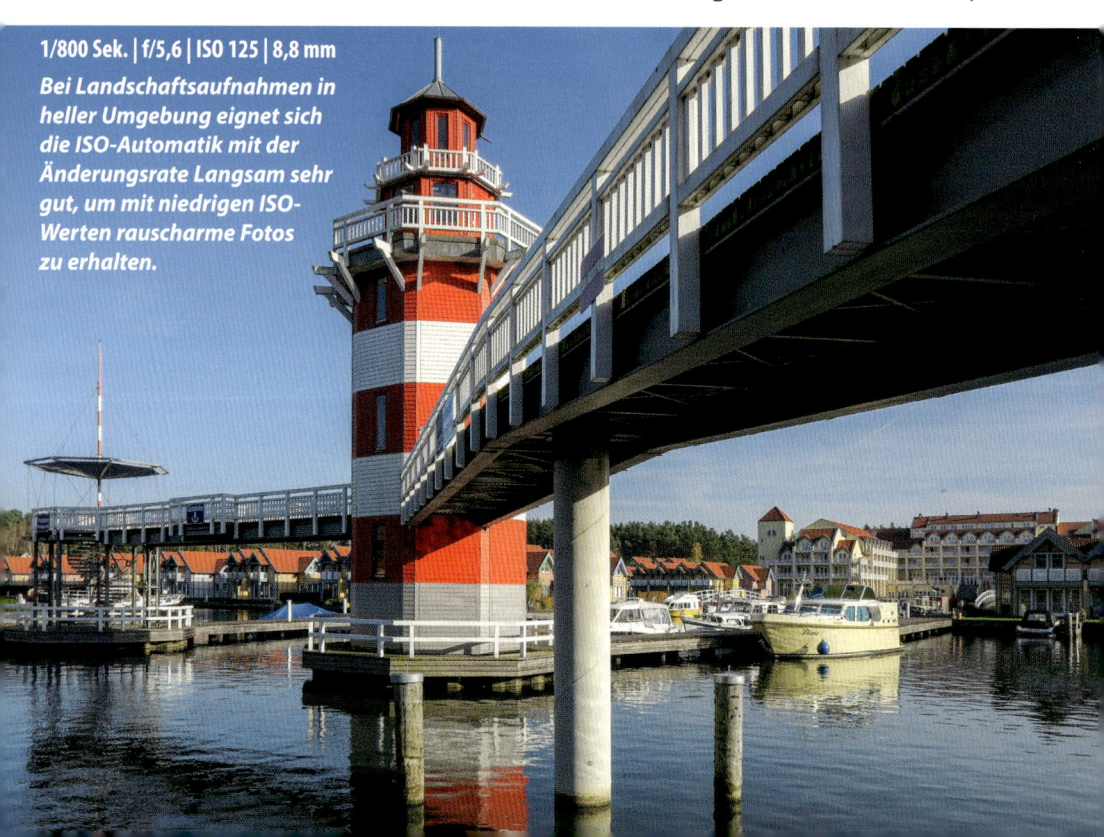

1/800 Sek. | f/5,6 | ISO 125 | 8,8 mm
Bei Landschaftsaufnahmen in heller Umgebung eignet sich die ISO-Automatik mit der Änderungsrate Langsam sehr gut, um mit niedrigen ISO-Werten rauscharme Fotos zu erhalten.

fläche ❸. Wählen Sie nun in der Rubrik *Max. ISO-Empf.* den gewünschten Maximalwert aus. Gehen Sie anschließend nach unten auf den Parameter *Änderungsrate* (im Modus *M* nicht verfügbar).

Der Eintrag *Standard* ist für die meisten Situationen wirklich gut geeignet. Mit *Schnell* können Sie die Schwelle für die ISO-Erhöhung herabsetzen. Auf diese Weise stellt die G7 X stets möglichst kurze Belichtungszeiten ein, was zum Beispiel für Sportaufnahmen in der Halle passend wäre. Der ISO-Wert steigt dann aber bei gleicher Helligkeit schneller an als bei *Standard* oder *Langsam*.

Langsam legt die Priorität hingegen auf niedrige ISO-Werte, sprich, auf möglichst rauscharme Fotos, was zum Beispiel gut geeignet wäre, wenn Sie Landschaften oder andere wenig bewegte Motive im Visier haben.

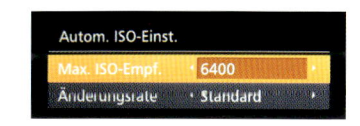

▲ *Anpassen der ISO-Automatik*

Tippen Sie nach der Auswahl einfach den Auslöser an, um das Menü zu verlassen. Übrigens, alternativ können Sie die ISO-Automatik auch über den Eintrag *Autom. ISO-Einst.* im Aufnahmemenü 📷 anpassen.

Wenn Sie sich die Aufnahmeeinstellungen von Bildern ansehen, die mit der ISO-Automatik aufgenommen wurden, werden Sie häufiger auf „krumme" ISO-Werte treffen, wie beispielsweise ISO 320 oder 500. Daran ist zu sehen, dass Ihre G7 X die Lichtempfindlichkeit wirklich sehr fein an die Situation anpasst.

5.5 Situationsbezogene Wahl der Messmethode

Sicherlich, die PowerShot G7 X produziert bereits in der Standardeinstellung meist richtig belichtete Bilder. Wenn es aber darauf ankommt, kann es nie schaden, auch die anderen Belichtungsmöglichkeiten parat zu haben.

Lernen Sie in den folgenden Abschnitten die drei Lichtmessverfahren Mehrfeldmessung ⦿, Integralmessung [ ] und Spotmessung [•] kennen, um für jede Fotosituation schnell die richtige Wahl treffen zu können.

Die Belichtungsmessung umstellen

Um die Messmethoden der G7 X zu variieren, drücken Sie die Taste *FUNC./SET* und wählen in der linken Menüzeile die Schaltfläche für das Einstellen der Messmethode aus. Über das Einstellungswahlrad ⚙ oder per Fingertipp 👆 können Sie die Messmethode anschließend ändern.

▲ *Änderung des Belichtungsmessverfahrens im FUNC.-Menü*

Mehrfeldmessung, der Allrounder

Die *Mehrfeldmessung* ⊙ ist vielseitig, flexibel und erfasst die meisten Belichtungssituationen ohne größere Probleme. Viele gängige Motive werden mit ihr korrekt belichtet, wie zum Beispiel Aufnahmen bei Tages- und Abendlicht mit der Sonne im Rücken oder von der Seite, Sonnenauf- und -untergänge ohne Sonne im Bild, diesiges Gegenlicht, Motive bei bedecktem Himmel oder im Schatten, viele Innenraumaufnahmen sowie Schnappschüsse und Situationen, in denen schnell gehandelt werden muss.

Links: 1/20 Sek. | f/2,2 | ISO 800 | 12 mm
Rechts: 1/320 Sek. | f/2,8 | ISO 125 | 36,8 mm

▲ *Die Mehrfeldmessung meistert viele Motive spielend.*

Bei der Mehrfeldmessung wird die Belichtung über nahezu das gesamte Bildfeld ermittelt. Zudem werden die Bildbereiche, die von der Gesichtserkennung detektiert werden, etwas stärker gewichtet, sodass die Belichtung möglichst optimal auf die Person im Bildausschnitt abgestimmt wird.

Wenn Sie möchten, können Sie das gleich einmal praktisch nachvollziehen. Richten Sie die G7 X im Modus *P* auf eine Person aus, die im Gegenlicht vor Ihnen steht. Fokussieren Sie dann einmal mit dem AF-Rahmen *1-Punkt* auf das Gesicht und schauen Sie sich die Belichtungswerte an. Stellen Sie dann den AF-Rahmen *Gesicht/AiAF* ein und richten Sie den Bildausschnitt wieder genauso ein wie zuvor. Erkennt die G7 X das Gesicht, wird sie durch Anpassen der Belichtungswerte für ein helleres Bild sorgen, obwohl der Bildausschnitt der Gleiche ist.

Integralmessung für Porträts und Serien

Das Lichtmessverfahren *Mittenbetont integral* [ ], häufig auch einfach als Integralmessung bezeichnet, misst die Belichtung vorwiegend in der Bildmitte und senkt die Gewichtung zum Rand hin ab. Sie liefert in der Regel Ergebnisse, die der Mehrfeldmessung [•] ähneln. Der Vorteil liegt allerdings darin, dass sie sich von der Helligkeit des Bildrands nicht so leicht ablenken lässt.

Daher ist die Integralmessung beispielsweise für Porträts von Mensch und Tier geeignet. Denn oberstes Credo hierbei ist, dass die Person optimal in Szene gesetzt wird. Der Hintergrund kann ruhig etwas zu hell oder zu dunkel wer-

▼ *Bei schnell wechselnden Situationen, Lichtspiegelungen im Hintergrund und hohen Kontrasten hat uns die mittenbetonte Integralmessung der G7 X nicht im Stich gelassen.*
1/1000 Sek. | f/2,5 | ISO 160 | 14,5 mm

den, solange das Gesicht, das sich ja meistens etwa in der Bildmitte befindet, richtig belichtet wird.

Auch bei Motiven im Gegenlicht oder bei kontrastreichen Situationen liefert die Integralmessung häufig sehr gute Resultate. Denken Sie zum Beispiel bei einer dunklen Statue vor einer hellen Mauer oder einem lichtdurchfluteten Kirchenfenster an diese Messmethode. Hinzu kommt, dass die Integralmessung bei Bilderserien oftmals stabilere Resultate liefert, da sie auf wechselnde Bilddetails, Lichtquellen und Reflexionen weniger stark reagiert.

Spotmessung für besondere Situationen

Mit der *Spotmessung* [•] steht Ihnen eine sehr präzise und professionelle Belichtungsmessung zur Verfügung. Sie erlaubt es, mit dem speziellen Spotmessfeld ❶ einen kleinen Bildausschnitt sehr genau anzumessen und die Umgebung dabei außer Acht zu lassen.

▲ *Messung eines dunklen Motivbereichs in der Bildmitte.*

Aufgrund dieser Eigenschaft ist die Spotmessung geeignet für Motive, bei denen Sie die Belichtung exakt auf einen bestimmten Bildbereich abstimmen möchten, wie zum Beispiel Sonnenuntergänge mit der Sonne im Bild, bei der die Belichtung über einen Himmelsbereich neben der Sonne gemessen wird.

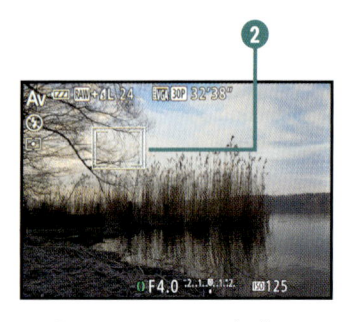

Oder Sie messen damit mehrere Bildstellen aus (Kontrastumfang) und errechnen daraus einen Mittelwert, den Sie in den Modus *M* übertragen. Das ist zum Beispiel sinnvoll, um eine ganze Bilderserie mit gleichbleibender Belichtung im Studio zu produzieren.

▲ *Spotmessung eines helleren Bereichs neben der Sonne im Bereich des Fokusfeldes*

Bei hohen Kontrasten kann die Spotmessung allerdings extreme Ergebnisse liefern. Denn wenn der Messbereich ❶ dunkel ist, wie bei dem ersten Bild, wird länger belichtet und die hellen Bildbereiche fangen an zu überstrahlen.

Ist der Messbereich dagegen hell ❷, fällt die Belichtung knapper aus und das Bild wird insgesamt viel dunkler aufgenommen. Daher ist die Spotmessung auch nicht die geeignete Messmethode für bewegte Motive, denn bei Actionshootings kommen schnell mal dunkle, mal helle Stellen in den Messbereich, was starke Helligkeitsschwankungen zwischen den Bildern nach sich zieht.

Um die Spotmessung flexibel an bestimmte Motivstellen zu dirigieren, können Sie das Spotmessfeld mit dem AF-Rahmen koppeln. Dazu stellen Sie im Aufnahmemenü 🅾 bei *Spotmessfeld* die Option *AF-Messfeld* ein.

▲ *Koppeln des Spotmessfeldes mit dem AF-Rahmen*

Wenn Sie jetzt zum Scharfstellen den AF-Rahmen *1-Punkt* nutzen, wie beim zweiten Sonnenuntergangsbild zu sehen, misst die Spotmessung die Belichtung exakt innerhalb des ausgewählten Fokusbereichs ❷. Auch beim Fokussieren von Gesichtern mit dem AF-Rahmen *Gesicht/AiAF* können Sie auf diese Weise genau den Bereich des markierten Gesichts messen.

5.6 Bildkontrolle per Histogramm

Auch wenn der Monitor der G7 X eine sehr gute Wiedergabequalität hat, ist es nicht immer möglich, die Belichtung des gerade aufgenommenen Fotos am Bildschirm optimal zu beurteilen. In solchen Situationen schlägt die Stunde des Histogramms. Jedes Foto aus Ihrer Kamera besitzt ein solches Diagramm, das viel besser zur Kontrolle etwaiger Über- oder Unterbelichtungen geeignet ist als der alleinige Blick auf das Monitorbild.

Um das Histogramm einzublenden, gehen Sie zunächst mit der Wiedergabetaste ▶ in die Bildansicht. Drücken Sie nun die *DISP.*-Taste so oft, bis die hier gezeigte Ansicht erscheint.

▲ *Histogrammanzeige*

Was das Histogramm aussagt

Das Histogramm stellt nichts anderes dar als eine simple Verteilung der Helligkeitswerte aller Bildpixel. Links werden die dunklen und rechts die hellen Pixel aufgelistet. Die Höhe der Kurve besagt, ob viele oder wenige Pixel mit dem entsprechenden Helligkeitswert vorliegen.

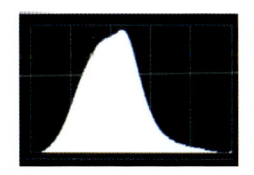

Ist im linken Bereich des Diagramms ein hoher Berg zu sehen, enthält das Bild viele dunkle Anteile, liegt der Berg dagegen mittig oder weiter rechts, besitzt die Aufnahme vorwiegend helle Bildpartien.

▲ *Bei einer korrekten Belichtung liegen die höchsten Werte meist in der Mitte. Rechts und links an den Grenzen sammeln sich keine oder nur niedrige Werte.*

> **RAW-Besonderheiten**
>
> Zur schnellen Bildansicht wird in der RAW-Datei stets ein JPEG-Vorschaubild mitgespeichert. Dieses wird auch für die Anzeige des Histogramms verwendet. Es gibt somit keine Anzeige des RAW-Histogramms, was die Interpretation der RAW-Belichtung etwas erschwert. Aber Sie können davon ausgehen, dass Sie bei RAW noch Spielraum für etwa ±1,5 Lichtwertstufen (EV) haben, wenn das JPEG-Histogramm am Rand anstößt. Solche Überbelichtungen können mit dem RAW-Konverter meist noch gut gerettet werden, sprich, Zeichnung kann in die hellen Stellen zurückgeholt werden. Es ist sogar ratsam, RAW-Bilder tendenziell zu mehr Helligkeit hin zu belichten, denn das Zurückfahren heller Bereiche ruft weniger Bildstörungen hervor als das Aufhellen zu dunkler Areale.

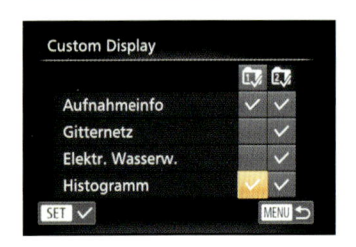

Bei einer deutlich unterbelichteten Aufnahme verschieben sich die Histogrammberge nach links in Richtung der dunklen Helligkeitswerte und bei einer Überbelichtung nach rechts. Besonders dramatisch kann es werden, wenn der Pixelberg links ❶ oder rechts ❷ abgeschnitten ist. In diesen Fällen liegen schwarze oder völlig überstrahlte weiße Bildpartien vor, die meist auch mit sorgfältiger Nachbearbeitung nicht mehr zu retten sind. Vermeiden Sie solche Histogramme nach Möglichkeit. Korrigieren Sie die Belichtung lieber, wie in Kapitel 5.7 gezeigt, und nehmen Sie das Bild erneut auf. Hoffnungslos überstrahlte weiße Bereiche zeigt die G7 X übrigens durch Blinken im Bild an.

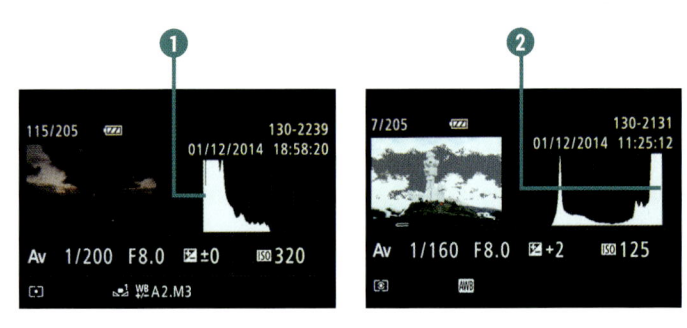

▲ Links: Unterbelichtung. Rechts: Überbelichtung mit Belichtungswarnung.

▲ Aktivieren der Live-Histogrammanzeige für die Monitoranzeige 1.

Das Live-Histogramm

Die Anzeige des Histogramms können Sie nicht nur bei der Bildbetrachtung, sondern schon während der Aufnahme einblenden lassen, um eine eventuell notwendige Belichtungskorrektur sofort zu erkennen. Zur Verfügung steht das Live-Histogramm in den Modi *P* bis *M*. Drücken Sie auch hier die *DISP.*-Taste, um das Histogramm einzublenden.

Falls das Live-Histogramm nicht erscheinen sollte, navigieren Sie im Aufnahmemenü 📷 zur Funktion *Custom Display* und aktivieren das Histogramm in der LCD-Ansicht 1 oder 2.

Das RGB-Histogramm

Die G7 X kann auch die einzelnen Farbkanäle (Rot, Grün und Blau), aus denen sich jedes Bild zusammensetzt, als getrennte Histogramme anzeigen. Dazu drücken Sie bei der Bildwiedergabe mit Histogramm einfach erneut die *DISP.*-Taste.

Besonders hilfreich kann das RGB-Histogramm bei Motiven mit sehr kräftigen Farben werden, da hierbei einzelne Farben leicht überstrahlen können, ohne dass dies im Helligkeitshistogramm zu erkennen ist. Bei den roten Farbtönen ❶ ist das hier gut zu sehen. Führen Sie dann entweder eine Belichtungskorrektur durch oder wechseln Sie, falls Sie bei der Verwendung von *My Colors* einen intensiven Bildfarbton wie zum Beispiel *Kräftig* ⊕v eingestellt haben, zur Einstellung *Aus* ⊕FF oder *Neutral* ⊕N ❷. In letzterem Fall können Sie die Farbdynamik dann später am Computer einfach wieder etwas anheben.

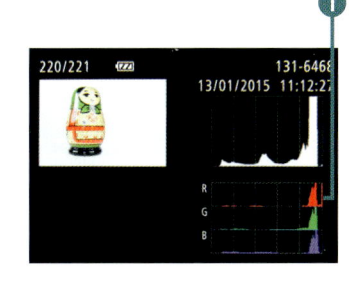

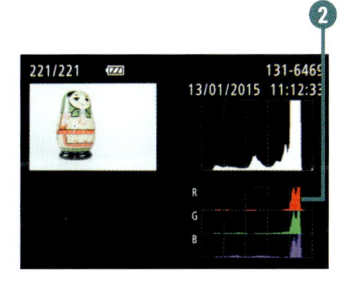

5.7 Belichtungskorrekturen, wann und wie

▲ Oben: Zu kräftige Rottöne mit dem Bildstil *Vivid*. Unten: Ausgeglichene Farben mit dem Bildstil *Neutral*.

Nicht immer trifft der Belichtungsmesser Ihrer G7 X die optimale Bildhelligkeit. Schuld ist meist das Motiv selbst, es kommt vor, dass es die Messeinheit der Kamera regelrecht in die Irre führt. Daher werden Sie hin und wieder eine Belichtungskorrektur vornehmen müssen.

Links: 1/1000 Sek. | f/4 | ISO 125 | 36,8 mm
Rechts: 1/400 Sek. | f/4 | ISO 125 | 36,8 mm | +1⅓

◄ Links: Ohne Belichtungskorrektur zu dunkel.
Rechts: Mit Belichtungskorrektur um +1⅓ Stufen.

Meist sind es Situationen, in denen ein Motiv großflächig sehr hell oder sehr dunkel ist – zum Beispiel eine weiße Mauer oder eine Schneefläche einerseits oder eine Nachtaufnahme mit viel schwarzer Fläche andererseits. Dabei können Sie sich generell merken, dass bei dunklen Moti-

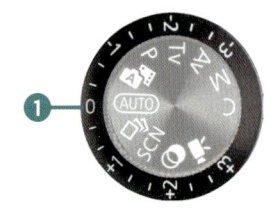

▲ Das Wahlrad für die Belichtungskorrektur ist unter dem Modus-Wahlrad lokalisiert.

ven meist um ²⁄₃ bis 2 Stufen unterbelichtet werden muss, bei hellen dagegen eine Überbelichtung von ¹⁄₃ bis 1¹⁄₃ Stufen angezeigt ist. Zum Glück lässt die G7 X in fast allen Aufnahmeprogrammen Belichtungskorrekturen zu. Ausgenommen sind nur die Modi *Smart Auto*, *Hybrid Auto*, *Kreative Aufnahme* und bei den Filtern der *Postereffekt*. Damit können Sie stets flexibel auf die unterschiedlichsten Belichtungsanforderungen reagieren. Dabei läuft eine normale Belichtungskorrektur bei der G7 X ganz einfach durch Drehen des Belichtungskorrekturrads ❶ auf der Kameraoberseite ab. Der Korrekturwert wird im Display unten rechts angezeigt.

Automatische Belichtungsreihen (AEB)

Ab Seite 161 erfahren Sie, wie Sie eine automatische Belichtungsreihe (AEB) durchführen können, um sich anschließend die beste Aufnahme auszusuchen oder auch eine HDR-Aufnahme daraus zu entwickeln.

▼ Links: Mit der AE-Speicherung konnte die Belichtung gut auf den hellen Himmel abgestimmt werden.
Rechts: Ohne Belichtungsspeicherung wurde der Himmel zu blass.
Links: 1/30 Sek. | f/4 | ISO 125 | 10 mm
Rechts: 1/80 Sek. | f/4 | ISO 125 | 10 mm

Belichtung speichern und Kameraschwenk

Bei Motiven, die einen hohen Kontrast aufweisen, ist die Belichtung oftmals nicht ganz so trivial. Denken Sie beispielsweise an eine Aufnahme im Gegenlicht. Nun wäre es sehr praktisch, wenn Sie selbst bestimmen könnten, welcher Bereich optimal belichtet werden soll, der helle oder der dunkle. Vermutlich ahnen Sie es schon, auch das ist mit der G7 X möglich. Denn mit der Belichtungsspeicherung, auch *AE-Speicherung* (AE = **A**uto **E**xposure) genannt, können Sie die Belichtung eines bestimmten Bildbereichs fixieren.

Um dies zu bewerkstelligen, wählen Sie *P*, *Tv*, oder *Av* aus, denn nur in diesen Modi lässt sich die AE-Speicherung einsetzen. Am besten funktioniert die Methode zudem mit der mittenbetonten Integralmessung [ ] oder mit der Mehrfeldmessung. Richten Sie die Kamera auf den Motivbereich, der in mittlerer Helligkeit wiedergegeben werden soll. Bei Landschaften oder weiträumigeren Moti-

96   Kapitel 5   Belichtung, Schärfentiefe und Kontraste managen

ven, bei denen beispielsweise im Gegenlicht der Himmel zu hell dargestellt wird, hilft es meist, die G7 X auf einen Himmelsbereich mit mittelhellem Blau, auf eine Wiese oder auf das Straßenpflaster zu richten. In unserem Beispiel haben wir den Himmel angepeilt.

Drücken Sie den Auslöser halb herunter und betätigen Sie anschließend die RING/FUNC.-Taste. Im Monitor leuchtet daraufhin das Sternsymbol ✻ ❶ auf und die gespeicherten Werte für Belichtungszeit ❷, Blende ❸, eine eventuelle Belichtungskorrektur ❹ und ISO-Wert ❺ werden angezeigt. Die Tasten können Sie nun wieder loslassen.

Legen Sie nun den endgültigen Bildausschnitt fest. Fokussieren Sie und lösen Sie aus. Das Bild wird mit den zuvor gemessenen und gespeicherten Belichtungswerten aufgenommen.

▲ *So sah der Bildausschnitt aus, der für die AE-Speicherung verwendet wurde.*

Anschließend werden die Belichtungswerte aus dem Speicher gelöscht. Daher ist es leider nicht möglich, mehrere Bilder mit den gespeicherten Werten hintereinander aufzunehmen – es sei denn, Sie haben mit der Reihenaufnahme gleich eine ganze Bilderserie aufgezeichnet.

Gespeicherte Belichtungswerte anpassen

Bei aktivierter *AE-Speicherung* können Sie die Werte für die Belichtungszeit und die Blende dennoch anpassen, um dem Bild beispielsweise mit einem erhöhten Blendenwert mehr Schärfentiefe zu verleihen oder um die Belichtungszeit zu verkürzen, wenn diese nach der Speicherung für eine Freihandaufnahme zu lang geworden ist.

Dazu betätigen Sie die grün eingeblendeten Bedienelemente. Es werden aber immer beide Werte gleichzeitig geändert, um die gespeicherte Bildhelligkeit konstant zu halten.

▲ *Anpassung der Belichtungswerte bei aktiver AE-Speicherung.*

✓ **Blitzbelichtungsspeicherung (FE Lock)**
Die Belichtungsspeicherung mit der Sterntaste funktioniert auch bei eingeschaltetem Blitz. Der Vorgang wird dann als FE-Speicherung bezeichnet (FE Lock = **F**lash **E**xposure **Lock** = Blitzbelichtungsfestlegung).

Was die Funktion i-contrast beinhaltet

Bei kontrastreichen Motiven ist die PowerShot G7 X in der Lage, zu helle oder zu dunkle Bildbereiche selbstständig zu erkennen und diese mit einer automatischen Helligkeitskorrektur zu optimieren.

Diese als *i-contrast* bezeichnete Funktion setzt sich zusammen aus einer **Kontrastkorrektur**, bei der die zur Überstrahlung neigenden Bildstellen optimiert werden, und einer **Schattenkorrektur**, bei der die dunklen Partien aufgehellt werden.

▲ *Links: überstrahlte Glanzstellen im Gesicht und an der linken Rockseite, die im Histogramm rechts anstoßen. Rechts: reduzierte Überstrahlung mit eingeschalteter **Kontrastkorrektur** 200% sowie Schattenaufhellung durch aktivierte **Schattenkorrektur**.*

Aktivieren können Sie die **Kontrast- und Schattenkorrektur** in den Programmen *P* bis *C*. In den Modi **Smart Auto** (AUTO) und **Hybrid Auto** sind beide Funktionen hingegen automatisch aktiviert, was für die Kontrastkorrektur zusätzlich auch im *SCN*-Modus *Unterwasser* gilt.

Für die manuelle Aktivierung drücken Sie die *FUNC./ SET*-Taste und wählen den entsprechenden Eintrag aus der linken Menüzeile aus.

Mit dem Einstellungswahlrad oder per Fingertipp können Sie nun im Fall der Kontrastkorrektur zwei Optionen wählen: *Auto Kontrastkorr.* oder *Kontrastkorr. 200%*. Bei der *Schattenkorrektur* gibt es nur den *Automatikmodus*.

Die Zahl *200%* bei der Kontrastkorrektur gibt an, das sich die hellen Glanzlichter im Vergleich zu einem Bild mit ausgeschalteter Korrektur um 200 % reduzieren. Dabei wird die Lichtempfindlichkeit des Sensors auf einen Bereich zwischen ISO 250 und ISO 6400 eingeschränkt, da die kamerainterne Kontrastkorrektur bei den ganz niedrigen ISO-Werten nicht ausreichend eingreifen kann und bei hohen ISO-Werten die Gefahr unerwünschten Bildrauschens entsteht. Im Modus steht Ihnen hingegen die gesamte ISO-Bandbreite zur Verfügung.

Es ist auch problemlos möglich, beide Korrekturen zusammen zu aktivieren, was zu einer Verringerung der hellen Spitzlichter und gleichzeitig zu einer spezifischen Aufhellung von Schattenpartien führt.

Alles in allem dürfen Sie von diesen automatischen Werkzeugen aber keine Wunder erwarten, denn die Effekte fallen meistens recht gering aus. Sowohl die Histogramme als auch die optischen Merkmale der Bilder ändern sich kaum, hingegen steigt der ISO-Wert beachtlich an.

Daher würden wir Ihnen statt der Einstellung eher dazu raten, bei heller Umgebung mit ISO 125 und im RAW-Format zu fotografieren, das deutlich mehr Belichtungsreserven bereitstellen kann. Bearbeiten Sie die Lichter und Schatten dann im RAW-Konverter, damit lässt sich meist eine viel bessere Kontrastoptimierung durchführen als mit den kamerainternen Hilfen.

▲ *Oben: Einschalten der Kontrastkorrektur. Untn: Aktivierung der Schattenkorrektur.*

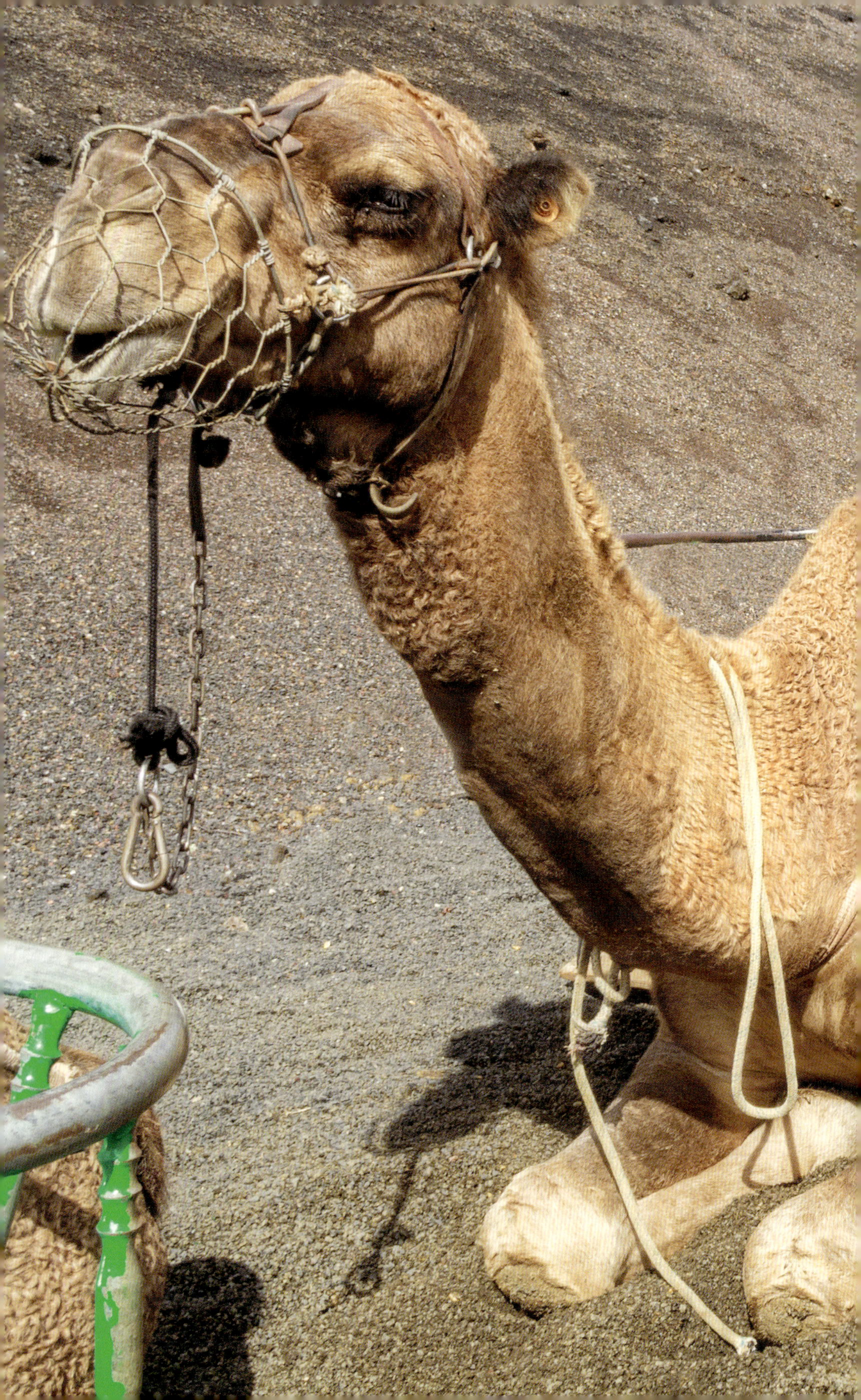

Scharfstellen, automatisch oder manuell

Bilder leben nicht nur vom Motiv allein. Auch die Spannung, die entsteht, wenn gezielt mit Schärfe und Unschärfe gespielt wird, trägt wesentlich zur Wirkung einer Fotografie bei. Dabei ist es natürlich essenziell, dass die Schärfe auch an der richtigen Stelle sitzt. Erfahren Sie in diesem Kapitel alles Notwendige über die verschiedenen Fokusmöglichkeiten Ihrer G7 X und lenken Sie die Aufmerksamkeit stets auf das Bilddetail, das Ihnen am wichtigsten ist.

1/1600 Sek. | f/2,8 | ISO 400 | 36,8 mm

▲ *Klassizistische Skulptur im Sonnenlicht, der Fokus sitzt*

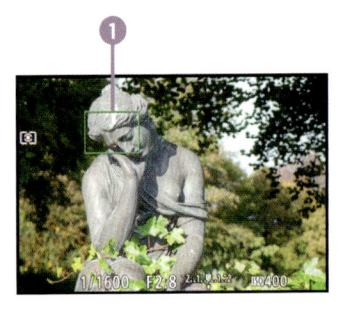

▲ *Das AF-Feld hat das Motiv erfolgreich scharf gestellt.*

6.1 Scharfstellen mit dem Highspeed-Autofokus

Bei der Scharfstellung können Sie sich in den meisten Fällen auf den Autofokus der G7 X verlassen. Das Kameraauge fokussiert, sobald der Auslöser halb heruntergedrückt wird. Bei erfolgreicher Scharfstellung leuchten ein oder mehrere grüne AF-Felder ❶ auf und es sind zwei kurze Signaltöne zu hören (es sei denn, Sie haben die Option

✖ Auslösepriorität!

Unabhängig von eventuellen Fehlfokussierungen löst die G7 X immer aus, selbst wenn die Schärfe noch nicht richtig gesessen hat oder eine Scharfstellung an sich nicht möglich ist. Sie befindet sich in der Auslösepriorität. Achten Sie daher stets auf die Signale, die auf einen fehlgeschlagenen Autofokus hinweisen, sonst landen unverhofft unscharfe Fotos auf der Speicherkarte.

Stummschaltung aktiviert). Bei erkannten Gesichtern oder bewegten Motiven leuchtet das AF-Feld übrigens blau.

Fokuswarnungen

Falls Sie nur einen Piepton hören und kein AF-Feld oder ein gelbes AF-Feld mit Ausrufezeichen zu sehen ist, sind Sie entweder zu nah am Objekt (Entfernungswarnung) oder das Objekt ist zu kontrastarm (zum Beispiel eine einfarbige Fläche). Im ersten Fall halten Sie die G7 X etwas weiter entfernt. Im zweiten Fall ändern Sie den Bildausschnitt ein wenig, um einen stärker strukturierten Motivbereich in den Bildausschnitt zu bringen. Danach sollte das Scharfstellen wieder funktionieren.

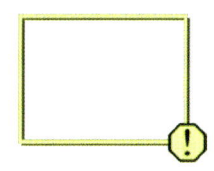

▲ *Diese Fokuswarnung wird bei Auswahl des AF-Rahmens 1-Punkt in den Modi P bis C angezeigt.*

Neben den Autofokuswarnungen gibt es noch eine praktische Verwacklungswarnung . Diese taucht in Form eines orange blinkenden Kamerasymbols immer auf, wenn die Belichtungszeit zu lang für eine Freihandaufnahme ist. Stellen Sie die G7 X dann am besten auf ein Stativ, wählen Sie einen höheren ISO-Wert oder schalten Sie den Blitz ein, um Verwacklungen zu vermeiden. Da die Warnung aber recht frühzeitig kommt, in der Weitwinkeleinstellung etwa bei 1/15 Sek. und in der Teleeinstellung etwa bei 1/50 Sek., gelingen oft auch noch scharfe Bilder, obwohl die Warnung schon blinkt. Das hängt natürlich vor allem auch von der eigenen ruhigen Kamerahaltung ab.

AF-Hilfslicht bei wenig Licht

Wenn Sie bei schwächerem Licht fotografieren, schaltet die G7 X zur Unterstützung des Autofokus ein AF-Hilfslicht zu. Achten Sie daher darauf, die Lampe nicht mit der Hand zu verdecken. Außerdem muss die Funktion *AF-Hilfslicht* im Aufnahmemenü aktiviert sein.

Die Schwelle für die Aktivierung des AF-Hilfslichts ist bei der G7 X recht niedrig, sprich, es schaltet sich beispielsweise schon hinzu, wenn das Motiv nur leicht im Schatten liegt. Bei unseren Tests wird der Autofokus dadurch aber nicht unbedingt schneller oder genauer. Insofern können Sie das Hilfslicht, sofern

▲ *Das AF-Hilfslicht bei der Arbeit*

▲ *Aktivieren des AF-Hilfslichts*

Was der kontinuierliche AF in der Praxis bringt

Ihre G7 X stellt das Monitor- oder Sucherbild kontinuierlich auf das Motiv scharf und erleichtert damit das Einrichten des Bildausschnitts. Allerdings belastet das ständige Verschieben der Linsen im Innern des Objektivs die Akkureserven. Der kontinuierliche Autofokus erhöht in der Praxis auch nicht die Schnelligkeit des eigentlichen Scharfstellvorgangs über den Auslöser, denn die Kamera justiert den Schärfepunkt immer im aktuellen Aufnahmemoment noch einmal neu. Daher stellen wir persönlich den *Kontinuierl. AF* über das Aufnahmemenü ⬛ meistens aus. Halten Sie es aber einfach so, wie es Ihnen von der Handhabung her besser gefällt.

Sie das Geblinke eher stört, beim Fotografieren in normal heller bis etwas lichtschwächerer Umgebung ruhig ausschalten und es erst aktivieren, wenn der Autofokus in wirklich dunkler Umgebung sein Ziel nicht treffen sollte.

Den Fokusmodus wählen

Für die perfekte Bildschärfe in jeder fotografischen Lebenslage hat Ihre G7 X verschiedene Autofokusmodi an Bord.

- Beim *Einzel-AF* wird das Motiv über eines oder mehrere AF-Felder scharf gestellt und der Schärfepunkt bleibt fixiert, solange Sie den Auslöser halb herunterdrücken.
- Der *Servo AF* stellt einen kontinuierlichen Autofokus zur Verfügung, mit dem bewegte Objekte permanent scharf gestellt werden können.
- Der *Touch-Auslöser* ermöglicht das Scharfstellen durch Antippen des Monitors.
- Im Fall des *Manuellen Fokus* erfolgt die Scharfstellung durch Drehen an der Ringsteuerung ⬤.

Hinzu gesellen sich zwei *AF-Rahmen*, die sich mit den Autofokusmodi flexibel kombinieren lassen. Der AF-Rahmen bestimmt, welcher Bildbereich fokussiert werden soll.

- *Gesicht/AiAF*: Die G7 X erkennt Gesichtsstrukturen automatisch und stimmt die Belichtung sowie die Farbgebung auf das Gesicht und die Umgebung ab. Daher können Sie mit diesem AF-Rahmentyp auch nur die Mehrfeldmessung ⬛ und die Weißabgleichautomatik ⬛ verwenden. Wird kein Gesicht erkannt, tritt die automatische Wahl der AF-Felder *AiAF* in Kraft. Hierbei ermittelt die G7 X je nach dem verwendeten Seitenverhältnis bis zu 21 (16:9), 25 (1:1, 4:5) oder 31 AF-Felder (3:2, 4:3).
- *1-Punkt*: Fokussiert wird über ein einziges AF-Feld, das Sie frei im Bildausschnitt platzieren können, um einen ganz bestimmten Bildbereich scharf zu stellen.

Um den Rahmentyp zu wählen, stellen Sie im Aufnahmemenü ⬛ bei *AF-Rahmen* die gewünschte Option ein.

▲ *Auswahl des AF-Rahmens*

6.2 Wann der Einzel-AF geeignet ist

Statische Motive wie Landschaften, Gebäude, Personen, die fürs Porträt still halten, Pflanzen oder Verkaufsgegenstände gehören wohl zu den häufigsten Motiven, die einem vor die Linse geraten. Bei all diesen Fotomotiven ist es lediglich notwendig, schnell einen passenden Schärfepunkt zu finden und diesen so lange zu fixieren, bis der Auslöser heruntergedrückt wird.

1/640 Sek. | f/5,6 | ISO 200 | 12,1 mm

▲ Eine perfekte Szene für den Einzel-AF

Genau dafür hat die G7 X den Einzel-AF im Programm – eine wirklich gute Allroundfunktion, die wir in unserem fotografischen Alltag vermutlich zu 90 % nutzen. Der Einzel-AF stellt den grundlegenden Autofokus Ihrer G7 X dar. Es gibt keinen speziellen Menüeintrag dafür, Sie können ihn nur ausschalten, indem Sie den manuellen Fokus wählen, oder seine Funktion erweitern, indem Sie den Servo AF einschalten.

Automatische AF-Feldwahl bei Gesicht/AiAF

Wichtig für die Anwendung des Einzel-AF ist die Wahl des AF-Rahmentyps, denn dieser entscheidet, welche Bildstellen fokussiert werden. So sucht sich die G7 X das oder die AF-Felder zum Scharfstellen selbstständig aus, wenn Sie den *Gesicht/AiAF* verwenden. Hierbei wählt die G7 X stets das am nächsten zur Kamera gelegene Gesicht oder Objekt aus. Der Schärfepunkt wird somit nicht immer an der gewünschten Stelle erscheinen. Vor allem beim Fotografieren mit geringer Schärfentiefe kann es sehr störend sein, wenn der Fokus nicht auf der bildwichtigen Stelle liegt, sondern davor.

▲ *Bei diesem Motiv hat die G7 X gleich 14 AF-Felder für die Scharfstellung ausgewählt.*

Die automatische Wahl der AF-Felder kann aber von Vorteil sein, wenn Sie schnell reagieren müssen und daher das scharf zu stellende Areal nicht selbst festlegen möchten.

Bessere Bildgestaltung mit 1-Punkt

Wenn es darum geht, im Sinne der Bildgestaltung einen ganz bestimmten Motivbereich scharf zu stellen, wählen Sie im Aufnahmemenü 📷 bei *AF-Rahmentyp* am besten die Vorgabe *1-Punkt*. Ohne die Kameraposition ändern zu müssen, können Sie zügig zu unterschiedlichen Interpretationen eines Motivs kommen. Wenn Sie mit einem niedrigen Blendenwert fotografieren, lässt sich auf diese Weise zum Beispiel kreativ mit der Schärfe und Unschärfe spielen.

▼ *Links: AF-Feld auf der Statue*
Rechts: AF-Feld auf dem goldenen Zaunelement
1800 Sek. | f/2,8 | ISO 125 | 21 mm

Um das eingeblendete AF-Feld an die gewünschte Stelle zu setzen, drücken Sie die zuvor mit der Funktion *AF-Rahmenauswahl* belegte RING/FUNC.-Taste (wie es funktioniert, finden Sie auf Seite 213).

Mit dem Einstellungswahlrad ● können Sie das Feld nun über recht grobe Rasterstufen von links oben bis rechts unten schnell im Bildausschnitt platzieren. Oder Sie platzieren es mit den Pfeiltasten in feineren Schritten.

Um das AF-Feld möglichst schnell wieder in der Mitte zu positionieren, drücken Sie aus der normalen Fotoposition heraus einfach die *MENU*-Taste.

Bestätigen Sie die Platzierung des AF-Rahmens am Ende mit der *FUNC./SET*-Taste oder drücken Sie den Auslöser gleich halb durch, um mit dem AF-Feld zu fokussieren. Es bleibt an der Position sitzen, bis Sie die G7 X aus- und wieder einschalten. Dann wird das AF-Feld wieder in der Mitte erscheinen.

Übrigens, der AF-Rahmen *1-Punkt* steht Ihnen in den Aufnahmeprogrammen *P* bis *C*, den *SCN*-Modi (außer 🄼 und 🄿), den *Kreativen Filtern* (außer HDR, 🕮 und 🎨) und im Movie-Modus 🎥 zur Verfügung.

▲ *Das AF-Feld soll die Statue im Hintergrund scharf stellen.*

Schärfefixierung

Die Kombination aus *Einzel-AF* und *1-Punkt* können Sie prima zum Zwischenspeichern der Schärfe (*AF-Speicherung*) einsetzen. Zielen Sie mit dem AF-Feld auf das gewünschte Detail, halten Sie den Auslöser halb gedrückt und richten Sie den Bildausschnitt danach zügig ein, um mit gespeicherter Schärfe gleich darauf auszulösen.

Den Fokuspunkt noch genauer eingrenzen

Bei filigranen Motiven, wie zum Beispiel Blüten, kann es vorkommen, dass der AF-Rahmen nicht Ihr Hauptmotiv scharf stellt, sondern auf dem Hintergrund landet. In solchen Fällen ist es sinnvoll, den Fokuspunkt noch etwas genauer einzugrenzen. Dazu drehen Sie im Zuge der Rahmenauswahl an der Ringsteuerung ◯. Das AF-Feld verkleinert sich ❶, und Sie können versuchen, Ihr Motiv damit besser in den Fokus zu bekommen.

▲ *Mit dem kleineren AF-Feld konnten wir die Blüte spezifisch scharf stellen.*

Kleines AF-Feld ausgeschlossen

Sollten Sie den *Digitalzoom* nutzen oder den *Digital-Telekonverter* eingeschaltet haben, lässt sich das kleinere AF-Feld leider nicht aktivieren.

Mit der AF-Feld Lupe die Schärfe kontrollieren

Wenn ein Fotomotiv nicht formatfüllend im Bildausschnitt erscheint, kann es schwer zu erkennen sein, ob der Fokus auch richtig sitzt. Dafür hat die G7 X eine Vergrößerungsfunktion in petto, die *AF-Feld Lupe*. Damit wird der Fokuspunkt bereits vor der Aufnahme vergrößert dargestellt, und die Schärfe lässt sich genauer beurteilen. Denken Sie bei filigranen Motiven, bei Nahaufnahmen oder beim Spiel mit geringer Schärfentiefe an diese Funktion.

▲ *Bei aktiver AF-Feld Lupe erscheint der fokussierte Bereich vergrößert, wenn der Auslöser halb heruntergedrückt wird.*

Allerdings kann die Vergrößerung auch störend sein, weil ein Großteil des Bildausschnitts verdeckt wird. Daher empfehlen wir Ihnen, die *AF-Feld Lupe* standardmäßig auszuschalten, was Sie im Aufnahmemenü ◻ schnell erledigen können.

▲ *Aus- oder Einschalten der AF-Feld Lupe*

> **✓ Verfügbarkeit der AF-Feld Lupe**
>
> Nutzen können Sie die *AF-Feld Lupe* in folgenden Programmen: *P* bis *C*, *Smart Auto* (AUTO), *Kreative Aufnahme* ◻, *SCN*-Modi (außer ◻, ◻, ◻), *Kreative Filter* ◻ (außer HDR, ◻, ◻, ◻, ◻, ◻). Der Fokusbereich wird mit dem AF-Rahmen *1-Punkt* immer vergrößert. Bei der Gesichtserkennung funktioniert die Kontrolle nur dann, wenn der AF-Rahmen *Gesicht/AiAF* auch ein Gesicht detektiert hat. Auch wenn das Gesicht im Bildfeld bereits sehr groß auf dem Monitor erscheint, findet keine weitere Vergrößerung statt. Zudem wird die Funktion deaktiviert, wenn Sie mit dem Digitalzoom, dem Digital-Telekonverter oder dem *Servo AF* fotografieren.

6.3 Was die Gesichtserkennung/AiAF leistet

Mit zu den häufigsten Motiven zählen sicherlich Fotos von der Familie, Freunden oder gemeinsamen Urlaubserinnerungen. Da hierbei öfter Personen im Mittelpunkt stehen, kommt die intelligente Gesichtserkennung der G7 X natürlich gerade recht. Damit wird es möglich, Gesichter in einer Szene automatisch zu finden und diese ganz gezielt scharf zu stellen. Um in den Genuss der Gesichtserkennung zu kommen, wählen Sie im Aufnahmemenü ◻

den AF-Rahmen *Gesicht/AiAF* aus und peilen Ihr Motiv damit an. Die Gesichtserkennung startet sofort und zeigt Ihnen weiße Begrenzungsecken ❶ um das Gesicht an, das als Hauptmotiv detektiert wurde. Werden mehrere Gesichter erkannt, erscheinen bis zu zwei weitere graue Rahmen ❷. Wenn Sie noch nicht sofort auslösen möchten, der Fokus aber einem bestimmten Gesicht folgen soll, drücken Sie die RING-FUNC.-Taste, nachdem Sie diese vorher mit der Funktion *AF-Rahmenauswahl* belegt haben (siehe Seite 213). Der Rahmen erhält jetzt doppelte weiße Linien ❸ und ist damit auf die Person fixiert. Er verfolgt das Gesicht nun auch bei Bewegungen so gut es geht. Möchten Sie den Autofokus auf ein anderes Gesicht umlenken, drücken Sie die Taste RING/FUNC. so oft, bis das richtige Gesicht mit dem Doppelrahmen markiert wird. Auf diese Weise können Sie von Gesicht zu Gesicht springen, bis die Gesichtsfixierung wieder aufgehoben wird.

▲ *Drei Gesichter wurden erkannt, der weiße Rahmen wird zur Scharfstellung verwendet.*

Drücken Sie schließlich den Auslöser halb durch, sodass der Autofokus aktiviert wird. Alle erkannten Gesichter, die sich gut fokussieren lassen, bzw. das fixierte Gesicht werden jetzt mit grün leuchtenden Rahmen versehen und Sie können das Bild auslösen.

▲ *AF-Feld mit einem bestimmten Gesicht verknüpft*

Da natürlich keine Automatik unfehlbar ist, kann auch die an sich sehr zuverlässig arbeitende Gesichtserkennung der G7 X Probleme bekommen. Das ist meist der Fall, wenn das Gesicht zu dunkel im Schatten liegt oder am Bildrand fast abgeschnitten wird oder die Person nicht frontal in die Kamera schaut oder eine große Sonnenbrille trägt. Das heißt aber nicht, dass Sie das Foto dann nicht auslösen können, denn die G7 X sucht sich im *AiAF*-Modus nun automatisch einen Fokuspunkt. Sollte dieser jedoch nicht das gewünschte Gesicht treffen, können Sie auch schnell mit dem später noch vorgestellten *Touch-Auslöser* auf das gewünschte Gesicht tippen. Andererseits kann die Gesichtserkennung manchmal auch vermeintlich schwer zu detektierende Gesichter finden, lassen Sie sich überraschen ...

▲ *Fokussierung des linken Gesichts*

✓ Bessere Fotos dank Blinzelwarnung?

Im Eifer des Gefechts und wenn gleich mehrere Personen vor der Kamera stehen, kann es vorkommen, dass geschlossene Augen im Bild übersehen werden. Ein wenig mehr Sicherheit kann Ihnen hierbei die *Blinzelwarnung* verschaffen, die Sie im Aufnahmemenü einschalten können. Die G7 X weist nun durch ein blinkendes Icon nach der Aufnahme darauf hin, dass möglicherweise zu stark geschlossene Augen im Bild vorkommen. Die Aufnahme kann dann direkt noch einmal wiederholt werden. Verlassen Sie sich aber nicht zu sehr darauf und prüfen Sie wichtige Bilder lieber in der Wiedergabeansicht.

▲ *Die Blinzelwarnung kann hilfreich sein und stört den normalen Fotobetrieb nicht, daher lassen wir sie eingeschaltet.*

Gesichter nach der Aufnahme prüfen

Nach der Aufnahme können Sie gleich einmal prüfen, ob alle Gesichter gut getroffen wurden oder vielleicht doch jemand die Augen geschlossen hatte. Drücken Sie dazu die Wiedergabetaste ▶. Schieben Sie anschließend den Zoomregler einmal in Richtung Teleeinstellung und drücken Sie danach die *FUNC./SET*-Taste bzw. tippen Sie die Touchfläche SET auf dem Monitor an. Jetzt wird direkt das Gesicht, das bei der Aufnahme fokussiert worden ist (weißer Gesichtsrahmen), formatfüllend im Bildausschnitt angezeigt.

▲ *Formatfüllende Anzeige des fokussierten Gesichts*

Auf die Gesichter, die zum Zeitpunkt der Aufnahme mit grauen Gesichtsrahmen versehen waren, können Sie anschließend mit der *FUNC./SET*-Taste oder einem Tipp auf die Touchfläche weiterspringen und so ganz bequem und gut erkennbar Gesicht für Gesicht prüfen.

▲ *Ein weiterer FUNC./SET-Tastendruck befördert das zweite detektierte Gesicht in die Vollbildansicht.*

Mit den Pfeiltasten ✧ kann der Bildausschnitt natürlich auch auf andere Bildbereiche verschoben werden, sodass sich die Umgebung um das Gesicht herum ebenfalls beurteilen lässt. Um die Gesichtsprüfung zu verlassen, drücken Sie die *MENU*-Taste/Touchfläche. Dadurch gelangen Sie zur unvergrößerten Wiedergabe Ihres Bildes zurück.

Gesichter zuordnen mit der Gesichts-ID-Funktion

Ihre G7 X ist nicht nur in der Lage, Gesichter zu erkennen, sondern auch, spezifische Gesichter wiederzuerkennen, sie also einem bestimmten Personenprofil (Name, Geburtsdatum) zuzuordnen. Daher kann es ganz nützlich sein, die Daten der wichtigsten Personen im persönlichen Umfeld in der Kamera zu hinterlegen.

Beispielsweise ist es bei Babys und Kindern nur mit zuvor gespeicherter *Gesichts-ID* möglich, mit den speziellen Einstellungen für Säuglinge (zum Beispiel) und Kinder (zum Beispiel) im Modus *Smart Auto* (AUTO) zu fotografieren, denn dazu muss die G7 X das Geburtsdatum kennen. Auch können Sie die Gesichts-ID dazu nutzen, Bilder bestimmter Personen in der gefilterten Wiedergabe schnell zu finden.

Maximal zwölf Personenprofile können im Speicher der G7 X angelegt werden. Um damit zu beginnen, wählen Sie im Aufnahmemenü ◘ die Einstellung *Gesichts-ID-Einstellungen*. Im nächsten Dialogfenster aktivieren Sie die Option *Ges.erkenn.* ❶, damit die Gesichter auch identifiziert werden können.

Wählen Sie dann *Zu Reg. zufüg.* ❷, um ein neues Personenprofil anzulegen. Vorhandene Gesichts-IDs können Sie zudem prüfen bzw. ändern ❸ oder auch löschen ❹.

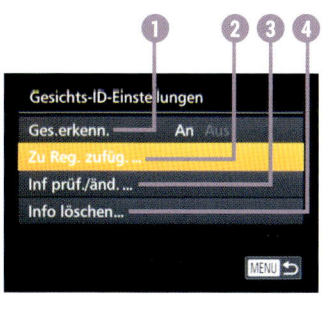

▲ *Optionen der Gesichts-ID-Einstellungen*

Wählen Sie als Nächstes *Neues Gesicht zufüg.* und richten Sie den quadratischen Bildrahmen auf das Gesicht aus. Sobald der Rahmen weiß ist, wurde das Gesicht erkannt und Sie können das Bild auslösen. Wenn die Person gut getroffen ist, bestätigen Sie die Registrierung im nächsten Dialogfenster mit der Schaltfläche *OK*.

Geben Sie nun den Namen ein, indem Sie die *FUNC./SET*-Taste drücken und im nächsten Fenster jeden Buchstaben einzeln, am einfachsten durch Antippen des Touchscreens, auswählen. Mit der *MENU*-Taste gelangen Sie zum Fenster *Profil ändern* zurück und können mit der Eingabe des Geburtsdatums fortfahren. Am Ende bestätigen Sie das Profil mit der Schaltfläche *Speichern*.

▲ *Registrieren einer neuen Person. Der Blitz kann während der Aufnahme nicht verwendet werden.*

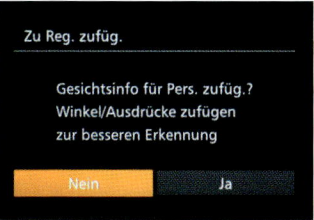

◀ *Links: Eintragen der Profilangaben, rechts: Hinzufügen weiterer Gesichtsaufnahmen*

Gesichtsinformationen später hinzufügen
Um nachträglich weitere Bilder zu einem Personenprofil hinzuzufügen, können Sie nach Auswahl der Option *Zu Reg. zufüg.* den Eintrag *Gesichts-Info zufüg.* wählen. Nehmen Sie das Gesicht wie beschrieben auf. Gerade bei Kindern empfiehlt es sich, die Gesichtsinformationen öfter zu erneuern, damit die Erkennungsautomatik zuverlässig arbeiten kann. Wenn bereits fünf Gesichtsausdrücke gespeichert sind, müssen Sie vorher eines oder mehrere davon löschen.

Als Nächstes werden Sie gefragt, ob weitere Gesichtsinformationen hinzugefügt werden sollen. Das bedeutet, dass Sie vier weitere Aufnahmen der gleichen Person speichern können, die die Gesichtserkennung verbessern.

Empfehlenswert ist es, eine Aufnahme von vorn im Innenraum und eine draußen anzufertigen sowie eine mit halbseitiger Gesichtsposition und eine mit lachendem Gesicht. Am Ende bestätigen Sie noch die regelmäßige Aktualisierung der Gesichtsinfo mit *OK* und fertig ist die Registrierung.

Wenn Sie zukünftig eine oder mehrere registrierte Personen mit dem Fokusmodus *Gesicht/AiAF* ansteuern, werden die Namen unterhalb der Fokusrahmen eingeblendet. Zudem werden die erkannten Personen bevorzugt fokussiert und die Helligkeit und Farbe wird entsprechend an die Person angepasst. Auch nach der Aufnahme werden die Namen in der *Einfachen Informationsanzeige* eingeblendet.

◀ Bildwiedergabe mit der *Einfachen Informationsanzeige* und den identifizierten Gesichtern.

Vorsicht bei Datenweitergabe

Das Personenprofil wird in den Fotos mitgespeichert, daher können Sie von anderen ermittelt werden, wenn die Bilder beispielsweise im Internet veröffentlicht werden. Möchten Sie dies verhindern, müssen Sie die Gesichts-IDs löschen.

Dafür gibt es vier grundlegende Möglichkeiten:

- Entfernen Sie die *Gesichts-ID* aus dem Speicher der G7 X, indem Sie bei den *Gesichts-ID-Einstellungen* die Option *Info löschen* wählen. Zukünftige Bilder enthalten dann keine Personendaten mehr, vorhandene Bilder mit gespeichertem Profil bleiben aber unverändert.

- Stellen Sie die Option *Ges.erkenn.* auf *Aus*. Auch das wirkt sich jedoch nur auf zukünftige Bilder aus.

- Entfernen Sie die *Gesichts-ID* nachträglich aus den aufgenommenen Bildern wie nachfolgend gezeigt, was bei mehreren Bildern etwas umständlich ist.

- Entfernen Sie nachträglich und schnell am Computer alle assoziierten Bilddaten (Exif) aus einem oder mehreren Bildern mit spezieller Software (zum Beispiel ExifCleaner).

Gesichts-IDs vorhandener Fotos ändern oder löschen

Die Gesichts-IDs können bei bereits aufgenommenen Bildern nachträglich geändert oder gelöscht werden. Rufen Sie das Bild dazu mit der *Wiedergabetaste* ▶ auf. Navigieren Sie anschließend ins Menü *Wiedergabe* ▶ und dort zum Eintrag *Gesichts-ID-Info*.

Wählen Sie *ID-Info ändern* und drücken Sie zweimal die FUNC./SET-Taste, sodass ein orangefarbener Rahmen um eines der Gesichter auftaucht.

Wählen Sie das gewünschte Gesicht mit dem *Einstellungs-Wahlrad* ❀ aus und bestätigen die Wahl mit der FUNC./SET-Taste. Nun können Sie mit der Option *Überschreiben* dem Gesicht eine andere ID zufügen, allerdings nur eine, die bereits in der Kamera gespeichert ist. Mit *Löschen* kann die vorhandene ID hingegen ganz aus dem Bild entfernt werden.

▲ *Überschreiben oder löschen einer vorhandenen Gesichts-ID*

6.4 Motivwahl mit dem Touch-AF

Was uns am Touchscreen der G7 X mit am besten gefallen hat, ist die Möglichkeit, den Fokuspunkt per Fingertipp zu setzen. Dabei können Sie zwischen zwei Auslösemodi wählen:

1. *Touch-Auslöser aktiviert*: Die Kamera fokussiert den Bildpunkt, den Sie mit dem Finger kurz angetippt haben, und nimmt das Bild nach der Scharfstellung ohne Verzögerung sofort auf. Achten Sie besonders auf eine ruhige Kamerahaltung, um die Bildschärfe durch Wackeln beim

▲ *Einschalten des Touch-Auslösers*

▲ *Touch-Auslöser-Symbol im Monitor*

Touch-Auslöser schnell aktivieren/deaktivieren

Vielleicht geht es Ihnen nach ein paar Versuchen auch so: Wenn man den *Touch-Auslöser* benötigt, ist er gerade ausgeschaltet, und wenn man nur per Fingertipp fokussieren, aber nicht auslösen möchte, ist er eingeschaltet. Um ihn nicht jedes Mal über das Menü umständlich anzupassen, haben wir einfach die RING FUNC.-Taste im Aufnahmemenü ◘ bei *Belegung* RING FUNC. *Taste* mit der Option *Touch-Auslöser* programmiert. Jetzt reicht ein Tastendruck zum Aktivieren/Deaktivieren der Funktion aus. Praktisch, finden Sie nicht auch?

Auslösen nicht zu mindern. Wir behelfen uns damit, die G7 X normal in der Hand zu halten und den linken oder rechten Daumen zum Antippen des Monitors zu verwenden.

2. *Touch-Auslöser deaktiviert*: Der Fokuspunkt wird per Fingertipp gesetzt, das eigentliche Fokussieren und die Bildaufnahme erfolgen aber wie gewohnt über den Auslöser.

Aktivieren können Sie den *Touch-Auslöser* im Aufnahmemenü ◘. Im Display wird daraufhin ein entsprechendes Symbol ❶ eingeblendet, sofern die Anzeige der Aufnahmeinformationen mit der *DISP.*-Taste eingeblendet ist.

Verfügbar ist die Touch-Auslösung in allen Aufnahmeprogrammen (außer in den Modi *Intelligente Aufnahme*, *Sternenhimmel* und *Miniatureffekt*).

Welcher Bildbereich scharf gestellt wird, ist vom gewählten AF-Rahmentyp abhängig. Wenn Sie mit *1-Punkt* fotografieren, können Sie das AF-Feld per Fingertipp auf die gewünschte Motivstelle dirigieren.

Um mit dem Touchscreen möglichst exakt die richtigen Motivbereiche scharf zu stellen, empfiehlt sich die Einstellung des kleineren AF-Feldes.

Wenn Sie den *Gesicht/AiAF* einsetzen und die G7 X eines oder mehrere Gesichter erkennt, lässt sich der Fokus zügig per Fingertipp auf das gewünschte Gesicht lenken. Wird kein Gesicht detektiert, können Sie aber auch bei diesem AF-Rahmentyp eine beliebige Bildstelle zum Scharfstellen antippen.

Das AF-Feld passt sich in seiner Größe allerdings flexibel an die gefundene Motivstruktur an. Nicht immer ist es damit möglich, kleine Bildbereiche genau zu fokussieren.

Übrigens, wenn Sie Reihenaufnahmen per Touchscreen aufnehmen möchten, berühren Sie den Monitor so lange mit dem Finger, bis die gewünschte Anzahl an Bildern aufgenommen wurde. Und auch beim manuellen Fokussieren können Sie den *Touch-Auslöser* nutzen. An welcher Stelle Sie den Monitor berühren, um die Bildaufnahme zu starten, ist in diesem Fall natürlich egal.

6.5 Bewegte Motive scharf stellen

Mit dem Fokusmodus *Servo AF* stellt Ihnen die G7 X einen kontinuierlichen Autofokus zur Seite. Dieser ist aktiv, solange Sie den Auslöser halb herunterdrücken, und kann ein einmal erfasstes Motiv verfolgen. Bei der Marathonaufnahme hat dies beispielsweise sehr gut funktioniert. Hier kam es darauf an, die Läuferin bereits scharf zu stellen, als sie eigentlich noch zu weit entfernt war für ein formatfüllendes Bild, und sie anschließend zu verfolgen. Dazu haben wir den Auslöser halb heruntergedrückt und gewartet, bis das AF-Feld sie erfasst hatte. Mit weiterhin halb heruntergedrücktem Auslöser konnten wir die Läuferin verfolgen und schließlich im passenden Moment auslösen.

Das AF-Feld leuchtet in diesem Fall blau und das Tonsignal für die erfolgreiche Scharfstellung ist nur beim ersten Fokussieren zu hören. Das Ganze funktioniert daher auf Sicht und ist zu Beginn eventuell etwas gewöhnungsbedürftig. Wenn Sie den Auslöser nach der ersten Aufnahme

▼ *Mit dem* Servo AF *konnten wir die Läuferin im Fokus halten und zur richtigen Zeit auslösen.*
1/500 Sek. | f/5 | ISO 125 | 36,8 mm | –⅓ EV

▲ *Aktivierung des Servo AF*

Erhöhter Strombedarf

Der *AI Servo AF* verbraucht mehr Strom, daher kann die Akkukapazität unter Umständen schneller zur Neige gehen. Nehmen Sie am besten einen Ersatzakku mit, wenn Sie vorhaben, diesen AF-Betrieb häufiger einzusetzen.

▲ *Das mit dem Flugzeug verknüpfte AF-Feld folgt dem Flieger und stellt ihn kontinuierlich scharf.*

nicht ganz loslassen, sondern ihn gleich wieder auf dem ersten Druckpunkt halten, wird die Motivverfolgung fortgesetzt. So können Sie eine Bewegung über eine längere Zeit verfolgen und immer zur passenden Zeit auslösen.

Auch bei anderen Sportaufnahmen – beispielsweise einem Auto, einem rasanten Surfer oder Skifahrer – oder bei spielenden Kindern und auch fliegenden Vögeln leistet der *Servo AF* gute Dienste. Daher können Sie ihn neben den Programmen *P* bis *C* auch in den *SCN*-Modi *Porträt*, *Unterwasser* und *Schnee* sowie bei den Kreativfiltern *Nostalgisch*, *Monochrome*, *Farbverstärkung* und *Postereffekt* aktivieren.

Wichtig zu wissen ist aber, dass die G7 X immer auslöst, egal ob die Schärfe schon perfekt auf dem Motiv liegt oder nicht. Sie agiert in der Auslösepriorität.

Welchen Bildbereich Ihre G7 X scharf stellt, hängt auch beim *Servo AF* vom AF-Rahmen ab. Mit der Vorgabe *1-Punkt* können Sie Ihr Motiv mit dem großen oder kleinen AF-Feld verfolgen, das sich wie gewohnt frei im Bildausschnitt platzieren lässt.

Wenn Sie den AF-Rahmentyp *Gesicht/AiAF* aktiviert haben, kann die G7 X hingegen ein detektiertes Gesicht gezielt verfolgen. Ist kein Gesicht im Bildausschnitt, stellt sie mit einem einzelnen AF-Feld über die Bildmitte scharf.

Es sei denn, dem AF-Feld wurde eine bestimmte Bildstelle zugewiesen, die es verfolgen soll. Dazu tippen Sie einfach mit dem Finger auf den gewünschten Bildbereich. Allerdings muss der *Touch-Auslöser* dafür deaktiviert sein, sonst wird das Bild direkt ausgelöst. Um das Motiv erscheint dann ein Doppelrahmen.

Aktivieren Sie nun die Verfolgung mit dem Auslöser auf halber Stufe, sodass der blaue Rahmen ❶ die ihm zugewiesenen Bildstrukturen so gut im Fokus hält.

Diese individuelle Verfolgung ist beispielsweise sehr praktisch bei Motiven, die sich vor einem mehr oder weniger unstrukturierten Hintergrund bewegen, also etwa bei Flugzeugen vor einem blauen Himmel oder bei einem umhertollenden Hund auf einer grünen Wiese.

> **Einen Bewegungsablauf dokumentieren**
>
> Möchten Sie einen Bewegungsablauf in mehreren Bildern aufnehmen, wählen Sie mit der *FUNC./SET*-Taste die Betriebsart *Reihenaufnahme* ⚃ aus. Wenn Sie den Auslöser länger durchdrücken, nimmt die G7 nun eine Bilderserie auf, wobei die Geschwindigkeit von der gewählten Bildqualität abhängt. Mehr dazu erfahren Sie ab Seite 164.

6.6 Situationen für den manuellen Fokus

Das manuelle Scharfstellen ist zwar nicht gerade die schnellste Methode, den Fokus an die gewünschte Bildstelle zu leiten, dafür ist sie aber äußerst präzise und unabhängig von den Beschaffenheiten des Motivs. Daher wird der manuelle Fokus *MF* Ihrer G7 X immer dann zum Mittel der Wahl, wenn der Autofokus einfach keine oder nicht die gewünschte Schärfeebene finden kann.

Zum Glück ist das bei der guten Autofokussteuerung der G7 X nicht wirklich häufig der Fall, aber es gibt natürlich ein paar Motive, die es dem Autofokus schwer machen können.

Dazu zählen beispielsweise sehr schwach beleuchtete Motive in der Dämmerung oder nachts oder Szenen mit sehr geringem Kontrast. Auch bei regelmäßigen Mustern oder starken Reflexionen auf einer Fensterfront oder auf Autolack kann es zu Fokusproblemen kommen, was erfahrungsgemäß aber recht selten passiert.

Bei der starken Vergrößerung im Nahbereich hingegen, vor allem wenn Sie zusätzlich mit Nahvorsatzlinsen fotografieren, werden Sie den manuellen Fokus häufiger benötigen. Denn hierbei kommt es sehr genau darauf an, den richtigen Bildbereich scharf zu stellen.

Und wenn Sie zügig einige Fotos schießen möchten, um diese zum HDR-Bild oder zum Panorama zusammenzufügen, ist der manuelle Fokus gut geeignet, um ungewollte Fokusverschiebungen zu vermeiden.

▲ Aktivieren des manuellen Fokus

▲ Scharfstellen mit dem manuellen Fokus

Um mit dem manuellen Fokus der G7 X zu fotografieren, drücken Sie einfach die Taste ♣MF und wählen mit dem Einstellungswahlrad ⬢ oder per Fingertipp ✋ die Option *MF* aus. Zur Verfügung steht Ihnen diese Fokusmöglichkeit in den Programmen *P* bis *C*, den *SCN*-Modi (außer 📷, 🎆, ✳️), den *Kreativen Filtern* ⓠ (außer 🎨) und bei der Movie-Aufnahme 🎥.

Der Autofokus wird außer Kraft gesetzt und Sie können die Schärfe jetzt ganz individuell über das Einstellungswahlrad ⬢ oder die Pfeiltasten ▲/▼ einstellen. Ebenfalls möglich ist es, den manuellen Fokus *MF* auf die Ringsteuerung ⓘ zu legen und die Scharfstellung mit dieser vorzunehmen.

Beim manuellen Scharfstellen zeigt der Entfernungsbalken ❷ stets die aktuelle Fokusentfernung an. In der Standardeinstellung wird zudem der mittlere Bildbereich mit der *MF-Fokus Lupe* 2-fach vergrößert dargestellt ❶, um die Fokusposition optisch besser beurteilen zu können. Diesen Bereich können Sie mit dem Finger ✋ an jede beliebige Stelle des Bildausschnitts verschieben. Um die Lupe auf eine 4-fache Vergrößerung zu steigern oder sie

💡 Schnelleres Umstellen von weit auf nah

Wenn Sie die Fokusentfernung beschleunigt von weit auf nah oder umgekehrt einstellen möchten, halten Sie die entsprechende Pfeiltaste ▲/▼ länger gedrückt.

💡 MF-Fokus Lupe deaktivieren

Sollte die vergrößerte Bildansicht zu Beginn der manuellen Fokussierung stören, können Sie die Lupenfunktion auch gänzlich deaktivieren. Dazu steuern Sie im Aufnahmemenü 📷 den Eintrag *MF-Fokus Lupe* an und wählen *Aus*. Mit der ⚡-Taste lassen sich die 2- und 4-fache Vergrößerung bei Bedarf aber jederzeit wieder zuschalten.

ganz auszuschalten, drücken Sie die ⌕-Touchfläche entsprechend oft.

Wenn der Fokus schließlich fertig eingerichtet ist, betätigen Sie direkt den Auslöser zur Bildaufnahme, dann landen Sie danach im Monitorfenster mit den aktivierten Funktionen des manuellen Fokus. Sie können aber auch erst die *FUNC./SET*-Taste oder *SET*-Touchfläche betätigen und dann auslösen. In dem Fall ist es möglich, das Bild auch durch Berühren des Monitors per *Touch-Auslöser* aufzunehmen. Danach können Sie die Optionen des manuellen Fokus durch Drehen an der Ringsteuerung wieder aktivieren.

Mehr Sicherheit durch die Fokus-Aufnahmereihe

Eine weitere Unterstützung des manuellen Fokussierens hat die G7 X in Form der *Fokus Aufnahmereihe* an Bord, die Sie allerdings nur in den Modi *P* bis *C* verwenden können. Damit werden nach dem Auslösen automatisch drei Bilder mit unterschiedlichen Fokusabstufungen aufgenommen – zuerst entsteht das Bild mit dem manuell justierten Fokus und dann folgen zwei weitere Bilder, deren Fokus vor und hinter der gewählten Schärfeebene liegt. Um die *Fokus-Aufnahmereihe* anzuwenden, aktivieren Sie den manuellen Fokus. Stellen Sie Ihr Motiv manuell scharf. Drücken Sie nun die *FUNC./SET*-Taste und wählen Sie die Funktion *Fokus Bereich* aus.

1/10 Sek. | f/2,8 | ISO 800 | 10 mm
▲ *Der manuelle Modus ist bei Panoramaaufnahmen hilfreich.*

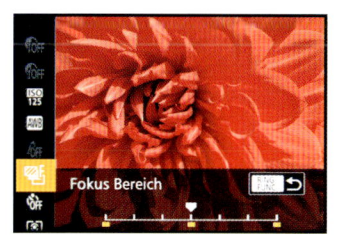

▲ *Aktivieren der Fokus-Aufnahmereihe Einstellen der Fokusabstände*

Mit der RING/FUNC.-Taste rufen Sie die Feineinstellung auf, bei der Sie die Höhe der Fokusabstände mit dem Einstellungswahlrad ⊙ oder per Fingertipp festlegen können. Verlassen Sie das Menü über die *FUNC./SET*-Taste und lösen Sie anschließend das Bild aus. Die G7 X nimmt automatisch drei Fotos hintereinander auf. Übrigens, noch schneller lässt sich die Fokusreihe erreichen, wenn Sie sich im Einstellungsfenster des manuellen Fokus befinden und die *MENU*-Taste drücken.

6.7 Die vielseitigen Selbstauslöser-Funktionen

Interessanterweise besitzen viele Fotografen kaum Bilder von sich selbst. Dabei ist es mit dem Selbstauslöser doch ganz einfach, sich selbst allein oder in einer Gruppe mit auf dem Bild zu verewigen. Die Selbstauslöser-Funktion der G7 X kann die Zeit zwischen dem Drücken des Auslösers und der Aufnahme immerhin um bis zu 30 Sek. verzögern. Und das reicht meist aus, um sich auch einmal vor der Kamera in Position zu bringen. Am einfachsten funktioniert das mit mindestens einer weiteren Person im Foto. Dann können Sie die G7 X auf einem Stativ befestigen oder

▼ *Selbstporträt, entstanden mit dem Custom Timer*
1/2500 Sek. | f/2,8 | ISO 200 | 12,5 mm | Stativ

auf einer geeigneten Unterlage positionieren und den Fokus bequem auf die zweite Person einstellen, so wie wir es bei unserem Gipfel-Fotoshooting getan haben. Alternativ fokussieren Sie auf einen Gegenstand, der sich in der gleichen Entfernung befindet, in der Sie sich positionieren möchten. Oder Sie stellen manuell auf die geplante Entfernung ein.

Die Selbstauslöser-Funktion können Sie anschließend mit der *FUNC./SET*-Taste aufrufen, wobei Sie mit Ausnahme der anschließend vorgestellten *Intelligenten Aufnahme* in allen Programmen drei Optionen haben: Mit dem 10-Sek.-Selbstauslöser wartet die G7 X nach dem Auslösen 10 Sek., bis das Bild aufgenommen wird. Das Ablaufen der Zeit macht sie durch Blinken der Lampe neben dem Objektiv und einen Signalton kenntlich. 2 Sek. vor der Aufnahme leuchtet die Lampe dauerhaft und es piept schneller.

▲ *Aktivieren des Custom Timers mit 10 Sek. Vorlaufzeit und drei Reihenaufnahmen*

Die Option *Custom Timer* ermöglicht eine flexiblere Auswahl der Wartezeit und der Aufnahmeanzahl. Hierzu drücken Sie die *DISP.*-Taste und wählen mit der Ringsteuerung die Dauer der Vorlaufzeit und mit dem Einstellungswahlrad die Anzahl der Aufnahmen aus, die nach Ablauf der Verzögerung mit einer Reihenaufnahmegeschwindigkeit von etwa 1 Sek. aufgezeichnet werden sollen.

Ein Bild erlächeln mit der Intelligenten Aufnahme

Mit dem *SCN*-Modus *Intelligente Aufnahme* können Sie ebenfalls Porträtaufnahmen anfertigen. Der Vorteil ist, dass Sie mit der Einstellung *Lächeln* die G7 X nur noch auf die Person richten müssen und die Kamera, wenn ihr Gegenüber lächelt, automatisch auslöst. Auch können Sie die Lächelautomatik dazu verwenden, ferngesteuerte Bilder von sich selbst zu machen. Befestigen Sie die G7 X dazu beispielsweise auf einem Stativ und begeben Sie sich, ohne den Auslöser zu drücken, ins Bildfeld. Lächeln Sie einmal kräftig, sodass die Zähne zu sehen sind. Die G7 X fokussiert und löst anschließend vollautomatisch aus. Gleiches funktioniert auch, wenn Sie den Monitor nach oben klappen, sodass Sie sich selbst gut darin sehen können.

> **Der eingebaute „Fernauslöser"**
>
> Der 2-Sek.-Selbstauslöser ist aufgrund der kurzen Wartezeit nicht unbedingt für Selbstporträts geeignet. Vielmehr können Sie diese Funktion besonders gut verwenden, um berührungslose Aufnahmen vom Stativ aus anzufertigen. Denken Sie also vor allem bei Landschafts- oder Makroaufnahmen an diese Möglichkeit, Verwackler zu reduzieren.

Kapitel 6 Scharfstellen, automatisch oder manuell   121

Display spiegeln

Damit Sie bei Selfies mit nach oben geklapptem Monitor nicht seitenverkehrt abgebildet werden, sondern so wie auf Bildern mit eingeklapptem Monitor, sollte im Aufnahmemenü ◘ die Funktion *Displ spiegeln* aktiviert sein.

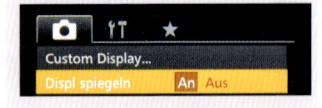

▲ *Die Option Displ spiegeln*

▲ *Einstellen von Weißabgleich und My Colors im Modus Intelligente Aufnahme*

Lächeln Sie, und schon ist das Selfie im Kasten. Nicht schlecht, oder?

▲ *Selfie im Modus Lächeln der Intelligenten Aufnahme*

Ein weiterer Vorteil der *Intelligenten Aufnahme* besteht darin, dass Sie über die *FUNC./SET*-Taste Zugriff auf zwei Funktionen haben, mit denen Sie die Farben der Bilder beeinflussen können: den Weißabgleich ❶ für die Farbanpassung an die vorhandene Lichtquelle und die Bildstil-Funktion *My Colors* ❷ für die Anpassung von Kontrast, Schärfe, Farbsättigung und Farbtonung. Wenn die Haut beispielsweise zu dunkel oder zu hell aussieht, können Sie mit den Vorgaben *Hellerer Hautton* oder *Dunklerer Hautton* spezifisch diese Hautpartien beeinflussen.

Neben dem Modus *Lächeln* hat die *Intelligente Aufnahme* aber noch mehr zu bieten. So besitzt sie zwei besonders komfortable Selbstauslöser-Modi: den *Blinzel-Timer* und den *Gesichts-Timer*. Diese aktivieren Sie durch Drücken der Taste *DISP.* und anschließendes Drehen am Einstellungswahlrad oder per Fingertipp. Der *Gesichts-Timer* wartet quasi darauf, dass Sie die Szene betreten, detektiert Ihr Gesicht und wartet dann 2 Sek., bevor die Aufnahme ausgelöst wird. Somit entfällt das hektische Hin- und Herrennen zwischen Kamera und Fotoposition. Die Anzahl der Bilder, die nach dem Countdown mit voller Reihenaufnahmegeschwindigkeit aufgezeichnet werden sollen, können Sie mit den Pfeiltasten ▲ oder ▼

einstellen, bis zu zehn Bilder in Folge sind möglich. Das gilt im Übrigen für alle Modi der *Intelligenten Aufnahme*.

Beim *Blinzel-Timer* fokussieren Sie die Person im Bildausschnitt, bei der die Augen gut zu sehen sind – also am besten Personen ohne Brille –, und starten dann die Aufnahme. Doch erst dann, wenn die Person deutlich die Augen zusammenkneift oder sie für einen Moment schließt, wird der Timer gestartet. Das funktioniert übrigens auch, wenn zunächst noch keine Person im Bildfeld ist, da die G7 X dann automatisch auf Ihr Gesicht fokussiert, sobald Sie die Szene betreten haben und blinzeln. Übrigens: Auch wenn kein Gesicht erkannt wird, löst die Kamera nach etwa 15 Sek. trotzdem aus.

1/1250 Sek. | f/2,8 | ISO 125 | 25 mm | Stativ

▲ Die Aufnahme entstand ganz unkompliziert mit dem *Gesichts-Timer*.

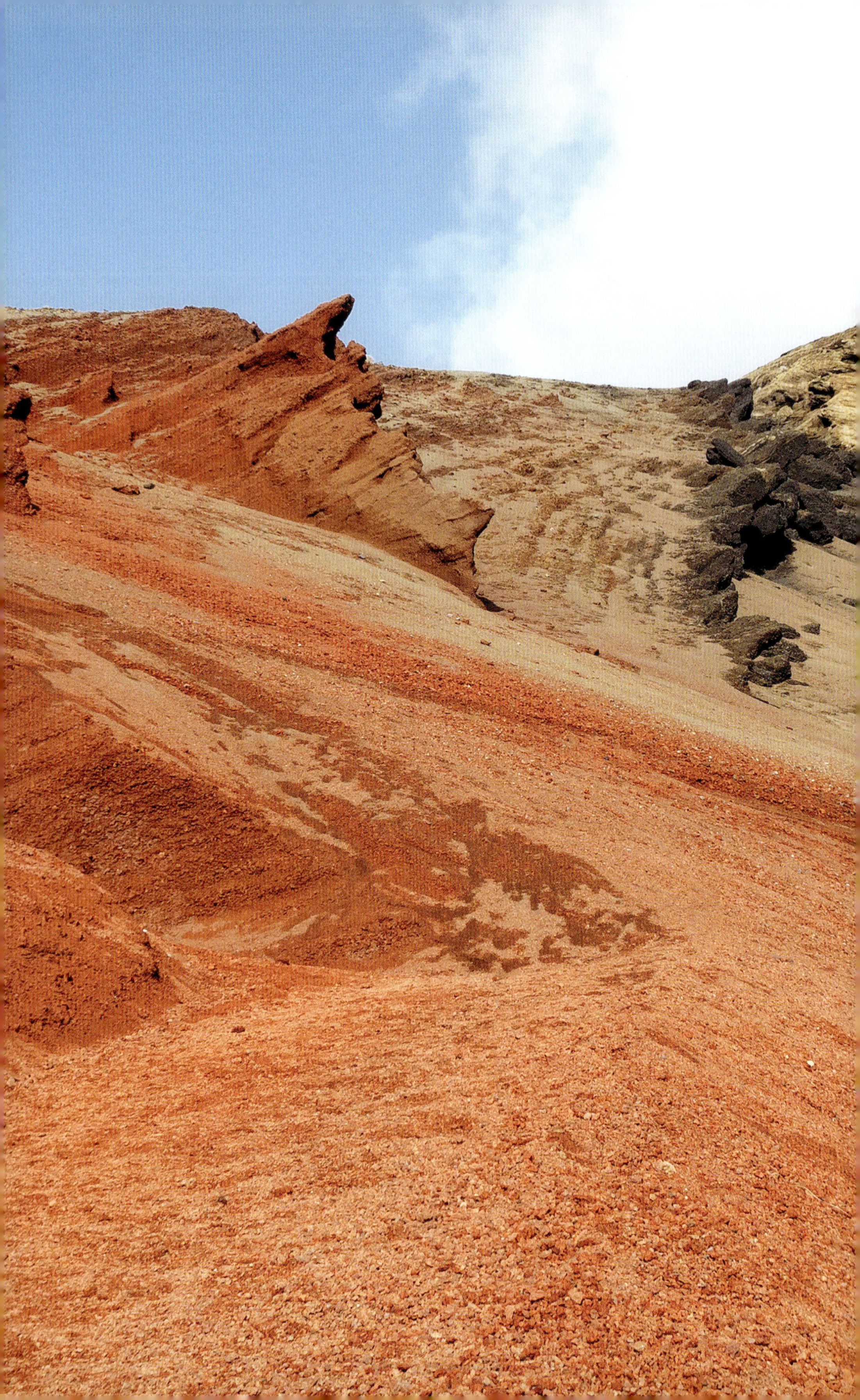

Weißabgleich und My Colors

Bilder wirken nicht nur durch das Motiv allein. Eine ganz große Rolle spielen natürlich die Farben. Daher kann es enttäuschend sein, wenn die erlebte Farbstimmung so gar nicht mit den Farben der Bildergebnisse übereinstimmen will. Schuld daran ist meist ein fehlerhafter Weißabgleich. Erfahren Sie daher, welche Möglichkeiten es gibt, um der PowerShot G7 X mit dem richtigen Weißabgleich stets das passende Farbempfinden zu verleihen, und wie Sie die Farbgebung per Bildstil individuell gestalten können.

**1/1000 Sek. | f/2,2 | ISO 200
| 12,1 mm | -1 EV**

▲ *Das letzte Feuer des Tages im Parque Nacional de Timanfaya.*

Sonnenlicht oder künstliche Lichtquellen lösen aufgrund ihrer unterschiedlichen Lichtfarben Stimmungen in uns aus. So empfinden wir das Licht der Dämmerung als angenehm warm. Da Ihre G7 X dieses Farbgefühl nicht hat, muss ihr der Lichtcharakter mitgeteilt werden.

An dieser Stelle kommen die *Farbtemperatur* und der *Weißabgleich* ins Spiel. Mit der Farbtemperatur werden die Farbeigenschaften einer Lichtquelle beschrieben, ausgedrückt als Kelvin-Wert.

Die Mittagssonne liegt beispielsweise bei etwa 5.500 K, während die Farbtemperatur bei bedecktem Himmel bis auf etwa 6.500–7.000 K ansteigt. Über die Kelvin-Werte des Weißabgleichs erfährt die G7 X nun, welche Lichtart sie vor sich hat. Dies übernehmen entweder die kameraeigenen Weißabgleichvorgaben oder Sie selbst.

Der Weißabgleich sorgt dafür, dass neutrale Farben wie Weiß oder Grau unter der jeweiligen Lichtquelle auch im Bild neutral wiedergegeben und unschöne Farbstiche vermieden werden.

7.1 Der automatische Weißabgleich

Die beste Weißabgleichfunktion ist diejenige, um die man sich gar nicht kümmern muss. Daher ist es gut, dass Ihre G7 X eine wirklich verlässliche Automatik besitzt, die Sie in den allermeisten Situationen nicht im Stich lässt.

Vor allem bei Außenaufnahmen unter natürlicher Beleuchtung analysiert der Weißabgleich *Auto* AWB (**A**uto **W**hite **B**alance) die Zusammensetzung des Lichts ohne Probleme, sodass Sie in den meisten Fällen ein Bild mit korrekter Farbgebung erhalten werden.

Aber selbst bei der farbenfrohen Beleuchtung zur Dämmerungszeit oder bei Motiven kurz nach Sonnenuntergang (blaue Stunde) und in der Nacht landen die Fotos und Videos mit adäquater Farbgebung auf dem Sensor.

▼ *Links: Gute Bildfarben bei Tageslicht*
Rechts: AWB auch bei Nachtaufnahmen verlässlich
Links: 1/160 Sek. | f/4 | ISO 125 | 17 mm | +⅓ EV
Rechts: 1/25 Sek. | f/1,8 | ISO 3200 | 9 mm | +1⅔ EV

Kapitel 7 Weißabgleich und My Colors

Wenn Sie zum Fotografieren im Heimstudio spezielle Tageslichtlampen benutzen oder das Objekt nur mit Blitzlicht ausleuchten, wird Sie der automatische Weißabgleich ebenfalls selten im Stich lassen. Werden hingegen verschiedene Lichtquellen gemischt, kann es zu Farbverschiebungen kommen. Dann wäre der später vorgestellte *Manuelle Weißabgleich* eine gute Wahl.

7.2 Wann die Weißabgleichvorgaben besser geeignet sind

In Situationen, in denen der automatische Weißabgleich nicht das optimale Resultat liefert, können Sie mit einem festgelegten Weißabgleich fotografieren. Das kann beispielsweise bei Motiven sinnvoll sein, die sich im Schatten befinden und vom AWB zu kühl interpretiert werden. Schalten Sie dann am besten auf die Vorgabe *Wolkig* oder *Schatten* um. Im prallen Sonnenlicht können die Vorgaben *Tageslicht* oder *Wolkig* gute Ergebnisse liefern. Sie erzeugen ein Bild mit etwas erhöhten Gelbanteilen und steigern damit die warme Farbstimmung oder den sommerlichen Charakter einer Szene. Passen Sie aber ein wenig auf, dass die Gelbanteile nicht zu sehr intensiviert werden und die Haut, weiße Wolken oder andere Motivbereiche vergilbt aussehen.

1/10 Sek. | f/9 | ISO125 | 36,8 mm

▶ Links: *AWB*: etwas zu kühle Farben.
Rechts: *Tageslicht*: wärmere Farben.

1/10 Sek. | f/9 | ISO125 | 36,8 mm

◄ *Links:* **Wolkig**: kräftige Orangetöne.
Rechts: **Schatten**: noch kräftigeres Rot-Orange.

Die Weißabgleichvorgaben für natürliches Licht in der Übersicht:

- *Tageslicht* ☀ (ca. 5.200 K): Diese Vorgabe eignet sich bei Außenaufnahmen in hellem Licht vom späten Vormittag bis zum frühen Nachmittag. Sie liefert auch bei Sonnenuntergängen und Aufnahmen von Feuerwerk schöne Farben.

- *Wolkig* ☁ (ca. 6.000 K): Aufnahmen im Freien bei mittlerer bis starker Bewölkung und Nebel erhalten eine angenehme Farbgebung. Bei Dämmerung und Sonnenauf- bzw. -untergang können Sie damit die Gelb-Rot-Anteile gegenüber *Tageslicht* verstärken.

- *Schatten* 🏠 (ca. 7.000 K): Die Vorgabe ist ihrem Namen nach vor allem für Außenaufnahmen im Schatten geeignet. Sie liefert aber auch bei Dämmerung und Sonnenauf- bzw. -untergängen intensive Farben, deren Gelb-Rot-Anteile noch einmal stärker betont werden als bei *Wolkig*.

Auch mit den Weißabgleichvorgaben für künstliche Beleuchtung können Sie Ihren Bildern eine optimal angepasste Farbwirkung mit auf den Weg geben. Bei den beleuchteten Ballons an der Berliner Mauer, die wir zum Ende der blauen Stunde hin fotografiert haben, hat zum Beispiel die Vorgabe *Leuchtstoff* die Mischlichtsituation am besten interpretiert. Bei *Leuchtstoff H* wird zwar das noch schwach vorhandene Tageslicht neutral wiedergegeben, dafür ist die künstliche Beleuchtung etwas zu gelb geworden. Die Vorgabe *Kunstlicht* 🔅 gibt hingegen die Glühlampenbeleuchtung neutraler wieder, dafür wurden die letzten Reste an Tageslicht zu blaustichig. Übersicht über die Weißabgleichvorgaben für künstliches Licht:

- *Kunstlicht* 🔅 (ca. 2.800 K): Verwenden Sie diese Einstellung bei Innenaufnahmen mit künstlicher Beleuchtung durch Glühlampen oder Leuchtstofflampen, die mit vergleichbarer Lichtfarbe strahlen. Alternativ können Sie damit Aufnahmen von „farblosem" Wasser (zum Beispiel springende Wassertropfen), die mit Tageslichtlampen oder Blitzlicht beleuchtet werden, intensiv blau darstellen.

- *Leuchtstoff* (ca. 3.800 K): geeignet für Innenaufnahmen mit Leuchtstoffbeleuchtung, die in warmen oder kalten Weißtönen strahlt. Wenn Sie bei Kunstlicht fotografieren, werden die Gelbanteile erhöht und die Szene erscheint in wärmeren Farbtönen, daher auch passend bei Kerzenlicht.

- *Leuchtstoff H* (ca. 5.000 K): Wählen Sie diese Vorgabe bei Aufnahmen mit Leuchtstofflampen, die eine dem Tageslicht vergleichbare Lichtfarbe besitzen. Szenen unter Kunstlicht oder bei Kerzenschein werden mit *Leuchtstoff H* noch wärmer dargestellt, indem die Gelbanteile intensiviert werden.

- *Blitz* ⚡ (ca. 6.000 K): für Motive, die überwiegend durch Blitzlicht aufgehellt werden. Da Blitzlicht dem Tageslicht sehr ähnlich ist, können Sie diese Einstellung alternativ zur Vorgabe *Tageslicht* verwenden. Die Vorgabe steht im *Filmmodus* 🎥 nicht zur Verfügung.

- *Unterwasser* (ca. 5.400 K): Diese Vorgabe filtert die Blautöne stärker heraus, damit Aufnahmen unter Wasser ohne Farbstich aufgenommen werden können. Sie ist daher in erster Linie als Weißabgleich bei der Verwendung des Unterwassergehäuses (WP-DC53) gedacht. Die Vorgabe *Unterwasser* kann aber auch beim Fotografieren im Aquarium gute Dienste leisten, da der Farbausgleich auch dort die zu erwartenden Farbstiche reduziert.

1/15 Sek. | f/2,8 | ISO 800 | 17,2 mm

▲ *Oben: Weißabgleich* **Kunstlicht**
Mitte: Vorgabe **Leuchtstoff**
Unten: Weißabgleich **Leuchtstoff H**

Den Weißabgleich einstellen

Wenn Sie in Situationen, in denen Ihre G7 X einmal die Farben nicht richtig trifft, eine der Vorgaben aktivieren möchten, lässt sich dies zügig über die *FUNC./SET*-Taste erledigen. Navigieren Sie nach dem Tastendruck in der linken Menüzeile auf das aktuell eingestellte Weißabgleichsymbol.

Mit dem Einstellungswahlrad ⊙ oder per Fingertipp ⚡ können Sie nun eine Vorgabe wählen, die der Lichtquelle entspricht oder ihr zumindest sehr ähnlich ist. Möglich ist die Auswahl des Weißabgleichs in den Modi *P*, *Tv*, *Av*, *M* und Film 🎥 sowie im *SCN*-Modus *Intelligente Aufnahme* 📷. Alle anderen Programme verwenden die Automatik ￼.

▲ *Auswahl einer Weißabgleichvorgabe*

Wenn Sie die Bildqualität RAW verwenden, steht es Ihnen frei, den Weißabgleich später flexibel auf Ihr Motiv abzustimmen. Das geht mit den allermeisten RAW-Konvertern ganz problemlos, wie zum Beispiel mit Adobe Lightroom, Adobe Photoshop (Elements), GIMP oder Digital Photo Professional ￼.

Trotz der Flexibilität sollten Sie aber stets versuchen, den Weißabgleich beim Fotografieren schon weitestgehend korrekt einzustellen, damit die Bildqualität nicht unter der späteren Farbverschiebung leidet. Es kann nämlich durchaus vorkommen, dass bei extremen Korrekturen beispielsweise das Bildrauschen zunimmt.

Besondere Stimmung mit der Weißabgleichkorrektur

Besonders attraktive Motive wie Sonnenuntergange oder mystische Blaue-Stunde-Szenarien lassen sich mit einer *Weißabgleichkorrektur* ￼ im Nu gehörig aufpeppen. Für die beiden gezeigten Bilder eines winterlichen Sonnenuntergangs auf Lanzarote haben wir beispielsweise einmal den Weißabgleich *Auto* ￼ verwendet und anschließend ein Bild mit einer Weißabgleichkorrektur aufgenommen.

Um die Weißabgleichkorrektur anzuwenden, drücken Sie die *FUNC./SET*-Taste und wählen zuerst eine Weißabgleichvorgabe als Basis aus, wobei dies eben auch die Automatik sein kann.

1/320 Sek. | f/8 | ISO 320 | 8,8 mm

▲ Verstärkte Rot-Violett-Anteile mit der Weißabgleichkorrektur *A2, M3*

▲ Automatischer Weißabgleich als Basis

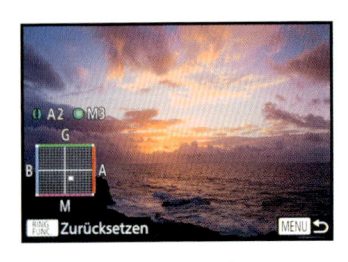

▲ Weißabgleichkorrektur *A2, M3*

Drücken Sie anschließend die **MENU**-Taste. Im Feinabstimmungsmenü können Sie den eingeblendeten Cursor nun entweder mit den Pfeiltasten oder den grün angezeigten Steuerungselementen Ringsteuerung und Einstellungs-Wahlrad, innerhalb der Koordinaten bewegen. Die vier Grundfarben werden folgendermaßen abgekürzt: *A* = Amber (Gelb), *B* = Blau, *G* = Grün, *M* = Magenta. Hier haben wir den Cursor auf die Position *A2*, *M3* gesetzt. Mit der **MENU**-Taste bestätigen Sie die Eingabe, woraufhin im Monitor das Symbol für die Weißabgleichkorrektur erscheint. Übrigens, wenn Sie den Cursor schnell wieder in die Mittelposition bringen möchten, drücken Sie einfach die -Taste.

7.3 Manueller Weißabgleich empfohlen

Nicht immer treffen die Weißabgleichautomatik oder eine der anderen Vorgaben die Bildfarben richtig, was beispielsweise passieren kann, wenn künstliche Lichtquellen und Tageslicht zusammentreffen (Mischlicht) oder häufig auch wenn die Motive im Schatten liegen oder bei bedecktem Himmel aufgenommen werden. Die Ergebnisse sehen

132 Kapitel 7   Weißabgleich und My Colors

dann mehr oder weniger farbstichig aus oder die Farben wirken etwas zu bläulich und kühl. Vergleichen Sie dazu einmal die beiden Aufnahmen des roten Modellautos. Mit dem automatischen Weißabgleich ist die Farbgebung etwas zu bläulich geraten. Das Ergebnis des manuellen Weißabgleichs zeigt das Bild hingegen ohne Farbstich und in natürlicheren Farben.

1/30 Sek. | f/5,6 | ISO 200 | 35 mm

▲ *Links: Mit dem automatischen Weißabgleich hat das Auto eine zu kühle Farbnote erhalten. Rechts: Der manuelle Weißabgleich erzeugte hingegen realistische Farben.*

Wenn es also um die farbgenaue Wiedergabe geht, ist es sinnvoll, einen manuellen Weißabgleich durchzuführen. Dafür können Sie als Hilfsmittel entweder ein weißes Objekt, ein Blatt Papier oder ein Taschentuch verwenden. Allerdings besitzen solche Objekte meist Aufheller, die die Messung beeinflussen können. Daher setzen Sie besser eine Graukarte ein. Das ist eine feste Papp- oder Plastikkarte, die mit 18-prozentigem Grau beschichtet ist und unabhängig vom vorhandenen Licht einen zuverlässigen Weißabgleich ermöglicht. Geeignete Graukarten wären beispielsweise die Digital Grey Kard DGK-1 oder DGK-2 von Enjoyyourcamera oder der hier gezeigte ColorChecker Passport von X-Rite.

◄ *ColorChecker Passport für den manuellen Weißabgleich.*

Kapitel 7   Weißabgleich und My Colors   **133**

▲ *Aus dem bläulichen Farbstich wird eine neutralgraue Fläche. Der manuelle Weißabgleich hat die Farbgebung somit auf die Lichtquelle abgestimmt.*

Der manuelle Weißabgleich steht Ihnen in den Programmen *P*, *Tv*, *Av*, *M*, *Intelligente Aufnahme*, *Unterwasser* und im *Filmmodus* zur Verfügung. Navigieren Sie nun über die FUNC./SET-Taste in das Weißabgleichmenü und wählen Sie dort eine der beiden manuellen Vorgaben oder aus. Richten Sie die G7 X bei noch aktiver Menüauswahl auf das weiße Objekt oder die Graukarte, sodass der AF-Rahmen ❶ vom Weiß bzw. Grau gefüllt ist. Drücken Sie die RING FUNC.-Taste/Schaltfläche und schließen Sie die Aktion mit der FUNC./SET-Taste ab.

Wenn Sie das Fotomotiv jetzt erneut fotografieren, sollte die Farbgebung wesentlich neutraler erscheinen, und natürlich werden auch alle anderen Bilder, die Sie in der gleichermaßen beleuchteten Umgebung fotografieren, ohne Farbstich auf dem Sensor landen.

✓ Lichtsituationen speichern

Die Werte des manuellen Weißabgleichs bleiben erhalten, auch wenn Sie die G7 X ausschalten. So können Sie über die beiden Vorgaben und bestimmte Situationen voreinstellen, die Sie öfter benötigen, zum Beispiel ein Setup für Verkaufsgegenstände mit immer dem gleichen Lichtaufbau oder den Weißabgleich für Fotos in der Sporthalle.

7.4 Farbgebung über My Colors steuern

Wenn wir ein Motiv vor Augen haben, geht bei uns meistens schon das Kopfkino an, bevor der Auslöser überhaupt gedrückt wird. Geht es Ihnen auch so? Wir stellen uns dann vor, dass die Blumenwiese besonders frisch wirken würde, wenn die Farben kräftig und der Kontrast hoch sind. Oder wir sehen ein Architekturdetail bereits in prägnantem Schwarz-Weiß vor unserem geistigen Auge. Das Schöne ist, dass diese Ideen nicht im Kopf bleiben müssen, sondern sich mit den Bildstilen, die bei der G7 X *My Colors* heißen, problemlos in die Tat umsetzen lassen.

Um einen bestimmten Stil anzuwenden, stellen Sie eines der Programme *P*, *Tv*, *Av*, *M*, *Intelligente Aufnahme* oder Film ein und wählen bei Fotoaufnahmen die

Bildqualität JPEG. Drücken Sie nun die **FUNC./SET**-Taste und steuern Sie in der linken Menüleiste den Menüpunkt *My Colors* an. Anschließend können Sie die gewünschte Vorgabe, zum Beispiel *Sepia*, direkt mit dem Einstellungswahlrad oder per Fingertipp auswählen. Bestätigen Sie Ihre Wahl mit der **FUNC./SET**-Taste oder durch erneutes Antippen der ausgewählten Vorgabe. In der folgenden Übersicht finden Sie Kurzbeschreibungen zu den Effekten der verschiedenen *My-Colors*-Stile:

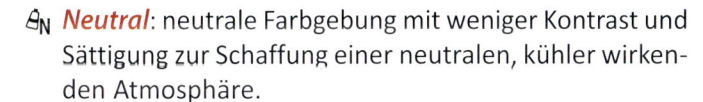

▲ *Auswahl einer My Colors-Vorgabe.*

Kräftig: Erhöhte Farbigkeit und Kontrast, achten Sie auf Überstrahlungen bereits kräftiger Farben, insbesondere bei Rottönen.

Neutral: neutrale Farbgebung mit weniger Kontrast und Sättigung zur Schaffung einer neutralen, kühler wirkenden Atmosphäre.

1/125 Sek. | f/8 | ISO 125 | 11 mm
◄ *My Colors Neutral*

1/125 Sek. | f/8 | ISO 125 | 11 mm
◄ *My Colors Kräftig*

> **⊗ Bildstile nachträglich anwenden**
>
> Die gewählte Farbgebung lässt sich nachträglich nur noch in Maßen ändern, aber nicht ohne Verlust an Bildqualität. Achten Sie daher darauf, dass nicht versehentlich eine *My-Colors*-Vorgabe eingestellt ist, die Sie gar nicht nutzen möchten. Anders sieht es aus, wenn Sie im RAW- oder RAW+JPEG-Format fotografieren. Dann können Sie zwar die Bildstile nicht anwenden, die Funktion ist gesperrt. Auf die RAW-Datei können Sie jedoch später am Computer mit der Canon-Software Digital Photo Professional fünf Bildarten anwenden.

▲ Mit *Custom Farbe* haben wir den Kontrast um zwei Stufen, die Schärfe um eine Stufe und die Farbsättigung ebenfalls um eine Stufe erhöht.

Sepia: klassische Sepiatönung, die an alte Fotografien erinnert und sich für Stillleben und Porträts prima eignet.

Schwarz/Weiß: monochromer Bildstil, gut geeignet für strukturreiche Motive oder Fotos im Reportagestil.

Diafilm: intensiviert die natürlichen Blau-, Rot- und Grüntöne. Die Bilder wirken wie früher die Dias mit kräftigen Farben (zum Beispiel Landschaften, Blüten).

Hellerer Hautton: Hauttöne werden gezielt aufgehellt, es können sich aber auch andere Farben unerwünscht ändern, daher das Ergebnis gut kontrollieren.

Dunklerer Hautton: Hauttöne werden gezielt abgedunkelt, es können sich aber auch andere Farben unerwünscht ändern, daher das Ergebnis gut kontrollieren.

Kräftiges Blau: Die Sättigung von Blautönen wird verstärkt (zum Beispiel Landschaft mit viel Himmel, Strandbilder).

Kräftiges Grün: Die Sättigung von Grüntönen wird verstärkt (zum Beispiel Pflanzenaufnahmen, Waldbilder, Fotos im Gebirge).

Kräftiges Rot: Die Sättigung von Rottönen wird verstärkt (zum Beispiel rote Gegenstände, Blumen, Autos).

Manuell: Drücken Sie die *DISP.*-Taste und wählen Sie mit den vertikalen Pfeiltasten die Kategorie aus, zum Beispiel den Kontrast oder die Sättigung. Auch die Balance zwischen Hauttönen und den Farben Rot, Grün und Blau kann variiert werden. Hellen Sie zum Beispiel das Gesicht einer Person vor einem kräftigen blauen Himmel auf. Mit den seitlichen Pfeiltasten geben Sie dabei die Stärke ein. Bestätigen Sie am Ende alle Eingaben mit der *FUNC./SET*-Taste.

1/125 Sek. | f/8 | ISO 125 | 11 mm
◄ *My Colors Sepia*

1/125 Sek. | f/8 | ISO 125 | 11 mm
◄ *My Colors Kräftiges Blau*

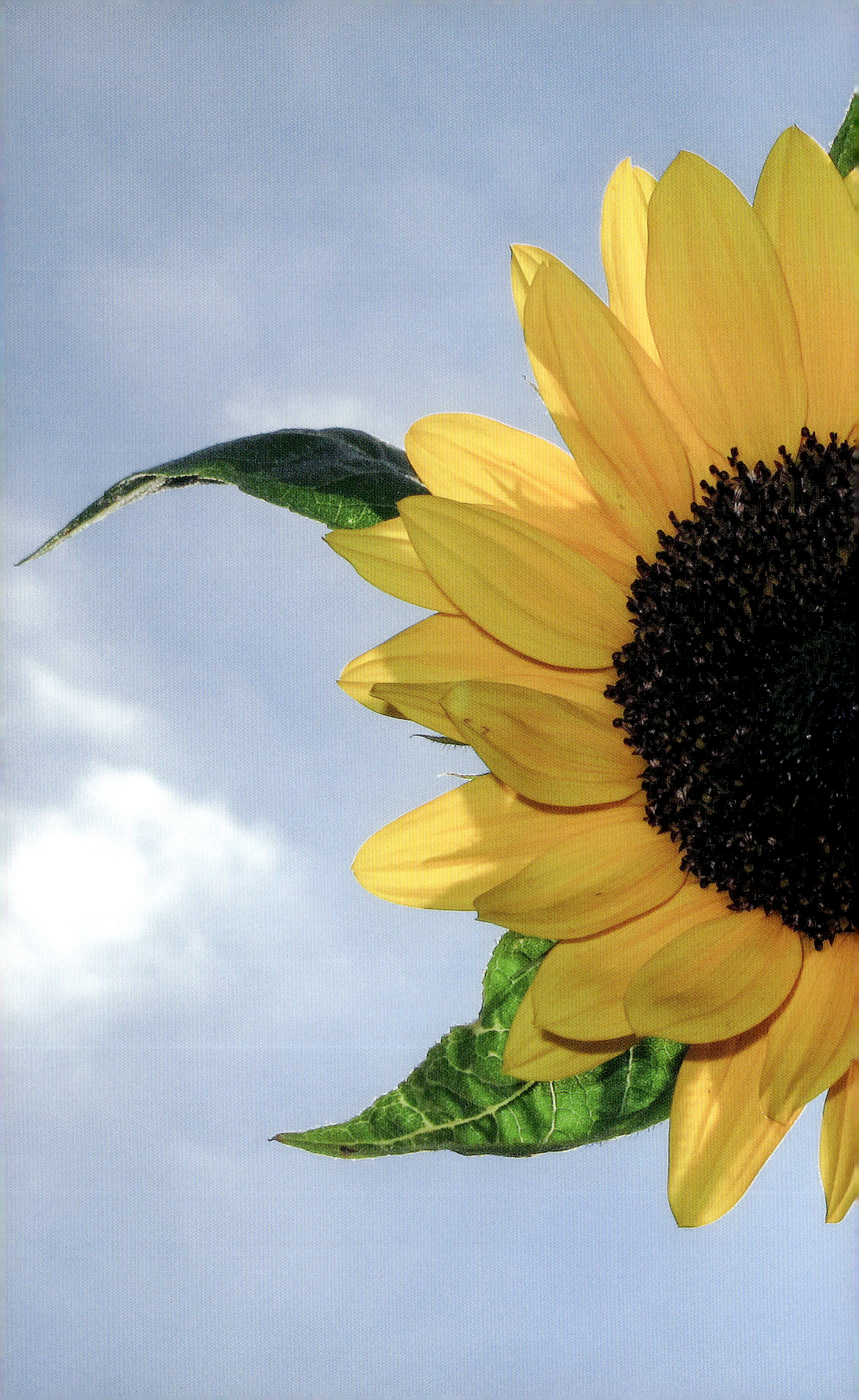

Kreativ blitzen mit der PowerShot G7 X

Fotografie bedeutet Malen mit Licht. Was aber, wenn davon nicht genug vorhanden ist? Ganz klar, dann wird eben einfach der Blitz eingeschaltet. Wobei „einfach" etwas zu simpel ausgedrückt ist. Schließlich gibt es gerade in diesem Bereich jede Menge Einstellungen und kreativen Spielraum. Daher lernen Sie hier doch gleich einmal die Blitzoptionen der G7 X Mark II kennen.

1/125 Sek. | f/5,6 | ISO 200 | 30,2 mm | -⅔ EV

▲ Leicht mit dem Blitz aufgehellt, strahlt die Fasnachtslarve gleich viel fröhlicher.

▲ Wird die Blitzentriegelungstaste nach unten geschoben, schnappt der Blitzkopf aus dem Gehäuse. Mit sanftem Druck von oben lässt er sich wieder im Body der G7 X versenken.

8.1 Leistungsspektrum des integrierten Blitzgerätes

Die G7 X besitzt einen fest eingebauten Blitz, der ausklappbar auf der linken Gehäuseoberseite positioniert ist. Das Angenehme daran ist die ständige Verfügbarkeit von Zusatzlicht. Egal, wo Sie sich gerade befinden, der Blitz kann über die Blitzentriegelungstaste ⚡ in jeder Situation schnell ausgeklappt werden.

Aufgrund der festgelegten Position können Sie Ihre Motive vorwiegend frontal anblitzen. Das Motiv sollte überdies nicht zu weit entfernt sein, denn mit einer Leitzahl von 5,2 ist der interne Blitz nicht der Allerkräftigste. Trotzdem ist es damit möglich, kreative Blitzaufnahmen zu gestalten, wie die folgenden Abschnitte zeigen.

Die Reichweite des internen Blitzgerätes liegt bei ca. 7 m (Weitwinkel) bzw. ca. 4 m (Tele). Da auch die Blende und die Lichtempfindlichkeit eine Rolle spielen, ist es beim

Blitzen häufig sinnvoll, geringe Blendenwerte zu verwenden und mit ISO 200 bis 1600 zu fotografieren, um mit einer ordentlichen Reichweite ausleuchten zu können. Der Abstand zwischen Blitz und Objekt sollte aber im Weitwinkelbereich 💠 50 cm und im Telebereich 🌳 1,4 m nicht unterschreiten, da sonst eine ungleichmäßige Ausleuchtung auftritt.

Wie die Blitzautomatik agiert

Wenn Sie das integrierte Blitzgerät aus dem Gehäuse klappen und die *Blitzautomatik* ⚡A standardmäßig aktiviert ist, schaltet die G7 X das Blitzlicht immer dann hinzu, wenn die Motivhelligkeit für eine verwacklungsfreie Aufnahme nicht ausreicht oder Schattenpartien zu dunkel erscheinen würden. Auch bei hohen Kontrasten kann der Blitz automatisch gezündet werden. In diesem Fall geht die G7 X von einer Gegenlichtsituation aus und „denkt", sie müsse die Schatten aufhellen. Das ist in vielen Fällen auch richtig und führt zu besseren Bildern.

1/2000 Sek. | f/4 | ISO 800 | 25 mm
▲ *Der Blitz hellt die Schatten dezent auf.*

✓ Die Leitzahl

Die Leistung eines Blitzgerätes wird durch die Leitzahl ausgedrückt, wobei bei ISO 100 gilt: Leitzahl = Reichweite × Blendenwert. Je höher die Leitzahl ist, desto stärker ist die Lichtmenge, die der Blitz auszusenden vermag, und umso höher die Reichweite bei einer bestimmten Blendeneinstellung.

▲ Das Blitzsymbol zeigt an, dass die Blitzautomatik den Blitz zuschalten wird.

Die beschriebene *Blitzautomatik* ⚡A können Sie in allen Fotoprogrammen nutzen (außer *Tv*, *Av*, *M*, 🎆, 🎇, HDR und 🎨). Ob der Blitz in der aktuellen Situation zum Einsatz kommen wird oder nicht, können Sie beim Scharfstellen am Blitzsymbol ❶ im Monitor erkennen. Ist kein Symbol zu sehen, wird der Blitz nicht zünden, auch wenn das Blitzgerät ausgefahren ist. Wenn der Blitz hingegen nicht ausgeklappt wurde, gibt Ihnen die G7 X mit einem orange blinkenden Symbol ⚡ und in manchen Modi zusätzlich mit der Angabe *Blitz zuschalten* einen passenden Hinweis, wenn die Automatik den Einsatz von Blitzlicht für passend hält.

Allerdings führt die automatische Blitzaktivierung nicht immer zum besten Resultat, daher schauen Sie sich auf jeden Fall auch die anderen Steuerungsoptionen in den Modi *P*, *Tv, Av* und *M* an, um für jede Situation eine passende Blitzstrategie parat zu haben.

8.2 Mehr Power dank externem Blitzgerät

Was die Verwendung eines externen Blitzgerätes angeht, bietet Canon dem G7-X-Anwender leider keine Wahlmöglichkeit. Da die G7 X keinen Blitzschuh besitzt, ist es lediglich möglich, den kleinen Canon High Power Flash HF-DC2 über eine Schiene an der Kamera zu befestigen. Dieser liefert etwas mehr Leistung als der interne Blitz, aber mit einer Leitzahl von 18 kann er leistungsmäßig mit einem größeren Systemblitzgerät nicht mithalten.

▶ G7 X mit Canon High Power Flash HF-DC2

Ausgelöst wird der Zusatzblitz optisch über das Licht des Kamerablitzes, er fungiert also als Servo-Blitz. Das bedeutet auch, dass er nicht über das Menü der G7 X steuerbar ist. Andererseits können Sie ihn dafür auch ungekoppelt benutzen und ein Motiv von verschiedenen Seiten beleuchten, zumindest solange der Sensor über das Blitzlicht der Kamera noch erreicht wird, um den Blitz zu zünden.

Indirektes Blitzen möglich gemacht

Befestigt wird der HF-DC2 an der G7 X über eine Metallschiene und ist damit starr nach vorn gerichtet. Das Ganze wirkt auf uns, obwohl von Canon höchstselbst angeboten, etwas gebastelt. Darum haben wir uns überlegt, dass es nichts schaden kann, etwas weiter daran zu arbeiten, und einen kleinen Kugelkopf zwischen Schiene und Blitz geschraubt. Damit eröffnet sich die Möglichkeit, mit dem HF-DC2 auch indirekt zum Beispiel über die Decke zu blitzen. So ist es möglich, Gegenstände gleichmäßiger auszuleuchten und weichere Schattenverläufe zu bekommen.

◄ *Mehr Flexibilität dank Kugelkopf*

Wobei es gerade beim indirekten Blitzen mit der Blitzleistung des HF-DC2 nicht besonders weit her ist und wir deshalb dazu tendieren, eher den Metz Mecablitz 28 CS-2 digital zu empfehlen, der ähnlich an der Kamera angebracht wird, aber mit einer Leitzahl von 28 schon eine vernünftige Leistung zu bieten hat. Sollten Sie jedoch ernsthaft an Blitzfotografie interessiert sein und deutlich mehr Leistung benötigen, kommen Sie nicht drum herum, sich ein leistungsstarkes Systemblitzgerät zuzulegen.

Achten Sie aber darauf, dass dieses auch servoblitzfähig ist, sich also per Lichtimpuls des kcamerainternen Blitzes auslösen lässt, wie beispielsweise der Metz Mecablitz 52 AF-1 digital. Die Blitzintensität wird dann am Blitz manuell eingestellt.

1/100 Sek. | f/5,6 | ISO 200 | 32,9 mm

▶ *Links: Indirekt geblitzt mit dem HF-DC2 bei voller Leistung Rechts: Indirekte Ausleuchtung mit dem Mecablitz 52 AF-1 bei ⅛ Leistung*

1/1250 Sek. | f/3,5 | ISO 125 | 26,7 mm | -⅔ EV

▲ *Der Skifahrer sollte trotz heller Umgebung mit Blitzlicht ein wenig aufgehellt werden, daher haben wir den Aufhellblitz verwendet.*

8.3 Blitzwirkung per Blitzmodus steuern

Der Blitzmodus spielt eine ganz entscheidende Rolle bei der Gestaltung einer Blitzlichtaufnahme, denn hierüber wird die Stärke des Blitzlichts im Verhältnis zur vorhandenen Umgebungsbeleuchtung reguliert. Je nachdem, in welchem Belichtungsprogramm Sie sich befinden, stehen Ihnen neben der Automatik weitere Blitzmodi zur Verfügung:

- *Aufhellblitz* ⚡: In diesem Modus ist der Blitz immer aktiv. Da in den Modi *P* und *Av* nicht mit längeren Belichtungszeiten als 1/60 Sek. fotografiert werden kann, ist diese Kombination gut geeignet für garantierte Verwacklungsfreiheit. Allerdings kann der Hintergrund sehr dunkel werden, daher erhöhen Sie gegebenenfalls den ISO-Wert. In heller Umgebung spielt das keine Rolle, dann verhält sich das Blitzlicht wie ein leichter zusätzlicher Aufheller. In den anderen Modi hängt die

Hintergrundhelligkeit von der automatisch gesetzten (*SCN*, *Kreative Filter* ◐) oder der gewählten Belichtungszeit (*Tv*, *M*) ab. Je länger die Belichtungszeit, je besser das Bild also auch ohne Blitz schon belichtet ist, desto mehr Umgebungslicht gelangt ins Bild und desto heller wird der Hintergrund.

- *Langzeitsynchronisierung* ⚡: Der Blitz ist immer aktiv. Die Grundbelichtung orientiert sich aber am vorhandenen Licht, daher ist der Modus für Motive geeignet, bei denen die Hintergrundbeleuchtung gut sichtbar sein soll, wie zum Beispiel Porträtaufnahmen in dunkleren Innenräumen, Statuen bei einer nächtlichen Sightseeingtour oder Makroaufnahmen bei unzureichender Beleuchtung. Allerdings können Sie diesen Modus nur in den Programmen *Av* und *M* einstellen. Die Modi *Smart Auto* (AUTO), *Hybrid Auto* und *Nachtaufnahmen ohne Stativ* können die Langzeitsynchronisierung aber ebenfalls bei Bedarf einschalten, zu erkennen an einer längeren Belichtungszeit als 1/60 Sek. Verwenden Sie nach Möglichkeit ein Stativ, wenn die Belichtungszeit für eine verwacklungsfreie Aufnahme aus der Hand nicht mehr ausreichen sollte.

▼ *Mit dem Blitzmodus* Langzeitsynchronisierung *konnten wir die Büste im Modus* Av *aufhellen und gleichzeitig das Gebäude im Hintergrund ausreichend hell im Bild darstellen.*
1/13 Sek. | f/2,8 | ISO 640 | 8,3 mm

Kapitel 8   Kreativ blitzen mit der PowerShot G7 X

> **Die Synchronisationszeit der G7 X**
>
> Die kürzeste Belichtungszeit, die Sie bei Verwendung von Blitzlicht nutzen können, wird als Synchronisationszeit bezeichnet.
>
> Diese liegt im Fall des integrierten Blitzgerätes der G7 X bei 1/2000 Sek. und ist damit deutlich kürzer als die Synchronzeiten gängiger Spiegelreflexkameras, die meist nur Blitzsynchronzeiten von 1/250 Sek. aufweisen.

- **Aus**: Der Blitz ist deaktiviert, auch wenn er aus dem Gehäuse geklappt wird.

Auswählen können Sie den Blitzmodus, indem Sie bei ausgeklapptem Blitz die Blitztaste ↯ auf der Kamerarückseite drücken und den Modus mit dem Einstellungswahlrad ● oder per Fingertipp auswählen und dies mit *FUNC./SET* bestätigen.

◄ *Auswahl des Blitzmodus Langzeitsyncr.*

8.4 Erweiterte Blitzmethoden

In diesem Abschnitt werden einige erweiterte Methoden zum Umgang mit dem Blitz besprochen.

Mittel gegen rote Augenreflexionen

▲ *Mit aktivierter Option R.Aug. Lampe*

Der integrierte Blitz ist recht dicht neben dem Objektiv angeordnet. Daher strahlt er in einem engen Winkel auf das Motiv, was leider bei Abständen zur Person von etwa 3 m und mehr rote Augenreflexionen verursachen kann. Es gibt jedoch zwei Mittel, mit denen Sie die störenden Reflexionen unterdrücken können: die *Rote-Augen-Lampe* und die *Rote-Augen-Korrektur*. Um Erstere direkt bei der Aufnahme zu nutzen, drücken Sie die Blitztaste ↯ und anschließend *MENU*, um direkt in das Menü *Blitzsteuerung* zu kommen. Stellen Sie die Option *R.Aug.Lampe* auf *An*. In dunkler Umgebung sorgt die Lampe nun dafür, dass sich die Pupillen verengen und dadurch die Gefahr roter Augen sinkt.

Mit der Funktion *Rote-Aug.Korr.* wird festgelegt, ob die Kamera das Bild nach der Aufnahme automatisch von roten Augen befreien soll oder nicht. Dies ist jedoch nur bei JPEG-Aufnahmen machbar. Zudem kann es zu Fehlern kommen, denn manchmal werden auch andere rote Bereiche wie Make-up fälschlicherweise korrigiert. Daher ist die

Funktion bei uns in der Regel ausgeschaltet. Hinzu kommt, dass Sie die Bilder mit der Funktion im Wiedergabemenü ▶ bei *Rote-Augen-Korr.* auch nachträglich kameraintern einer Korrektur unterziehen können.

Die Blitzleistung anpassen

Die Blitzwirkung können Sie nicht nur durch die Wahl des Blitzmodus beeinflussen, sondern auch mit einer *Blitzbelichtungskorrektur* fein an die Gegebenheiten anpassen. Der Blitz sendet dann je nach Einstellung eine stärkere oder eine gedrosselte Lichtmenge ab. Häufig ist es sinnvoll, in heller Umgebung, bei der das natürliche Licht die Hauptbeleuchtung darstellt und das Blitzlicht nur ganz leicht aufhellen soll, mit Minuskorrekturen zu arbeiten. So gelingen Porträtaufhellungen bei Tage im Seiten- oder Gegenlicht meist am besten mit einer Reduktion um −1 Stufe. Wenn Sie hingegen indirekt über die Decke blitzen oder das Blitzlicht mit einem Diffusor oder einer Softbox weicher streuen, sind Pluskorrekturen vorteilhaft, damit vor allem der interne Blitz alles hergibt, was er zu leisten vermag.

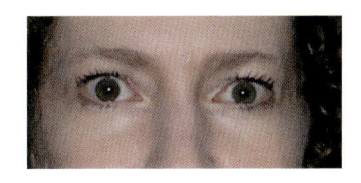

▲ *Ergebnis mit R.Aug.Lampe*

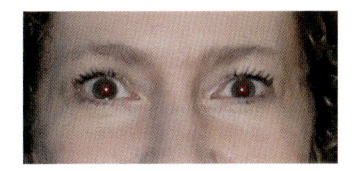

▲ *Deutliche Reflexionen ohne die Lampe*

Die Blitzbelichtungskorrektur kann, nach Betätigen der Blitztaste, mit der Ringsteuerung ganz schnell eingestellt werden. Wobei dies nur funktioniert, solange das grüne Ringsteuerungssymbol mit den eingestellten Werten unten links im Display sichtbar ist.

Alle Bilder: 1/125 Sek. | f/2,5 | ISO 125 | 18,4 mm

▲ *Links: ohne Blitzkorrektur Mitte: Blitzkorrektur um −2 Stufen' Rechts: Blitzkorrektur um +2 Stufen*

Ebenfalls möglich ist es, über das Menüsymbol auf dem Display ✂ direkt in das Blitzmenü zu gelangen und dort die Belichtungskorrektur vorzunehmen. Beim internen Blitz sind Korrekturwerte zwischen −2 und +2 Stufen in 1/3-Schritten einstellbar, wobei die Korrekturwerte dann in der linken Symbolleiste des Displays angezeigt werden.

Der Power Flash HF-DC2 hält lediglich drei Stufen (*Min*, *Mid* und *Max*) bereit, die direkt auf der Rückseite des Blitzgerätes einzustellen sind.

▲ *Einstellen der Blitzbelichtungskorrektur*

Den Zeitpunkt der Blitzzündung kreativ verwenden

Besonders spannend und kreativ wird die Blitzlichtfotografie, wenn Bewegungen im Bild durch Wischeffekte deutlich gemacht werden. Um dies zu erreichen, wird einfach mit einer längeren Belichtungszeit fotografiert, die sich zum Beispiel im Modus *Tv* einstellen lässt.

Auf diese Weise erzeugt alles Bewegte im Foto einen Wischeffekt und alles, was vom Blitz erfasst wird, ist schärfer zu sehen. Am besten funktioniert das in dunkler Umgebung, wenn die bewegten Motive sich gut vor dem Hintergrund abheben, weil sie sich – beispielsweise durch die Straßenbeleuchtung angestrahlt – hell vor einer dunklen Hauswand oder vor dem Himmel abheben oder weil sie selbst leuchten (Auto-, Fahrrad-, Motorradscheinwerfer). Die Frage ist nur, wie sich das zugeschaltete Blitzlicht im Bild bemerkbar macht. Wird der Blitz nämlich zu Beginn der Belichtung gezündet (Synchronisation auf den *ersten Verschluss*), friert er die Bewegung am Anfang ein und die Wischeffekte entstehen danach.

Wird der Blitz erst am Ende der Belichtung gezündet (Synchronisation auf den *zweiten Verschluss*), zeichnen sich die Wischeffekte hinter der Bewegungsrichtung ab, weil der Blitz das Objekt erst am Ende einfriert.

Was am Ende überzeugt, ist einerseits eine Sache des Betrachters, hängt aber auch davon ab, ob die Kamera während der Belichtung still steht oder mit einem Objekt mitgeschwenkt wird. Wird die G7 X nicht bewegt, wirkt der Blitz auf den zweiten Verschluss natürlicher, weil sich die

Wischeffekte hinter dem Motiv abbilden. Bei Bewegungen und Zoomeffekten können Sie beide Einstellungen ausprobieren. Wichtig ist, dass Sie die Kamera nicht gegen die Bewegungsrichtung ziehen oder beim Schwenken plötzlich anhalten, sonst werden die Wischeffekte möglicherweise vor dem Motiv auftauchen. Den Zündungszeitpunkt des Blitzes können Sie in der *Blitzsteuerung* mit der Option *Verschluss-Sync* umstellen.

◀ Oben: Blitzen auf den ersten Verschluss
Unten: Blitzen auf den zweiten Verschluss

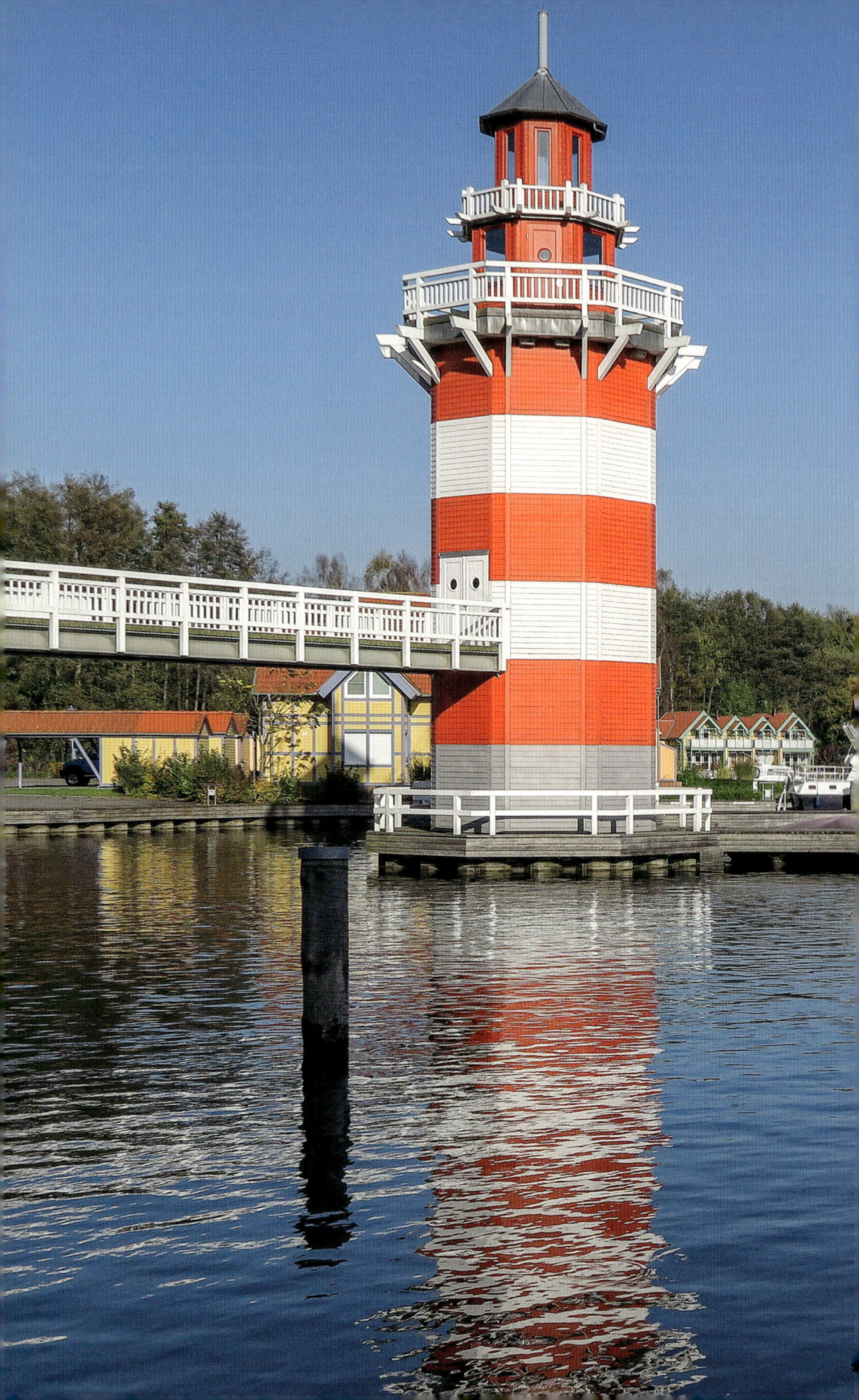

Spezialfunktionen für besondere Motive

Mit Ihrer G7 X lassen sich die unterschiedlichsten fotografischen Gebiete erschließen. Ob Bilder ganz aus der Nähe, mitreißende Action Aufnahmen, oder gar solch spezielle Dinge wie HDR- und Panoramafotografie, mit der richtigen Herangehensweise ist das alles kein Problem. Folgen Sie uns also nun in die aufregende Welt der besonderen Motive und Darstellungsformen. Sie werden sehen, am Ende greift die G7 X sogar zu den Sternen.

1/160 Sek. | f/5,8 | ISO 200 | 16,4 mm | -²⁄₃ EV

▲ Aus der Nähe betrachtet wirkt die rosa Blüte gleich noch viel hübscher.

9.1 Nahaufnahmen mit der G7 X realisieren

Kleines ganz groß abzubilden und Dinge sichtbar zu machen, die sonst niemandem ins Auge fallen würden, das ist die Domäne der Nah- und Makrofotografie. Eine Spielart der Fotografie, die immer wieder zu ungemein faszinierenden Bildern führt, bei der es aber das ein oder andere zu beachten gilt.

Grundlegendes zur Nahfotografie mit der G7 X

In der Nah- und Makrofotografie werden die Objekte möglichst stark vergrößert. Dazu rücken Sie Ihren Motiven mit der G7 X so nah wie möglich auf den Leib: je dichter der Abstand, desto stärker die Vergrößerung. Leider kann der Abstand aber nicht beliebig eng gewählt werden, da das Objektiv eine *Naheinstellgrenze* besitzt – damit ist im Fall der G7 X der Abstand zwischen der Frontlinse des Objektivs und dem Motiv gemeint. Wird diese unterschritten, lässt sich das Bild nicht mehr scharf stellen.

Mit einer Naheinstellgrenze von 5 cm im maximalen Weitwinkelbereich ▄▄▄ können Sie sich schon ohne Weiteres in die Welt der Nahfotografie begeben. Das Aufnehmen mit maximalem Weitwinkel erlaubt beispielsweise spannende Perspektiven mit einem dominanten Vordergrundobjekt in seiner noch erkennbaren Umgebung. Außerdem erreichen Sie so die maximale Vergrößerung, die mit der G7 X möglich ist.

Ihnen ist sicherlich aufgefallen, dass wir in diesem Kapitel gerne von Nah- und nicht von Makrofotografie schreiben. Das liegt ganz einfach daran, dass mit der Optik der G7 X nur eine begrenzte Vergrößerung der kleinen Motive möglich ist und Hilfsmittel wie Nahlinsen, die den Abbildungsmaßstab vergrößern, leider nicht angebracht werden können. Im Allgemeinen wird erst dann von Makrofotografie gesprochen, wenn das Fotomotiv in seiner realen Größe oder noch größer dargestellt wird. Die reale Größe entspricht dem Abbildungsmaßstab 1:1. Bei dieser Vergrößerung wird das Motiv auf dem Sensor genauso groß dargestellt, wie es in der Realität ist, quasi so, als würden Sie den Sensor daraufkleben und einen Abdruck vom Motiv nehmen.

> **Nahfotos mit der Teleeinstellung**
>
> Mit dem Objektiv im Bereich Tele ▄▄▄ erzielen Sie im Fall der G7 X eine geringere Vergrößerung als im Weitwinkelbereich. Dabei beträgt der kürzeste Abstand vom Motiv 40 cm. Immerhin erlaubt die Teleeinstellung dafür eine bessere Freistellung des Objekts vor einem diffusen Hintergrund, was bei der Komposition der Aufnahme auch eine nicht ganz unwichtige Rolle spielen kann.

▼ *Bei dichtem Aufnahmeabstand gelingen Nahaufnahmen mit perspektivischer Spannung.*
1/20 Sek. | f/8 | ISO 1600 | 12,5 mm

Lichtempfindlichkeit und Belichtungsprogramm

Wenn Sie hauptsächlich aus der Hand fotografieren möchten, können Sie in die Nahfotografie ganz unkompliziert mit dem Modus *Smart Auto* (AUTO) einsteigen. Bei wenig Licht oder stärkeren Vergrößerungen liefert er aber leider häufig zu wenig Schärfentiefe. Mehr Einfluss auf die Bildgestaltung bietet der Modus *Av*. Vor allem, wenn Sie wenig agile Motive vor der Linse haben und die Situation es erlaubt, vom Stativ aus zu fotografieren, ist *Av* in Kombination mit ISO-Werten von 100 bis 800 eine sehr empfehlenswerte Einstellung für die Nahfotografie mit der G7 X.

Was der Makromodus bringt

Praktisch ist, dass das Objektiv der G7 X für Nahaufnahmen nicht erst auf den Fokussierbereich *Makro* 🌷 umgeschaltet werden muss, denn die Naheinstellgrenze lässt sich auch aus dem Fokussierbereich *Normal* 🔺 heraus erreichen. Der Fokussierbereich *Makro* 🌷, den Sie mit der Taste 🌷MF und dem Einstellungswahlrad ⚙ aktivieren können, ist jedoch hilfreich, wenn sich das Motiv schwer scharf stellen lässt. Dann wird der Fokussierbereich nämlich auf 5–50 cm eingeschränkt, sodass die Objektivlinsen die Unendlich-Einstellung nicht mehr anfahren und daher schneller im gewünschten kurzen Abstandsbereich sein können. Dies gilt allerdings nur, solange die Zoomeinstellung unterhalb der Zoomstufe von 31,1 mm liegt, die durch den gelben Balken ❶ unterhalb des Zoombalkens markiert ist. Das können Sie daran erkennen, dass bei höheren Zoomstufen das eingeblendete Symbol 🌷 von Weiß auf Grau umspringt ❷. Denken Sie in jedem Fall nach dem Makroshooting daran, den Fokussierbereich wieder auf *Normal* 🔺 umzustellen, sonst riskieren Sie bei weiter entfernten Motiven unscharfe Bilder.

▲ *Das Einschalten des Fokussierbereichs Makro ist in den meisten Fällen nicht notwendig.*

▲ *Erreicht die Zoomstufe den gelben Balken ❶, ist der Fokussierbereich Makro nicht mehr aktiv.*

Manueller Fokus bevorzugt

Die stark vergrößerte Darstellung der Motive bringt es in der Nah- und Makrofotografie mit sich, dass die automatische Fokussierung nicht immer das beste Ergebnis liefert.

Denn bereits kleinste Fokusverschiebungen führen dazu, dass die Hauptschärfe nicht mehr auf dem gewünschten Motivbereich liegt. In der Praxis zeigt sich daher, dass im Nahbereich das manuelle Fokussieren häufig die bessere Wahl ist.

Bei uns läuft das dann beispielsweise so ab: Wenn wir möglichst nah ans Motiv heran möchten, fokussieren wir manuell auf die Nähe. Dann bewegen wir uns mitsamt der G7 X vorsichtig auf das Insekt, den Frosch oder ein anderes Motiv zu und lösen aus, sobald die Schärfe gut aussieht. Dabei achten wir besonders darauf, dass die Hauptschärfe bei Tieren auf den Augen liegt, denn darüber läuft der größte Teil der Kommunikation zwischen Motiv und Betrachter ab. Es folgen noch ein paar weitere Aufnahmen zur Sicherheit, bei denen wir die Schärfe über die Ringsteuerung nachjustieren, und schon ist das Motiv im Kasten.

Feinere Nachjustierung dank Safety MF

Mit der Funktion *Safety MF* aus dem Aufnahmemenü ⬛ soll sich der manuell eingestellte Fokus noch weiter präzisieren lassen, indem die G7 X bei halb heruntergedrücktem Auslöser eine automatische Feineinstellung vornimmt.

Allerdings geht das Nachfokussieren per Autofokus nur gut aus, wenn sich die G7 X kaum von der manuell gewählten Fokusebene entfernt. Wir konnten daher keinen spürbaren Fokusvorteil oder mehr Fokussicherheit feststellen. Probieren Sie einfach selbst einmal aus, ob Ihnen der *Safety MF* zusätzliche Sicherheit bringt oder Sie doch eher stört.

▲ *Bei uns ist die Funktion Safety MF meist ausgeschaltet.*

1/800 Sek. | f/4 | ISO 125 | 37 mm | +⅓ EV
▲ *Winziges keimendes Pflänzchen aus nächster Nähe manuell fokussiert.*

Wie MF Peaking den Fotografen unterstützt

Um die richtige Schärfe beim manuellen Fokussieren noch etwas leichter zu finden, können Sie zur optischen Unterstützung die Funktion *MF Peaking* im Aufnahmemenü ⬛ bei *Einst. für MF Peaking* aktivieren. Diese hebt alle scharfen Motivkanten farblich hervor.

▲ *MF Peaking aktivieren und anpassen*

▲ *Manuell scharf gestellt. Die roten Kanten des MF Peaking sind deutlich zu erkennen.*

Wenn Sie also manuell fokussieren, achten Sie darauf, dass die farbigen Linien genau an denjenigen Kanten am intensivsten leuchten, die sich im Bereich des scharf zu stellenden Motivareals befinden. Die Stärke dieser Kantenanhebung können Sie bei *Empfindlichkeit* in zwei Stufen wählen. Wobei die Einstellung *Hoch* meist besser zu erkennen ist als *Gering*, vor allem auch dann, wenn Sie die *MF-Fokus Lupe* verwenden. Auch die *Farbe*, mit der die Kanten nachgezeichnet werden, lässt sich an die Motive anpassen – sie sollte möglichst gut kontrastieren. Wenn Sie nicht gerade eine rote Blüte vor der Linse haben, ist die voreingestellte Farbe *Rot* in den meisten Fällen wirklich am besten zu erkennen, wenn nicht, nehmen Sie *Gelb* oder *Blau*.

9.2 Panoramen erstellen

Kein Format ist so perfekt dafür geeignet, Weite und Eindruck einer Landschaft zu transportieren, wie das Panoramaformat. Auch historische Gebäude wie Schlösser und Paläste lassen sich so besonders eindrucksvoll in Szene setzen. Also gehen Sie's gleich mal an, das Breitbildprojekt in die Tat umzusetzen, denn mit ruhiger Hand und der entsprechenden Software ein ansehnliches Panorama zu erstellen, ist definitiv kein Hexenwerk.

▼ *Panorama einer Flusslandschaft, aufgenommen aus 12 Einzelbildern*
1/125 Sek. | f/5,6 | ISO 125 | 8,8 mm

Am sichersten gelingen Panoramafotos, wenn Sie die Einzelbilder im Modus M ❶ aufnehmen. Stellen Sie für eine hohe Schärfentiefe in heller Umgebung bei der G7 X die

Blende auf Werte von f/5,6 bis f/8 ❹ ein, in dunkler Umgebung nehmen Sie besser niedrigere Werte. Legen Sie anschließend den ISO-Wert fest, in heller Umgebung eignen sich Einstellungen von ISO 125 bis 400 ❺ und in dunkler Umgebung Werte bis ISO 6400. Jetzt fehlt nur noch die Belichtungszeit: Wählen Sie eine Belichtungszeit, mit der Sie freihändig verwacklungsfrei fotografieren können und mit der die hellste Stelle in Ihrem Panorama nicht komplett überstrahlt ❸. Das können die weißen Wolken am Himmel sein oder ein von der Sonne angestrahltes, helles Haus. Prüfen Sie dies am besten anhand eines Probefotos.

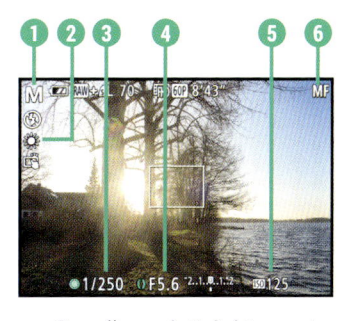

▲ *Grundlegende Belichtungseinstellungen für manuell belichtete Panoramafotos*

Damit sich farblich nichts verschiebt, können Sie auch noch den Weißabgleich auf eine bestimmte Vorgabe festlegen, zum Beispiel *Tageslicht* ☀ ❷ bei Außenaufnahmen mit Sonne. Wenn Sie im RAW-Format fotografieren, lässt sich dies natürlich auch später noch anpassen. Fokussieren Sie schließlich auf den Bildbereich, der Ihnen am wichtigsten ist. Danach stellen Sie mit der Taste ✿MF ❻ auf den manuellen Fokus um. So kann sich die Schärfe von Bild zu Bild nicht versehentlich verschieben. Damit sind die Vorberei-

✓ **Gitternetz und Wasserwaage als Überlappungshilfe**

Wenn Sie mit der *DISP.*-Taste das *Gitternetz* ❼ einblenden, können Sie die Überlappung der Panorama-Ausgangsbilder optisch noch besser kontrollieren. Außerdem lässt sich der Kameraschwenk mit der *elektronischen Wasserwaage* ❽ insgesamt besser am Horizont ausrichten, sodass das Panorama nicht seitlich abkippt und das fertige Bild später an den Rändern stark beschnitten werden muss.

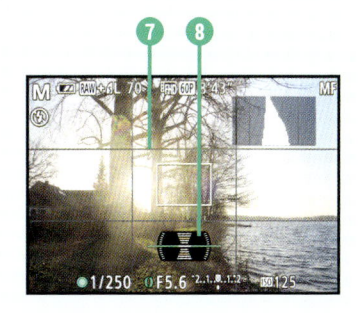

▶ *Einblenden von Gitternetz* ❼ *und elektronischer Wasserwaage* ❽.

tungen auch schon getroffen. Drehen Sie sich nun mit der G7 X in Hochformatposition um die eigene Achse und nehmen Sie schrittweise Bilder auf, die sich etwa um ein Drittel bis zur Hälfte überlappen. Nachdem nun eine entsprechende Anzahl von Bildern erstellt wurde, müssen diese mithilfe spezieller Software zusammengesetzt werden. Empfehlenswerte Programme sind beispielsweise PTGui (*www.ptgui.com/*), Autopano Pro (*www.kolor.com*), PanoramaStudio (*www.tshsoft.de/de/index*) oder Photoshop/Photoshop Elements (*www.adobe.com/de/*). PTGui arbeitet unserer Erfahrung nach sehr zuverlässig und schafft sogar 360°-Panoramen aus nicht nodalpunktjustierten Einzelfotos, mit Bildern also, die sich nicht wirklich optimal überlappen und zudem perspektivisch verschoben sind.

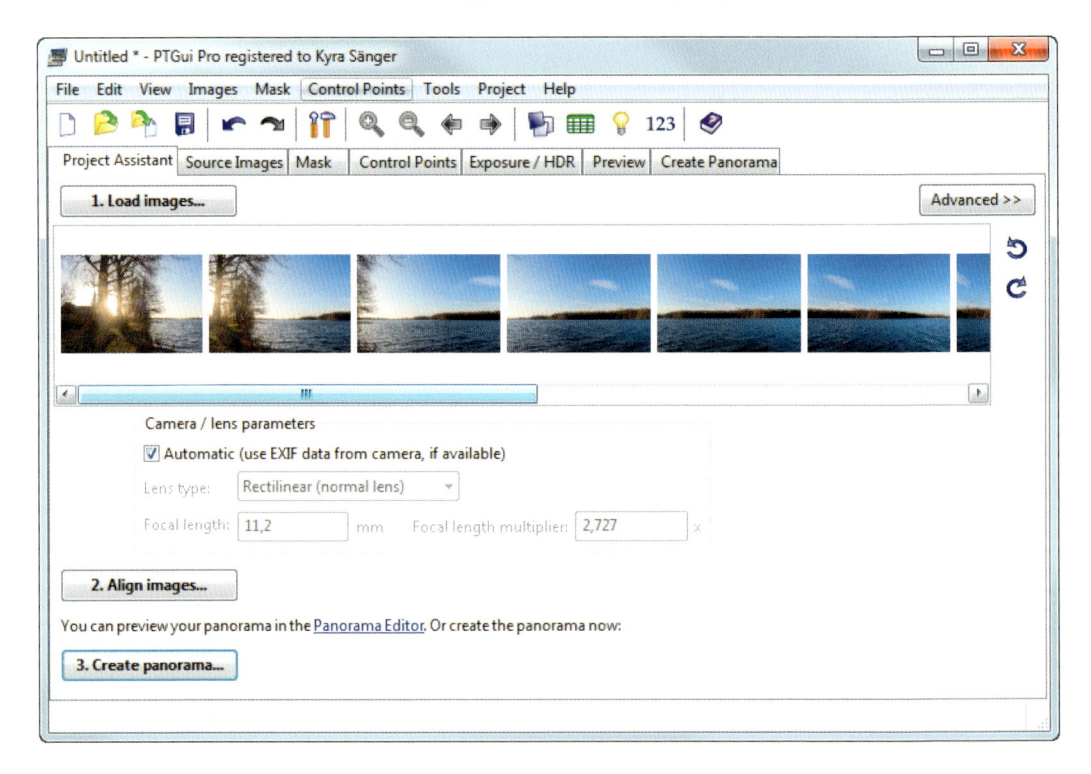

▲ *Arbeitsoberfläche der Panoramasoftware PTGui*

9.3 HDR-Bilder: automatisch oder manuell

In diesem Kapitel wird dem hohen Dynamikumfang mit der HDR-Technik ein Schnippchen geschlagen. Erstellen

1/125 Sek. bzw. 1/500 Sek. bzw. 1/2000 Sek. | f/8 | ISO 125 | 12,5 mm

▲ *HDR-Ergebnis aus drei Ausgangsbildern*

Sie aus mehreren Einzelfotos ein Bild mit einer beeindruckenden Durchzeichnung, ein HDR-Bild oder HDR-Image (HDRI). Prädestiniert dafür sind beispielsweise Landschaften oder Architekturmotive bei Gegenlicht, Sonnenauf- und -untergänge, Bilder zur blauen Stunde und Nachtaufnahmen oder auch Innenaufnahmen mit hellen Fenstern oder hellen Lampen im Bild.

Was nicht so gut funktioniert, sind Aufnahmen bewegter Objekte, da eine Grundvoraussetzung für HDR-Bilder die absolute Deckungsgleichheit der einzelnen Ausgangsbilder ist. Damit ist zum Beispiel die Tier- und People-Fotografie nicht das beste Feld, um HDR-Aufnahmen anzufertigen.

Effektvolle HDR-Bilder mit der kamerainternen Automatik

Bei der automatischen HDR-Verarbeitung nimmt die G7 X automatisch drei Bilder mit unterschiedlicher Belichtung auf und verschmilzt diese zu einem Ergebnis, wobei Sie die Bildgestaltung anhand von fünf künstlerischen Effekten beeinflussen können:

▲ Effekt *Natürlich*    ▲ Effekt *Standard*    ▲ Effekt *Gesättigt*

▲ Effekt *Markant*    ▲ Effekt *Prägung*

▲ Aktivieren des *HDR*-Modus

Die Vorgabe *Natürlich* liefert einen sehr authentischen Bildeindruck, allerdings mit verbesserter Durchzeichnung.

Der Effekt *Standard* erzeugt bereits einen gemäldeartigen Bildeindruck, und die Effekte *Gesättigt* (hohe Sättigung, illustrationsartige Darstellung), *Markant* (ausgeprägte Ränder, ähnelt Ölgemälden) und *Prägung* (ausgeprägte Ränder, wenig Sättigung, düstere Wirkung) verfremden die HDR-Aufnahmen recht stark, indem sie die Farben anheben oder deutliche Ränder um die Kontrastkanten einfügen.

Wenn Sie die Methode gleich einmal ausprobieren möchten, rufen Sie mit dem Modus-Wahlrad einfach den Modus *Kreative Filter* auf und drücken die *FUNC./SET*-Taste.

Navigieren Sie nun mit dem Einstellungswahlrad oder per Fingertipp zur *HDR*-Funktion ❶ und bestätigen Sie die Wahl durch erneutes Drücken der *FUNC./SET*-Taste. Die künstlerischen Effekte ❷ können Sie anschließend mit der Ringsteuerung auswählen.

Halten Sie die G7 X beim Auslösen möglichst ruhig, da drei Bilder schnell hintereinander aufgenommen werden. Danach dauert es ein paar Sekunden, bis die kamerainterne HDR-Verarbeitung abgeschlossen ist.

HDR-Aufnahmen selbst gestalten

Wenn Sie sich mehr Einflussmöglichkeiten auf das Erscheinungsbild der HDR-Aufnahme wünschen, nehmen Sie die benötigten Bilder am besten einzeln auf und fusionieren sie anschließend mit geeigneter Software.

So haben wir für das Bild auf Seite 159 drei Einzelfotos aufgezeichnet und diese anschließend zur HDR-Fotografie verschmolzen. Am unkompliziertesten und schnellsten können Sie die Ausgangsbilder mit der Belichtungsreihenautomatik *AEB* Ihrer G7 X anfertigen (*AE*, **A**uto **E**xposure, automatische Belichtungsanpassung; *B*, **B**racketing, Reihenautomatik).

Dazu stellen Sie einen der Modi *P*, *Tv* oder *Av* ein und wählen über die *FUNC./SET*-Taste die Funktion *AEB* ❸ aus. Drücken Sie anschließend die RING/FUNC.-Taste und bewegen Sie mit dem Einstellungswahlrad ⬤ oder den Pfeiltasten ◄ oder ► die linke ❹ und rechte Strichmarkierung zur mittleren Markierung hin oder von ihr weg. Diese markieren die Belichtungsunterschiede zwischen den drei Bildern der *AEB*-Reihe.

Wählen Sie den Abstand zur Mitte umso größer, je intensiver der HDR-Effekt gewünscht ist. Verlassen Sie schließlich das Menü wieder mit *FUNC./SET*.

Wenn Sie nicht möchten, dass die Bilder mit unterschiedlichen ISO-Werten aufgenommen werden, bestimmen Sie eine feste ISO-Zahl. Dann variieren bei *Av* die Belichtungszeit, bei *Tv* die Blendenwerte und bei *P* beide Werte.

Für die eigentliche Aufnahme reicht es aus, den Auslöser einmal durchzudrücken, denn die G7 X nimmt die drei Bilder automatisch hintereinander auf, zuerst das normal belichtete, dann das unterbelichtete und am Ende das überbelichtete.

▲ *Einstellen der AEB-Reihe*

Achten Sie darauf, dass sich der Bildausschnitt dabei nicht verschiebt, was vom Stativ aus natürlich am besten funktioniert, aus der freien Hand aber ebenfalls möglich ist.

▲ *Die Ausgangsbilder für das HDR-Projekt*

Die Ausgangsbilder werden im nächsten Schritt softwaregestützt miteinander verschmolzen. Empfehlenswerte Programme hierfür sind beispielsweise Photomatix, HDR Projects, Oloneo PhotoEngine, Luminance HDR oder Picturenaut.

Wenn Sie die Ausgangsbilder häufig ohne Stativ aufnehmen, sollte die Software eine gut funktionierende Automatik zum deckungsgleichen Ausrichten der Fotos haben, was beispielsweise bei Photomatix oder HDR Projects gegeben ist.

AEB-Reihe mit Belichtungskorrektur

Sollte die **AEB**-Reihe insgesamt zu hell oder zu dunkel ausfallen, können Sie sie in Richtung einer Unter- oder einer Überbelichtung verschieben. Das funktioniert genauso wie bei der **Belichtungskorrektur** eines Einzelbildes (siehe Seite 95), nur dass in dem Fall alle drei Markierungsstriche nach links oder rechts wandern.

9.4 Actionfotos und Bilderserien

Bewegte Motive zu fotografieren, ist eine besondere Herausforderung, macht uns aber auch immer wieder jede Menge Spaß, denn die sich üblicherweise nur kurz bietende Chance, eine packende Szene auf den Chip zu bannen, verlangt auch vom Fotografen mehr Action.

Außerdem wirken die Bilder weniger statisch und langweilig, wenn die Bewegung darin auch tatsächlich sichtbar wird, und scharf abgebildete Momentaufnahmen können spannende Details einer rasanten Bewegung aufdecken. Mit ein paar grundlegenden Regeln und etwas Übung gelingt es aber schnell, Actionaufnahmen in Ihr fotografisches Repertoire aufzunehmen.

Um schnelle Bewegungen einzufrieren, ist die Einstellung kurzer Belichtungszeiten von zentraler Bedeutung. Daher fotografieren Sie am besten im Modus *Tv* und geben eine Belichtungszeit von 1/250 Sek. oder kürzer vor.

Damit Ihre G7 X auch bei schwankenden Lichtverhältnissen stets richtig belichtete Fotos liefern kann, aktivieren Sie zudem die ISO-Automatik und stellen je nach Helligkeit im Aufnahmemenü 📷 bei *Max. ISO-Empf.* eine Empfindlichkeit von 1600 oder auch 3200 ein.

Bewegt sich das Fotoobjekt von Ihnen weg, seitwärts oder auf Sie zu, ist es zudem hilfreich, im Aufnahmemenü 📷 den *Servo AF* zu aktivieren. So kann die G7 X den einmal gefundenen Schärfepunkt automatisch nachführen.

Wenn Sie dann noch die *Reihenaufnahme* 🗗 einschalten, erhöhen Sie die Chance auf eine perfekte Momentaufnahme. Damit Sie mit der schnellsten Reihenaufnahmegeschwindigkeit von 6,5 Bildern pro Sekunde fotografieren können, wählen Sie eine der JPEG-Qualitäten aus.

1/500 Sek. | f/2.8 | ISO 2500 | 36,8 mm

▲ *Durch die kurze Belichtungszeit konnten wir die Actionsituation einfrieren. Der hohe ISO-Wert ergab sich aus den verhältnismäßig schlechten Lichtverhältnissen in der Halle.*

▲ *Grundlegende Kameraeinstellungen für das Einfangen schneller Bewegungen*

Kapitel 9   Spezialfunktionen für besondere Motive

Geeignete Belichtungszeiten

Als kleine Hilfestellung haben wir in der folgenden Tabelle ein paar Anhaltspunkte für häufig fotografierte Actionmotive und die dazu passenden Belichtungszeiten zusammengestellt.

Objekt	Bewegung auf G7 X zu	Bewegung quer zur G7 X	Bewegung diagonal
Fußgänger	1/30 Sek.	1/125 Sek.	1/60 Sek.
Jogger	1/160 Sek.	1/800 Sek.	1/320 Sek.
Radfahrer	1/250 Sek.	1/1000 Sek.	1/500 Sek.
Fliegender Vogel	1/500 Sek.	1/1600 Sek.	1/1000 Sek.
Auto	1/800 Sek.	1/2000 Sek.	1/1000 Sek.

▲ Geeignete Belichtungszeiten für das Einfrieren von Bewegungen

Reihenaufnahmen mit der G7 X

▲ Einschalten der Reihenaufnahme

Reihenaufn m. Livebild

Sollte der manuelle Fokus eingeschaltet, die AF-Speicherung aktiv sein oder sich die G7 X im Modus *Feuerwerk* befinden, ändert sich die zweite Reihenaufnahmeoption in *Reihenaufn m. Livebild*. Die Geschwindigkeit beträgt hiermit etwa 4,4 Bilder pro Sekunde und der Vorteil liegt darin, dass Sie das Motiv über das länger sichtbare Monitorbild besser verfolgen können.

Wenn Sie eine oder mehrere Serien mit schnellen Bildabfolgen planen, gewinnt die Wahl des Reihenaufnahmemodus und des Aufnahmeformats an Bedeutung. So können Sie prinzipiell zwischen zwei Reihenaufnahmeoptionen wählen, wenn Sie die Taste auf dem Einstellungswahlrad betätigen: *Reihenaufnahme* und *AF bei Reihenaufnahmen*. Mit der *Reihenaufnahme* können Sie die schnellste Geschwindigkeit von 6,5 Bildern pro Sekunde erreichen, die die G7 X aufbringen kann. Allerdings funktioniert das nur in Kombination mit einem der JPEG-Formate *L*, *M1*, *M2* oder *S*. Sobald Sie die Bildqualität RAW oder RAW+JPEG einstellen, sinkt die Geschwindigkeit auf etwas lahme 1,1 Bilder pro Sekunde. An dieser Stelle hätten wir uns mehr erhofft. Immerhin hält sie diese Geschwindigkeiten aber tapfer bis zu einer Minute durch, ohne dass sie gleich nach wenigen Sekunden ein Geschwindigkeitseinbruch ereilt. Nachteilig an der schnellen Reihenaufnahme ist auch, dass die Belichtung und der Fokus mit dem Drücken des Auslösers festgelegt sind und sich im Laufe der Reihe nicht anpassen. Dennoch, mit der schnellen Reihenaufnahme lassen sich tolle Effekte erzielen.

Wenn Sie im *FUNC.*-Menü die Option *AF mit Reihenaufnahme* wählen, stellt die G7 X den Fokus zwischen den

Bildern stets auf die aktuelle Situation um. Die Belichtung wird jedoch auch mit der ersten Aufnahme für alle folgenden Bilder festgelegt. Damit erzielen Sie immerhin noch etwa respektable 4,4 Bilder pro Sekunde im JPEG-Format, aber die Geschwindigkeit bei [RAW] oder [RAW+JPEG] sinkt unter 1 Bild pro Sekunde. Die Fokusnachführung funktioniert dabei in den meisten Fällen übrigens ganz gut. Nur selten schafft es die G7 X nicht, den Fokus auf sich ändernde Motiventfernungen einzustellen. Eine alternative Vorgehensweise ist es, Motive, die den Abstand zur Kamera während ihrer Bewegung deutlich ändern, mit dem *Servo AF* zu verfolgen und im richtigen Moment ein Bild auszulösen, anstatt mit der Reihenaufnahme einfach drauflos zu fotografieren. Das erfordert zwar etwas Übung, aber in unserem Fotoalltag hat sich diese Vorgehensweise als sehr praktikabel erwiesen. Probieren Sie beide Strategien einfach einmal aus, dann werden Sie schnell merken, welche Art zu fotografieren Ihnen besser liegt oder schlichtweg die besseren Ergebnisse liefert.

9.5 Wischeffekte mit dem ND-Filter kreieren

Bei der Darstellung von Bewegungen gibt es die Möglichkeit, diese bis ins Detail einzufrieren, sodass sich kein Härchen und kein Wassertröpfchen mehr bewegt. Sehr spannend kann es aber auch sein, die Bewegung anhand von Wischeffekten zu verdeutlichen. Unschärfe wird in dem Fall zum zentralen Gestaltungselement.

Dazu benötigen Sie vor allem adäquate Belichtungszeiten, die beispielsweise im Modus *Tv* eingestellt werden können. Konkret bedeutet das: Wenn Sie gehende Personen oder langsam laufende Tiere mit einem Wischeffekt aufnehmen möchten, bringen Zeiten von 1/30 Sek. bis zu 1 Sek. meist sehr gute Ergebnisse. Schnelle Bewegungen, wie beispielsweise schnelle Flügelbewegungen kleiner Vögel oder sich drehende Rotorblätter, lassen sich meist schon mit 1/500 Sek. bis 1/250 Sek. deutlich verwischt darstellen. Wasserfälle oder fließende Gewässer können Sie hingegen ruhig auch mit deutlich längeren Belichtungszeiten als 1 Sek. fotografieren. Generell ist bei dynamischen Fotoeffekten Kreativität gefragt. Um das Auspro-

Oben: 1/1000 Sek. | f/2,8 | ISO 200 | 36,8 mm
Unten: 1/25 Sek. | f/11 | ISO 125 | 36,8 mm

▲ Oben: Windrad mit kurzer Belichtungszeit eingefroren. Unten: Wischeffekt mit starker Überbelichtung ohne *ND-Filter*.

bieren verschiedener Belichtungszeiten werden Sie daher nicht herumkommen. Aber gerade durch diese Variation lassen sich unterschiedliche Wischeffekte desselben Motivs erzielen.

Allerdings werden Sie beim Aufnehmen von Wischeffekten auch oft ein wenig mit der Motivhelligkeit zu kämpfen haben. Denn vor allem bei Tage ist es nicht unbedingt möglich, mit Zeiten von 1/30 Sek. und länger zu agieren. Die G7 X gibt Ihnen jedoch die Möglichkeit, die eintreffende Lichtmenge zu reduzieren. Dazu schalten Sie den integrierten *ND-Filter* zu, den Sie in den Modi *P* bis *C* und im *Filmmodus* über das *FUNC.*-Menü aktivieren können. Er reduziert die eintreffende Lichtintensität auf $1/8$ der vorhandenen Lichtmenge.

1/25 Sek. | f/11 | ISO 125 | 36,8 mm
▲ *Wischeffekt mit ND-Filter optimal belichtet*

Je nach Belichtungsprogramm verlängert sich die Belichtungszeit (*Av*) dadurch um drei ganze Stufen oder der Blendenwert (*Tv*) wird um die entsprechenden Stufen erhöht. In unserer Aufnahme des sich sehr schnell drehenden Windrads konnten wir trotz hellen Sonnenlichts einen schönen Dynamikeffekt des Rotors erzielen.

▲ *Aktivieren des kamerainternen ND-Filters*

9.6 Vier Strategien für den Sternenhimmel

Mit dem Programm *Sternenhimmel* können Sie in klaren Nächten vom Stativ aus Aufnahmen des Sternenhimmels anfertigen, entweder in Form einer Momentaufnahme oder Sie halten die Sternenbewegung über eine längere Zeit hinweg in einem Bild oder einem Zeitraffervideo fest. Um die Sternenprogramme einzusetzen, schalten Sie als Erstes einmal den *SCN*-Modus ein. Die Unterprogramme *Sternenporträt*, *Sternennachtaufnahme*, *Sternenspuren* oder *Sternen-Zeitraffer-Movie* können Sie anschließend mit der *DISP.*-Taste aufrufen, mit dem Einstellungswahlrad oder per Fingertipp auswählen und die Wahl mit der *FUNC./SET*-Taste/Touchfläche bestätigen. In allen Modi haben Sie die Möglichkeit, die Farben des Bildes über eine Weißabgleichkorrektur

▲ *Auswahl eines der vier Unterprogramme im SCN-Modus Sternenhimmel.*

anzupassen. Dazu wählen Sie im *FUNC.*-Menü den Eintrag WB ❶ aus und stellen den Regler ❹ nach links, um das Bild blauer zu gestalten, oder nach rechts, um ein gelblicheres Ergebnis zu erzielen. Auch können Sie mit der *MENU*-Taste/Touchfläche ❸ das Raster für die Weißabgleichkorrektur aufrufen und die Farben noch individueller anpassen. Uns persönlich gefallen die Bilder des Nachthimmels mit einem stärkeren Blauanteil meist besser, daher setzen wir den Regler ❹ oft ein oder zwei Positionen nach links. Das ist aber reine Geschmackssache. Am besten fertigen Sie im Modus *Sternenporträt*, *Sternennachtaufnahme* ein Probebild an, das dauert nur wenige Sekunden.

▲ *Auswahl der Stärke der Sternenhervorhebung*

Damit beim Starten der Aufnahme auch garantiert nichts wackelt, können Sie die Aufnahme mit dem Selbstauslöser ❷ starten, der sich ebenfalls über das *FUNC.*-Menü aufrufen lässt. Allerdings verzögert die G7 X den Belichtungsstart auch nach dem Drücken des Auslösers, sodass der Selbstauslöser eigentlich nicht benötigt wird. Hinzu kommt die Möglichkeit, bei den Fotoaufnahmeprogrammen ein anderes Seitenverhältnis ❺ zu wählen. Etwas versteckt im Menü stellt die G7 X noch eine weitere interessante Auswahlmöglichkeit bereit, zu finden im Aufnahmemenü bei *Sternenhervorhebung*. Damit können Sie die Empfindlichkeit der Sternendarstellung steuern. Mit der Option *Weich* werden nur die wirklich hellen Sterne im Bild sichtbar, was sich für die Darstellung von Sternenbildern eignet. Mit der Vorgabe *Scharf* wimmelt es nur so von weißen Sternenpünktchen im Bild, und *Aus* liegt dazwischen. Bei den *Sternenspuren* oder dem *Sternen-Zeitraffer-Movie* gibt es diese Wahlmöglichkeit allerdings nicht, da die G7 X hier sinnvollerweise den Schwerpunkt darauf legt, möglichst viele Sterne einzufangen.

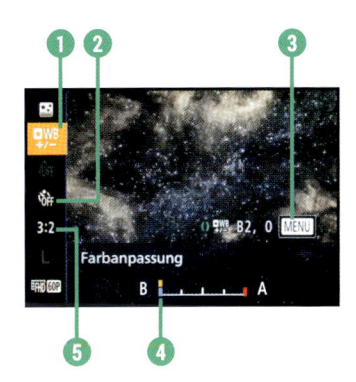

▲ *Feinanpassung der Aufnahmeeinstellungen.*

Manueller Fokus möglich

Die G7 X zeigt die Sterne in der Regel gut sichtbar auf dem Monitor an. Daher können Sie auch den manuellen Fokus *MF* für die Scharfstellung verwenden, falls Ihnen die Sterne zu unscharf vorkommen sollten, was uns in der Praxis bisher aber nicht passiert ist.

8 Sek. | f/2 | ISO 640 | 12,5 mm

◀ Links: Ausschnitt einer Sternennachtaufnahme mit der Sternenhervorhebung *Scharf*.
Rechts: Bildausschnitt einer Aufnahme mit der Sternenhervorhebung *Weich*. Der Große Wagen ist nun besser zu erkennen.

Generell gelingen Aufnahmen des Sternenhimmels natürlich am besten, wenn keine oder kaum Wolken durchs Bild ziehen oder es zumindest windstill ist. Die Belichtung dauert mehrere Sekunden, da würden schnell ziehende Wolken im Bild unschöne hell verwischte Flecken hinterlassen. Auch sollte es möglichst nicht neblig sein, da sonst die Objektivlinse schnell beschlägt. Und in Nächten ohne Mondschein treten die Sterne natürlich auch besser hervor. Klar ist auch, dass ohne Stativ definitiv nichts läuft, also befestigen Sie die G7 X auf einem möglichst stabilen Dreibein.

▲ Momentaufnahme im Modus *Sternenporträt*

Richten Sie den Bildausschnitt so ein, dass möglichst viel Himmel zu sehen ist. Lösen Sie aus und warten Sie, bis die G7 X die Belichtung beendet. Die anschließende Verarbeitung des Fotos kann noch einige Zeit dauern, warten Sie daher, bis Sie das fertige Foto am Monitor sehen. Wenn Sie ein *Sternenporträt* machen möchten, klappen Sie den Blitz aus dem Gehäuse und bitten Sie die Person, mehrere Sekunden sehr still zu stehen – auch nachdem es geblitzt hat. Die G7 X nimmt nun mehrere Bilder hintereinander auf und fusioniert diese zum fertigen Sternenporträt.

Sternenspuren in Szene setzen

Wenn Sie vorhaben, *Sternenspuren* einzufangen, müssen Sie des Nachts etwas mehr Zeit einplanen. Außerdem kann eine ungefähre Kenntnis der Sternenkonstellation nicht schaden, vor allem wenn Sie kreisrunde Sternenbahnen um den Polarstern herum aufzeichnen möchten.

Am besten fertigen Sie dazu im Modus *Sternennachtaufnahme* zuerst ein Probebild an, um zu sehen, ob der Polarstern auch wie gewünscht im Bildausschnitt positioniert ist, der Horizont gerade ausgerichtet ist, die Helligkeit stimmt und Ihnen das Motiv insgesamt zusagt. Zurück im Modus *Sternenspuren* fehlt nur noch die Auswahl der Aufnahmezeit, die Sie mit der Ringsteuerung zwischen 10 und 120 Minuten einstellen können.

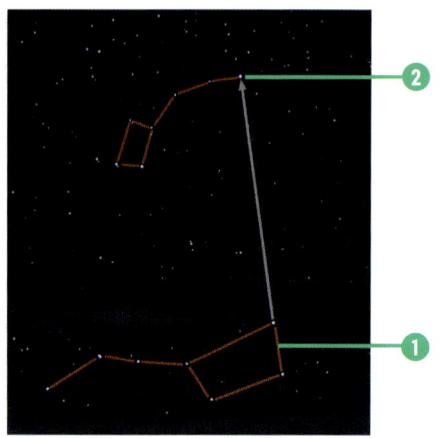

▲ Wird die rechte Seite ❶ des Großen Wagens fünfmal verlängert, stößt die gedachte Linie auf den Polarstern ❷, der wiederum am Gabelende des Kleinen Wagens liegt.

Die G7 X fertigt während der Zeit kontinuierlich Bilder an und fügt diese kameraintern zusammen. Aus den einzelnen Lichtpunkten der Sterne entstehen so die Strichspuren. Diesen Prozess können Sie online während der Aufnahme verfolgen. Daher sehen Sie auch gleich, ob sich die Drehbewegung so abzeichnet, wie Sie sich das gedacht haben.

Wenn nicht, können Sie die Aufnahme jederzeit abbrechen, indem Sie den ON/OFF-Schalter betätigen. Es kann aber eine Weile dauern, bis die Daten verarbeitet sind und sich die G7 X abschaltet.

Lassen Sie die Kamera solange unberührt auf dem Stativ stehen. Wenn Sie das fertige Foto stark vergrößert betrachten, werden die einzelnen Punkte sichtbar. Bei normalem Betrachtungsabstand fällt das aber kaum auf.

Für das gezeigte Bild haben wir vom Stativ aus zuerst ein Foto im manuellen Modus angefertigt und die Rapsblüte mit dem kamerainternen Blitz aufgehellt (1/8 Sek. | f/2,8 | ISO 100).

Anschließend erfolgte vom gleichen Standort aus die Sternenspurenbelichtung im *SCN*-Modus 🌠. Später am Computer haben wir die Bilder überlagert und mit der Füllmethode *Aufhellen* verschmolzen, sodass die Sternenspuren im Blütenfoto erscheinen.

Aufnahmedaten der Einzelbilder: 15 Sek. | f/2,5 | ISO 800 | 20,8 mm

▲ *Diese Aufnahme haben wir über 120 Minuten hinweg im Modus Sternenspuren aufgezeichnet und anschließend mit der zuvor angeblitzten Rapsblüte fusioniert.*

Sternen-Zeitraffer-Movies aufnehmen

Im Modus *Sternen-Zeitraffer-Movie* nimmt die G7 X über einen Zeitraum von 60, 90 oder 120 Minuten Bilder auf und fügt diese automatisch zu einem Video aneinander.

Der fertige Film zeigt die Bewegungen der Sterne dann in Form kurzer Zeitraffervideos an. Wobei die Wiedergabedauer davon abhängig ist, welche Aufnahmedauer Sie eingestellt haben und welche Movie-Qualität gewählt wurde.

In der nachfolgenden Tabelle finden Sie hierzu eine passende Übersicht:

▶ *Die Movie-Qualität entscheidet darüber, wie flüssig die Sterne über den Himmel ziehen und wie lang der Zeitrafferfilm dauert. Die Wiedergabezeit basiert auf einer Aufnahmedauer von 60 Minuten.*

Wiedergabezeit	Bildfrequenz	Aufnahmeintervall
16 Sek.	15	15 Sek.
8 Sek.	30	15 Sek.
8 Sek.	15	30 Sek.
4 Sek.	30	30 Sek.
4 Sek.	15	1 Min.
2 Sek.	30	1 Min.

▲ *Grundeinstellungen für Sternen-Zeitraffer-Movies, aufrufbar mit der ⤒-Taste*

Die Aufnahmeeinstellungen können Sie mit der ⤒-Taste direkt aufrufen. Entscheiden Sie sich am besten zuerst für eine *Aufnahmedauer*, denn die ist entscheidend dafür, wie lange Sie mitten in der Nacht neben dem Stativ oder wartend im Auto ausharren müssen. Mit der *Bildfrequenz* nehmen Sie Einfluss darauf, wie schnell die Sterne im Video über den Himmel wandern werden. Bei einer Bildfrequenz von 30 Bildern pro Sekunde 30 ziehen die Sterne schneller von A nach B als bei 15, dafür sinkt die Wiedergabezeit. Wir haben uns daher für die langsamere Frequenz 15 entschieden.

Das *Aufn.intervall* legt fest, in welchen Abständen die einzelnen Bilder angefertigt werden. Je länger die Wartezeit zwischen den Aufnahmen, desto schneller ziehen die Sterne. Schließlich können Sie bei *Effekt* noch festlegen, ob die Sterne punktförmig abgebildet werden sollen (*Aufnehmen ohne Movie-Effekt*) und damit etwas ruckelnd übers Firmament wandern oder ob Sie dem Video einen mehr oder weniger stark ausgeprägten Sternenspureneffekt hinzufügen möchten. Wenn Sie die Einstellung *lange Sternensp. anwenden* wählen, sehen die Sterne im Video wie kleine Kometen aus, was aber auch etwas künstlich wirkt. Am besten nehmen Sie auch in diesem Modus zuerst mit dem Auslöser eine Probeaufnahme auf. Das eigentliche Zeitraffer-Movie starten Sie hingegen mit der Movie-Taste.

Aufnahmedaten der Einzelbilder:
13 Sek. | f/2 | ISO 640 | 12,5 mm | +⅔ EV

▲ *Ausschnitt aus einem Sternen-Zeitraffer-Movie.*

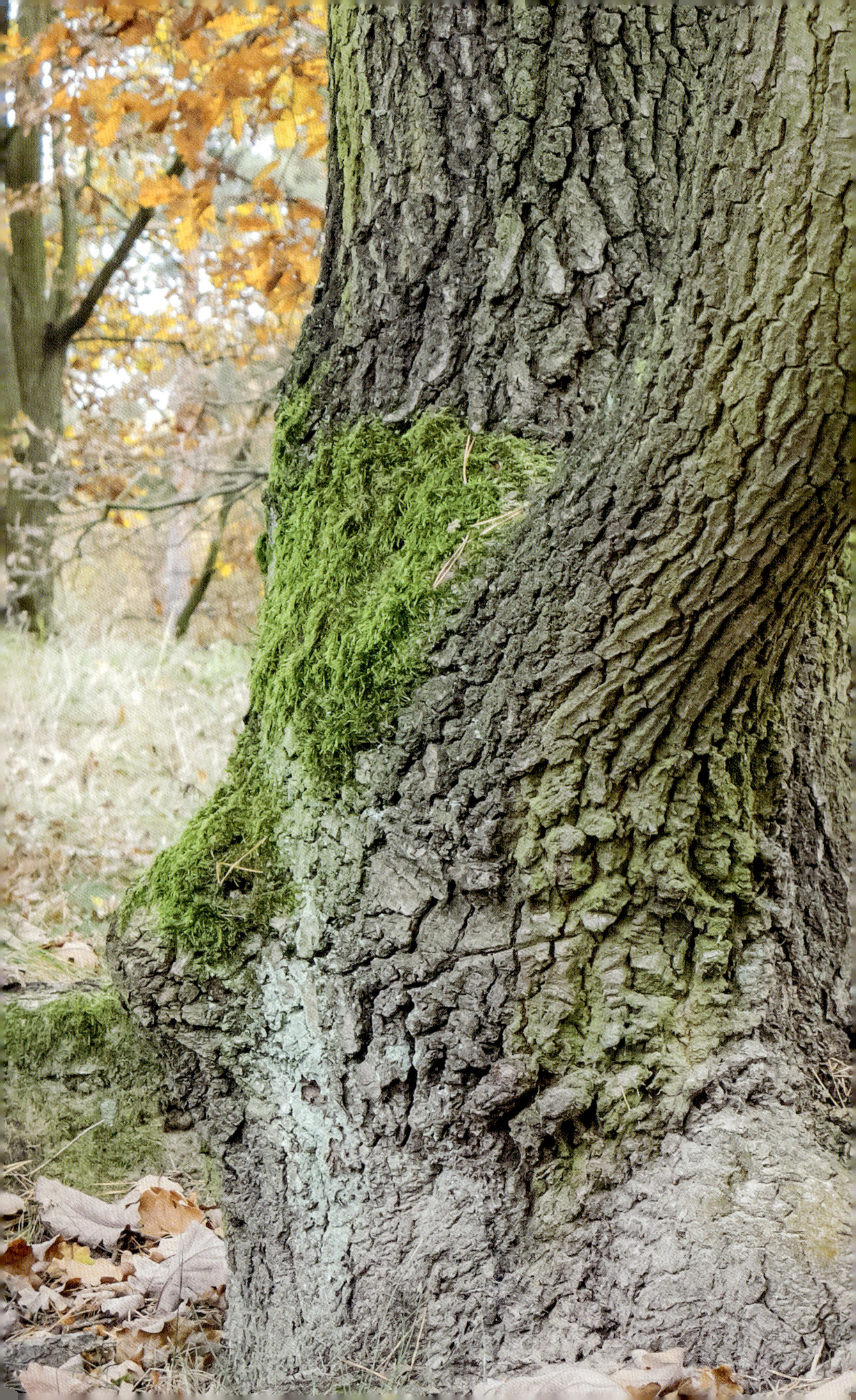

Filmen mit der PowerShot G7 X

Gehören Sie bereits zu den Videografen oder möchten Sie mit dem Filmen erst in Kürze beginnen? Dann wird Ihnen dieses Kapitel sicherlich einige nützliche Tipps und Informationen rund um den Filmmodus der G7 X liefern. Tauchen Sie also für kurze Zeit in die Welt des Filmens ein, halten Sie schöne Urlaubserinnerungen fest, fertigen Sie spannende Zeitrafferaufnahmen im Miniaturformat an oder beobachten Sie den Weg der Sterne über den Nachthimmel.

10.1 Automatische Filmaufnahmen

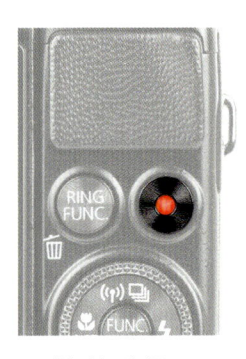

Um spontan und unkompliziert gleich einmal ein Video aufzuzeichnen, haben Sie bei der G7 X prinzipiell zwei Möglichkeiten. Entweder Sie drehen das Modus-Wahlrad auf den *Filmmodus* ', oder Sie starten die Videoaufzeichnung aus einem der Fotoprogramme heraus.

Beide Optionen bringen ihre Vor- und Nachteile mit sich, die im nächsten Abschnitt noch besprochen werden. Eines aber haben sie gemeinsam, und zwar die Vorgehensweise beim Starten und Stoppen des Films über die Movie-Taste ⬤ auf der Kamerarückseite.

▲ *Die Movie-Taste*

Richten Sie die G7 X also einfach auf das zu filmende Motiv aus. Die Aufnahmequalität und die mögliche Aufnahmezeit werden stets am oberen Displayrand angezeigt. Sollte dies nicht der Fall sein, schauen Sie nach, ob die Movie-Taste ⬤ mit einer anderen Funktion belegt wurde (Aufnahmemenü 📷/*Belegung* ' *Taste*) oder ob die Anzeige der Aufnahmeinformationen deaktiviert ist (Aufnahmemenü 📷/*Custom Display*).

▲ *Vorbereiten der Videoaufnahme*

Rechts unten auf dem Display sind die Einstellungsskala für die Belichtungskorrektur und das Touch-Feld für die Belichtungsspeicherung ✴ ❹ lokalisiert. Durch Antippen von ✴ können Sie die Belichtungsspeicherung ganz einfach aktivieren, woraufhin links unten ein kleiner Stern erscheint.

Durch abermaliges Berühren des ✴-Feldes lässt sich die Funktion wieder ausschalten. Die Verwendung der Belichtungskorrektur wird in diesem Kapitel ab Seite 178 genauer beschrieben.

Legen Sie nun fest, welcher Bildausschnitt scharf gestellt werden soll. Dazu können Sie die AF-Feldtypen *1-Punkt* oder *Gesicht/AiAF* verwenden, auswählbar im Aufnahmemenü 📷. Bei *1-Punkt* lässt sich durch Antippen des Touchscreens der Screen zur Anpassung des Autofokus aktivieren. Dabei kann der AF-Rahmen per Fingertipp oder mit den Pfeiltasten ✥ auf die gewünschte Position gesetzt werden. Mit der Ringsteuerung ⊙ können Sie hier auch die Größe des AF-Feldes anpassen.

Bei dem gezeigten Filmausschnitt haben wir mit dem großen AF-Feld auf die Fotografin scharf gestellt. Beim Filmen aus einem der Fotoprogramme heraus deaktivieren Sie am besten den *Touch-Auslöser*, sonst wird direkt ein Foto aufgezeichnet. Fokussieren Sie nach der Wahl des scharf zu stellenden Bildbereichs mit dem Auslöser oder warten Sie, bis der *Kontinuierl. AF* den Fokus automatisch eingestellt hat. Starten Sie die Videoaufnahme anschließend mit der Movie-Taste ●.

Die Aufnahme beginnt mit etwa 1 Sek. Verzögerung. Es erscheint das Zeichen ●REC ❸ und die Aufnahmezeit ❶ läuft an. Des Weiteren sind auf dem Bildschirm die Symbole für Belichtungsspeicherung ✱ ❹ und die Skala für die Belichtungskorrektur ❷ sowie das Feld für die AF-Umschaltung ❺ zu sehen, da diese Funktionen bei der G7 X per Fingertipp auch während des Filmens verwendet werden können. Um die Filmsequenz zu beenden, drücken Sie die Movie-Taste ● erneut.

▲ *Platzieren des AF-Feldes (AF-Rahmentyp 1-Punkt)*

◄ *Laufende Filmaufnahme*

Damit die Tonaufnahme ohne Störgeräusche läuft, berühren Sie das Mikrofon auf der Gehäuseoberseite nicht und betätigen keine weiteren Tasten. Erstens sind die Tasten ohnehin fast alle außer Betrieb, und zweitens würden die Bedienungsgeräusche allesamt mit aufgezeichnet werden und sich störend im Film bemerkbar machen.

Während des Filmens werden die Belichtung und die Schärfe an die neue Situation angepasst. Die Fokusanpassung ist dabei zwar recht langsam, sodass es bei einem Schwenk von einem nahe gelegenen Objekt in die Ferne etwa 4–6 Sek. dauern kann, bis die Schärfe wieder sitzt, dafür läuft alles sehr ruhig, ruckelarm und leise ab. Mit dem Touchscreen haben Sie zudem die Möglichkeit, den AF-Rahmen einfach durch vorsichtiges Antippen des Monitors an eine andere Stelle zu legen und so auch bei unverändertem Bildausschnitt mal die vorn, mal die hinten gelegenen Objekte in den Fokus zu nehmen.

Außerdem können Sie bei der Wahl des AF-Rahmens *Gesicht/AiAF* per Fingertipp einen Bildbereich auswählen, den die G7 X dann so gut es geht verfolgt. Das kann ein erkanntes Gesicht sein, aber auch ein markanter Motivausschnitt.

Hier haben wir ein Flugzeug im Landeanflug per Fingertipp in die Auswahl genommen und die G7 X hat den Flieger über die gesamte Sequenz hinweg perfekt im Fokus behalten – sicherlich auch deshalb, weil der blaue Himmel wenig ablenkende Strukturen aufwies.

Auch das Erweitern oder Verengen des Bildausschnitts mit dem Zoomregler ist möglich. Das Zoomen läuft während der Videoaufzeichnung auch sehr schön verlangsamt ab, aber leider sind die Zoomgeräusche im Video deutlich zu hören.

Daher gehen Sie lieber mit der Kamera auf Ihr Motiv zu, als es näher heranzuzoomen, es sei denn, Sie vertonen das Video nachträglich.

▲ *Landeanflug, kontinuierlich scharf gestellt mit dem Verfolgungsmodus des AF-Rahmentyps Gesicht/AiAF*

⊗ Rolling-Shutter-Effekte vermeiden

Schnelle Kameraschwenks sind nicht die Sache der G7 X. Bedingt durch die Verschlusstechnik des Bildsensors verbiegen sich bei schnellen Schwenks die eigentlich geraden Linien eines Hauses, einer Säule oder Ähnliches für kurze Zeit.

Nehmen Sie mal Ihre Kamera und zielen Sie auf eine Häuserzeile. Wenn Sie während des Filmens schnell hin und her schwenken, beginnen die senkrechten Bauelemente an den Bildrändern hin und her zu wippen wie Tannen im Wind. Dieser Rolling-Shutter-Effekt lässt sich nur dadurch eliminieren, dass beim Filmen langsam geschwenkt wird. Führen Sie die Kamera beim Filmen daher lieber ein wenig wie in Zeitlupe.

Filmen aus den Fotoprogrammen

Mit der G7 X ist es möglich, die Filmaufnahme auch direkt aus allen Belichtungsprogrammen heraus zu starten. Dabei ist zwischen Programmen zu unterscheiden, die den Film im Automatikmodus ohne Eingriffsmöglichkeiten aufnehmen (AUTO, 📷 und 🎬), und denjenigen, die Eingriffe in die Belichtung und den Fokusmodus zulassen (*P* bis *C*, *SCN* und ⊙).

Bei diesen können Sie über den Touchscreen die Belichtung speichern ✱, eine Belichtungskorrektur vornehmen und mit der Touchfläche *AF* von Autofokus auf *MF* umschalten, was während des Filmens gleichbedeutend mit dem Deaktivieren des permanent nachführenden Autofokus ist.

Sobald die Movie-Taste ⬤ gedrückt wird, beginnt die G7 X zu filmen, was in unseren Augen genau zwei Vorteile hat:

1. Die Zeit für den Dreh des Modus-Wahlrads auf den *Filmmodus* 🎥 fällt weg, sprich, das Video kann ganz spontan aus der Fotosituation heraus gestartet werden.

2. Wenn Sie einen der *Kreativen Filter* ⊙ wählen, können Sie mit dem jeweiligen Effekt auch ein Video drehen. Infrage kommen hier allerdings nur die Modi *Nostalgisch* 👤, *Monochrome* ◪, *Farbverstärkung* 🎨 und *Postereffekt* 🎭, bei den anderen wird der entsprechende Effekt deaktiviert.

▲ *Videoaufnahme im Modus Nostalgisch*

10.2 Die Aufnahmebedingungen variieren

Im folgenden Abschnitt sollen noch einige Variationen der Aufnahmebedingungen vorgestellt werden.

Filmen im manuellen Modus

▲ *Einstellbare Werte im manuellen Modus*

▲ *Belichtungszeit per Touchscreen einstellen*

Im *Filmmodus* ist es mit Ihrer G7 X auch möglich, in den manuellen Modus [M] umzuschalten, was eine manuelle Vorwahl der Belichtungszeit, Blende und des ISO-Wertes ermöglicht. Dabei gelten im Prinzip dieselben Einstellungsregeln, wie sie schon in Kapitel 5 zur Verwendung der Belichtungsparameter beschrieben wurden.

Wobei bei Filmaufnahmen der Belichtungszeit eine besonders wichtige Rolle zukommt, denn es gilt, die Bewegungen der Motive flüssig und ohne Ruckler darzustellen. Am besten filmen Sie mit Werten zwischen 1/50 Sek. und 1/250 Sek. Stellen Sie beispielsweise im Modus [M] eine Belichtungszeit von 1/100 Sek. ein und aktivieren Sie die ISO-Automatik, damit die Helligkeit an Motivänderungen angepasst wird.

Stellen Sie dann je nach Szenario eine passende Blende ein, die den ISO-Wert nicht in schwindelnde Höhen treibt. Durch Tippen auf die entsprechenden Felder auf dem Display kann für jeden Parameter ein Einstellungen-Touchscreen aufgerufen werden. Durch das Berühren der unten links und rechts lokalisierten Pfeile wird der orange dargestellte Wert, hier die Belichtungszeit, erhöht oder vermindert. Das Ganze funktioniert auch während der Filmaufnahme und kann angenehm geräuschlos vonstattengehen. Alternativ können Sie vor dem Filmstart die Belichtungszeit auch mit dem Einstellungswahlrad ⬤ und den Blendenwert über die Ringsteuerung ⬤ wählen.

Die Belichtung unter Kontrolle halten

Die Bildhelligkeit der Videoaufnahme passt sich beim Kameraschwenk mit der G7 X ganz von selbst an die veränderte Situation an. Sollte die Belichtung jedoch einmal nicht stimmen, gibt es die Möglichkeit einer Belichtungskorrektur um ±3 EV-Stufen. Diese gilt sowohl im *Filmmodus* '🎥 als auch in allen anderen Belichtungsprogrammen (außer (AUTO), 🖼 und 🎞). Eine Voreinstellung ist aber nur im *Filmmodus* '🎥 möglich. Bei den anderen Programmen kann die Belichtungskorrektur lediglich während der Aufnahme abgeändert werden.

Um sie zu korrigieren, berühren Sie die Einstellungsskala am unteren Monitorrand und tippen anschließend die Pfeile links oder rechts an (links Unterbelichtung, rechts Überbelichtung).

▲ *Die Eishockey-Szene haben wir mit einer Überbelichtung von +⅔ EV gefilmt.*

Nach dem Filmstart bleibt die Belichtung konstant, und Sie können Ihr Motiv filmisch mit der richtigen Helligkeit verfolgen oder die G7 X zum Zielbildausschnitt schwenken, ohne Helligkeitsschwankungen in Kauf nehmen zu müssen. Auch beim Filmen kontrastreicher Situationen mit Gegenlicht oder bei einem Schwenk über hell und dunkel eingefärbte Gegenstände kann es sinnvoll sein, die Belichtung über die beschriebene Korrekturfunktion anzupassen.

Anstelle einer Belichtungskorrektur ist es natürlich auch möglich, die Kamera auf einen Bildausschnitt zu richten, der Ihnen besonders wichtig ist und daher auf jeden Fall richtig belichtet werden sollte. Tippen Sie dazu einfach das Symbol für die *AE-Speicherung* ✶ auf dem Touchscreen an, um diese Bildhelligkeit zu speichern. Wählen Sie anschließend den Bildausschnitt, mit dem der Film beginnen soll, und starten Sie die Aufnahme mit konstanter Belichtung.

✓ Bei heller Umgebung den ND-Filter einsetzen

Eine flüssige Darstellung von Bewegungen im Video kommt immer dann zustande, wenn eine zur Bildrate passende Belichtungszeit gewählt wird. Wie so oft gibt es hierfür auch eine Faustformel: Die Belichtungszeit sollte gleich oder doppelt so schnell sein wie die Bildrate, also bei **30P** zum Beispiel 1/30 oder 1/60 Sek.

Wenn Sie jedoch in besonders heller Umgebung filmen, kann es sein, dass die G7 X die Belichtungszeit nicht mehr auf den geforderten langen Werten halten kann. Dann schlägt die Stunde des *ND-Filters*. Dieser verringert den Lichteinfall und sorgt erstens dafür, dass Sie mit geringerer Schärfentiefe agieren können, und zweitens, dass die Belichtungszeit wieder auf optimalere Werte kommt. Mit dem *ND-Filter* können Sie somit auch bei Sonnenschein weiche und flüssige Bewegungen und Videoschwenks realisieren.

▲ *In heller Umgebung den **ND-Filter** aktivieren*

Die Videoqualität ändern

Auch wenn die voreingestellte *Bildqualität* [FHD 60P] für die meisten videografischen Aktionen bestens geeignet ist, kann es nicht schaden, auch die anderen Optionen einmal unter die Lupe zu nehmen. Die G7 X bietet dazu die in der Tabelle aufgeführten Möglichkeiten an.

▼ *Die Film-Aufnahmegrößen der G7 X*

Bildqualität	Filmformat	Pixelmaße	Seitenverhältnis	Aufnahmedauer, 8-GByte-Karte (Std.:Min.:Sek.)
[FHD 60P]	Standard	1.920 × 1.080	16:9	ca. 00:30:00
[FHD 30P]	Standard	1.920 × 1.080	16:9	ca. 00:43:00
[FHD 30P]	iFrame	1.920 × 1.080	16:9	ca. 00:26:00
[HD 30P]	Standard	1.280 × 720	16:9	ca. 02:03:00
[VGA 30P]	Standard	640 × 480	4:3	ca. 05:14:00

⊗ Maximale Filmlänge begrenzt

Mit der G7 X können Sie maximal 29:59 Minuten im Format Full HD [FHD 60P], Full HD [FHD 30P] und HD [HD 30P] oder etwa 1 Stunde im Format Standard [VGA 30P] am Stück filmen oder so lange, bis die Videodatei eine Größe von 4 GByte erreicht hat. Dann legt die Kamera eine Pause ein und Sie müssen den Film neu starten. In den meisten Fällen ist das aber kein Problem, denn gute Filme setzen sich ohnehin aus vielen kürzeren Abschnitten zusammen. Achten Sie einmal speziell auf die Längen der einzelnen Einstellungen, wenn Sie sich einen Film im Kino oder Fernsehen anschauen.

Die Bildqualität lässt sich in jedem Modus über die *FUNC./SET*-Taste und das gezeigte Menü auswählen. Hierbei werden Ihnen die Pixelmaße, die Bildrate und die mögliche Aufnahmezeit angezeigt.

◄ *Auswahl der Bildqualität für Videoaufnahmen*

Zu den Kriterien für die Formatwahl zählt das Medium, auf dem die Movies später betrachtet werden sollen. So wäre die Full-HD-Qualität [FHD 30P] für einen Fernseher mit entsprechender Full-HD-TV-Technik geeignet, während bei Fernsehern mit HD-ready-Technologie die kleinere HD-Variante [HD 30P] schon formatfüllend ist. Da Sie die Filme mit der Canon-Software ImageBrowser EX oder anderen Videoschnittprogrammen, wie zum Beispiel Photoshop, Premiere Elements, Magix Video Deluxe, Video Studio oder Final Cut Pro, jedoch problemlos von Full HD in die HD-Größe umwandeln können, spricht nichts gegen die Verwendung der Aufnahmegröße [FHD 60P], es sei denn, auf der Speicherkarte steht nicht ausreichend Platz zur Verfügung.

▲ Movie-Aufnahmegrößen VGA (640 × 480 Pixel), HD (1280 × 720 Pixel) und Full-HD (1920 × 1080 Pixel).

Welche Bildrate soll ich wählen?

Bezüglich der Bildrate, also der Anzahl der Bilder, die pro Sekunde aufgezeichnet werden, haben Sie bei der G7 X im Full-HD-Modus die Wahl zwischen 30 fps (**f**rames **p**er **s**econd) und schnellen 60 fps. Dabei sollten Sie immer dann auf 60 fps zurückgreifen, wenn Sie Bewegungen im Bild haben. Vor allem bei schnellen Bewegungen kann die Bildrate gar nicht groß genug sein.

Nachteilig ist dabei lediglich der größere Speicherplatz und die damit verbundene kürzere Aufnahmedauer. Eine 8-GByte-Speicherkarte ist beispielsweise bei Verwendung von FHD 60P nach ca. 30 Minuten voll, wohingegen dies bei FHD 30P erst nach ca. 45 Minuten der Fall ist.

Die Vorzüge des iFrame-Formats

Die PowerShot G7 X kann Filme im von Apple entwickelten *i-Frame*-Format aufzeichnen. Dieses nimmt die Filme mit der Full-HD-Größe FHD 30P auf. Um *i-Frame* zu aktivieren, stellen Sie im Filmmodus einfach über die *FUNC./SET*-Taste das Filmformat auf *iFrame* um. Und wozu das Ganze? Nun, in erster Linie wurde *iFrame* entwickelt, um die Filmbearbeitung zu beschleunigen und zu vereinfachen. Dazu werden die *iFrame*-Movies weniger stark komprimiert abgespeichert, was dazu führt, dass gegenüber dem Standardformat eine erhöhte Speicherkapazität benötigt wird.

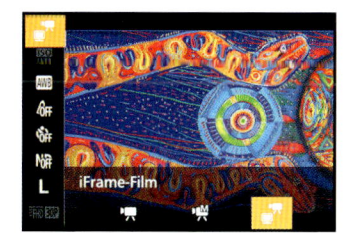

▲ Aktivieren des *iFrame*-Formats im Filmmodus

Dies führt dazu, dass der Computer weniger Arbeit mit den Daten hat, und ist vor allem bei Rechnern mit nicht ganz so starker Prozessorleistung von Vorteil. Wobei noch zu bemerken wäre, dass das *iFrame*-Format nicht nur auf Mac-Rechner und die iMovie-Software beschränkt ist, sondern sich auch auf Windows-Plattformen und mit anderen *iFrame*-kompatiblen Softwareprogrammen (z. B. Image-Browser EX, Adobe Photoshop oder Adobe Premiere Elements) verarbeiten lässt.

10.3 Miniaturwelten im Zeitraffer

Wenn Sie im Modus *Miniatureffekt* die Movie-Taste drücken, wird es besonders wuselig. Denn die G7 X nimmt nun Zeitraffervideos auf. Die Geschwindigkeit, mit der sie dies ausführt, können Sie vor dem Filmstart festlegen.

▲ *Auswahl der Zeitraffergeschwindigkeit*

Stellen Sie die Kamera dazu am besten auf ein Stativ und ändern Sie deren Position nicht. Das Video wird sonst insgesamt sehr unruhig, da jeder Wackler oder eine Kamerabewegung durch den Zeitraffereffekt verstärkt erscheint.

Mit der Ringsteuerung können Sie nun die Geschwindigkeit der Zeitrafferaufnahme auswählen. Je höher der Beschleunigungsfaktor gewählt wurde (*5×*, *10×* oder *20×*), desto rasanter wuseln die Autos, Menschen & Co. durchs Bild, desto länger muss der Film aber auch dauern, um genügend Material für das Zeitraffervideo zu erhalten. Folgende Optionen für die Abspielzeit in Abhängigkeit von der Zeitraffergeschwindigkeit stehen zur Verfügung:

▶ *Aufnahme- und Wiedergabezeit in Abhängigkeit vom Geschwindigkeitsfaktor*

Geschwindigkeit	5×	10×	20×
Aufnahmezeit	5 Min.	5 Min.	5 Min.
Wiedergabezeit	ca. 1 Min.	ca. 30 Sek.	ca. 15 Sek.

Wählen Sie im *FUNC.*-Menü am besten noch das Seitenverhältnis *16:9*. Dieses Format bringt die größere HD-Auflösung von 1.280 × 720 Pixeln statt nur 640 × 480 Pixeln im 4:3-Format. Es lässt sich am Breitbild-TV einfach schöner betrachten und zudem besser mit anderen HD-Filmen verbinden.

▲ *Ändern des Seitenverhältnisses*

Der Film wird allerdings ohne Ton aufgezeichnet. Wer Zeitrafferfilme mit Ton haben möchte, muss entweder den Originalton mit einem unabhängigen Mikrofon aufnehmen oder eine nachträgliche Musikuntermalung vornehmen.

10.4 Tipps für bessere Tonaufnahmen

Zu den bewegten Bildern gehört natürlich auch eine Tonaufnahme. Daher besitzt die G7 X an der Oberseite ein eingebautes Stereomikrofon ❶ und einen Lautsprecher ❷.

Die Qualität der Tonaufzeichnung ist zwar recht ordentlich, die Position im Gehäuse bringt es jedoch mit sich, dass das Betätigen des Zoomreglers oder einfach nur das Hantieren bei Kameraschwenks die Tonqualität stören kann. Auch Windgeräusche verzerren die Tonaufnahme teilweise stark. Das Mikrofon lässt sich zudem nicht einfach ausschalten.

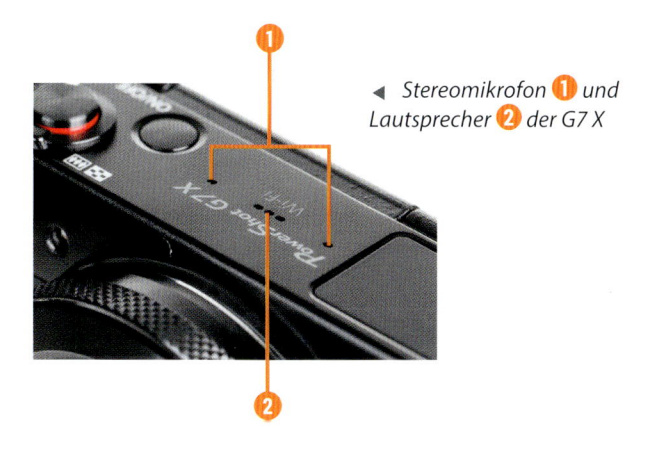

◀ *Stereomikrofon* ❶ *und Lautsprecher* ❷ *der G7 X*

10.5 Filme betrachten und in der Kamera schneiden

Die kamerainterne Filmsteuerung wird immer dann benötigt, wenn Sie die Videos in der G7 X betrachten oder von der angeschlossenen Kamera aus am TV-Gerät abspielen möchten.

✓ **Standard-Movies im Zeitraffer**

Auch normal aufgenommene Filme können als Zeitraffer abgespielt werden, wenn die Abspieldauer softwaregestützt gestrafft wird. Dies können Sie mit vielen gängigen Videoschnittprogrammen realisieren. Besonders auf solche Bearbeitungen spezialisiert hat sich beispielsweise auch die Software ReSpeedr.

✓ **Windschutz für bessere Tonqualität?**

Mit der Option *Windschutz*, aktivierbar im Aufnahmemenü 📷, sollen Störgeräusche, wie sie von leichten Windböen ausgelöst werden, unterdrückt werden. Da dies nur in Maßen gelingt, würden wir bei starkem Wind empfehlen, die Mikrofone abzuschirmen und lieber mit einem externen Gerät und entsprechendem manuellem Windschutz höherwertige Tonqualitäten zu erzielen.

Als Standardeinstellung sollte der *Windschutz* ausgeschaltet bleiben, da sonst auch die normale Tonaufzeichnung zu sehr gedämpft wird.

▲ *Bei uns ist der* **Windschutz** *standardmäßig deaktiviert.*

Videos mit der Filmsteuerung betrachten

Zum Anschauen der Videosequenzen in der Kamera drücken Sie einfach die Wiedergabetaste ▶ und wählen den Film aus. Filme erkennen Sie am eingeblendeten Wiedergabezeichen oder in der Indexansicht an dem angedeuteten Filmstreifen.

Drücken Sie anschließend die *FUNC./SET*-Taste, sodass die hier gezeigte Filmsteuerung erscheint. Steuern Sie mit dem Einstellungswahlrad ● oder per Fingertipp die Option *Wiedergabe* ❶ an und drücken Sie die *FUNC./SET*-Taste. Ein erneuter Druck auf *FUNC./SET* pausiert die Wiedergabe. Wenn Sie die Tasten ▲ oder ▼ drücken, können Sie die Lautstärke erhöhen oder verringern, was alternativ auch durch Fingertipp und Verwendung des dann aufgehenden Touch-Lautstärkereglers zu bewerkstelligen ist.

▶ *Funktionen der Filmsteuerung*

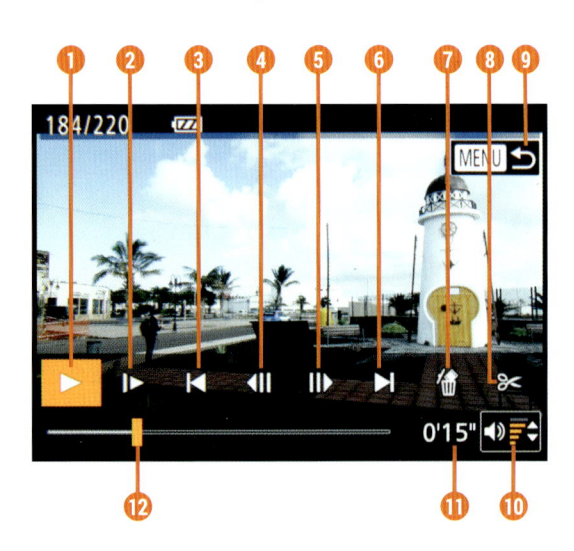

❶ Wiedergabe starten ▶
❷ Zeitlupe ▐▶
❸ Erstes Bild ◀
❹ Vorheriges Bild ◀▐
❺ Nächstes Bild ▐▶
❻ Letztes Bild ▶▐

❼ Löschen [🗑]
❽ Schneiden ✂
❾ Wiedergabe verlassen ↩
❿ Lautstärke
⓫ Abspielzeit
⓬ Abspielposition

Filmlänge in der Kamera bearbeiten

Bereits in der G7 X lässt sich der aufgezeichnete Film zuschneiden. Dabei können Sie allerdings nur den Anfangs- und den Endpunkt setzen. Für weitergehende Bearbeitungen sei an dieser Stelle auf entsprechende Filmbearbeitungssoftware verwiesen, wie zum Beispiel Photoshop, Premiere Elements, Magix Video Deluxe, Video Studio oder Final Cut Pro.

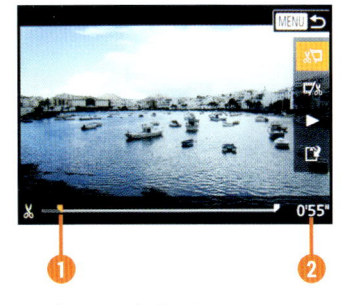

Um den Film in der Kamera zu schneiden, wählen Sie in der Filmsteuerung das Scherensymbol ✂ aus und drücken die *FUNC./SET*-Taste. Da Sie sich nun direkt in der Funktion *Anfang entfernen* befinden, können Sie mit der Pfeiltaste ▶ oder dem Einstellungswahlrad ● gleich den orange angezeigten Schieber ❶ verstellen. Die Gesamtdauer des Films ❷ wird dadurch verkürzt.

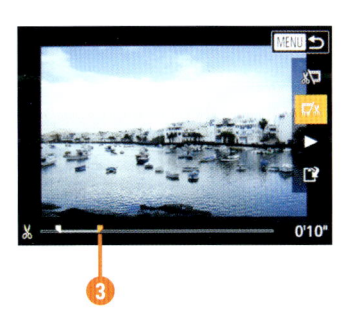

▲ *Startpunkt festlegen*

Gehen Sie einen Schritt nach unten zur Funktion *Ende entfernen*. Schieben Sie die Markierung ❸ nach links, um den Film am Ende zu beschneiden. Um den beschnittenen Film anzuschauen, wählen Sie die Schaltfläche *Wiedergabe* ▶ aus und drücken die *FUNC./SET*-Taste.

▲ *Endpunkt festlegen*

Noch einen Schritt weiter unten können Sie den Film speichern. Drücken Sie die *FUNC./SET*-Taste und bestätigen Sie die Schaltfläche *Neue Datei* erneut mit *FUNC./SET*, wenn der Film als neues Movie gespeichert werden soll.

Mit *Überschreiben* würde das Original indes verloren gehen. Übrigens, sollten Sie die Filmbearbeitung vorzeitig abbrechen wollen, können Sie jederzeit den Umkehrpfeil ↺ antippen oder die *MENU*-Taste drücken und die Bearbeitung verlassen.

▲ *Speichern des gekürzten Films als neue Datei*

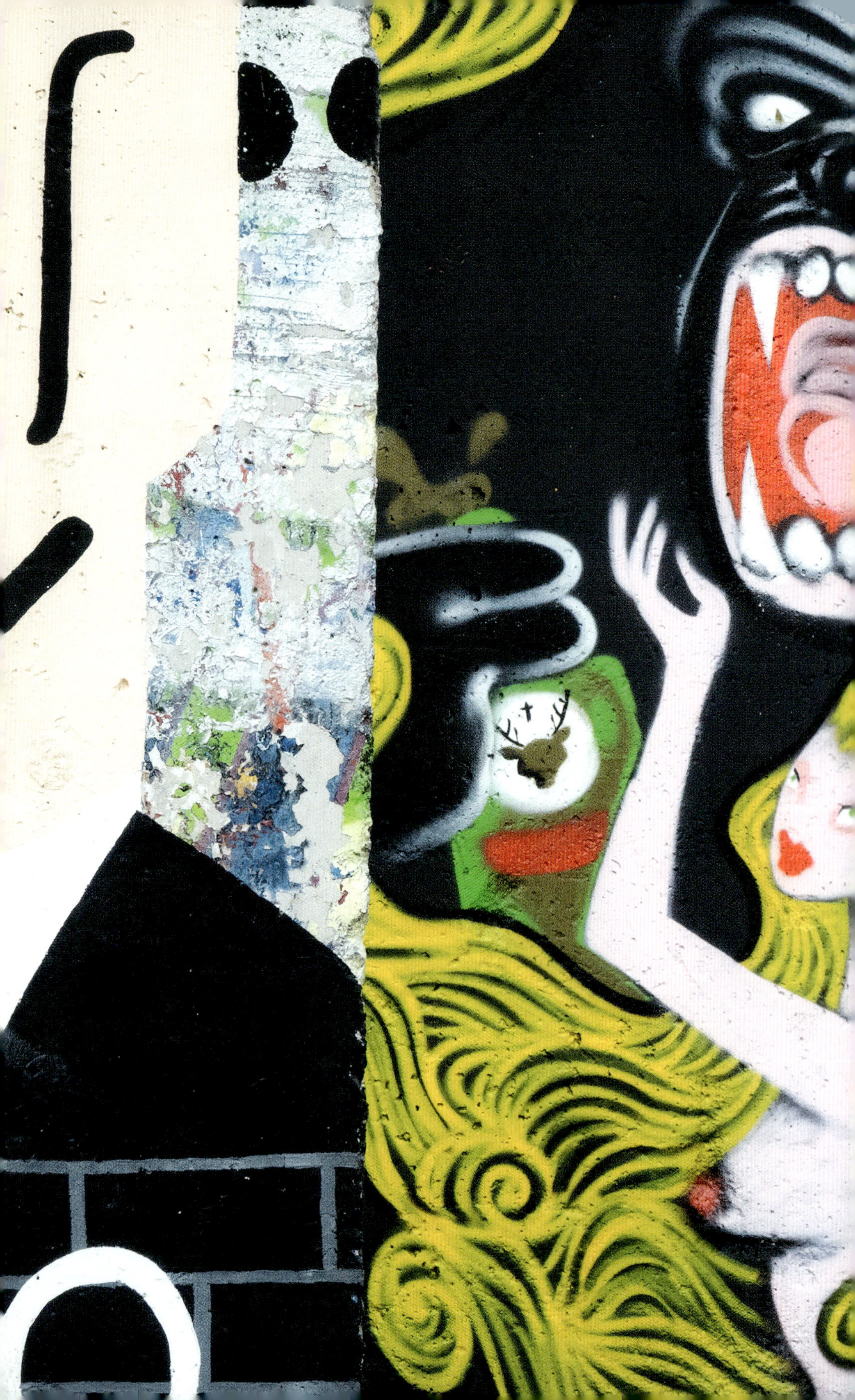

Zubehör für die G7 X

Mit der PowerShot G7 X besitzen Sie eine qualitativ hochwertige Kamera, die von sich aus schon hervorragende Bilder liefern kann. Mit dem richtigen Zubehör lässt sich aber zusätzlich noch einiges mehr aus Ihren Motiven herausholen, und auch beim Handling ist es möglich, das ein oder andere zu optimieren. Etwas schade finden wir, dass sich keine Erweiterungen per Adapter an das Objektiv anbringen lassen. Dennoch gibt es die ein oder andere interessante Komponente aus dem Zubehöruniversum. Begleiten Sie uns also auf einem kurzen Streifzug durch die Welt des sinnvollen und erschwinglichen Ergänzungsequipments.

11.1 Pflege des Objektivs

Das Zoomobjektiv der G7 X ist ein fester Bestandteil der Kamera, daran lässt sich nicht rütteln. Daher ist es besonders wichtig, dieses zu hegen und zu pflegen. Denn eine klare Optik ist entscheidend für die Qualität des Bildes. Am besten pusten oder fegen Sie zunächst grobe Staubpartikel oder Sandkörnchen vorsichtig vom Objektiv, damit keine Kratzer entstehen können. Dafür gibt es Blasebalge mit oder ohne Pinsel.

▲ *Blasebalg zur Staubentfernung*

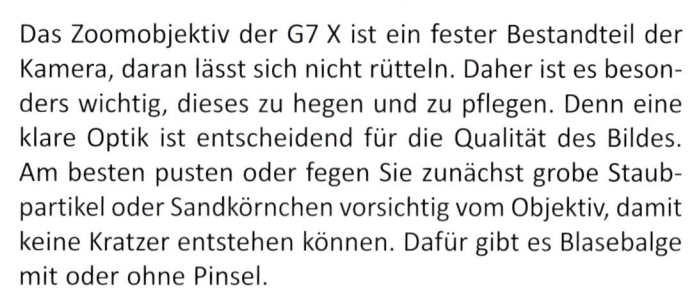

Nun kann es bei wenig Schmutz mit einer Trockenreinigung weitergehen. Sehr zu empfehlen ist hier ein Reinigungsstift, wie er zum Beispiel von Hama (Lens Pen MiniPro II), Dörr (Lens Pen Mini Pro X) oder Kinetronics (SpeckGrabber) angeboten wird. Damit kommt man auch gut in die Ecken.

Sollten danach noch Schlieren oder Fingerabdrücke vorhanden sein, helfen feine Mikrofasertücher, die nach Bedarf mit klarem Wasser etwas angefeuchtet werden können. Für hartnäckige Verschmutzungen sind spezielle Reinigungsflüssigkeiten für Objektive zu empfehlen, wie zum Beispiel eine Kombination aus Reinigungslösung und Linsenreinigungspapier von Calumet, das AF Carl Zeiss Lens Cleaning Kit oder das SpeckGrabber Pro Kit SGK mit Reinigungsstift, -flüssigkeit und Antistatiktuch von Kinetronics.

▲ *Mit dem Lens Pen lassen sich Objektivverunreinigungen sicher und leicht entfernen.*

▶ *Reinigungsset SpeckGrabber Pro Kit SGK (Bild: Kinetronics)*

11.2 Empfehlenswerte Stative

Da Ihre G7 X einen gut funktionierenden Bildstabilisator besitzt, haben Sie beste Chancen, in vielen Situationen aus der Hand knackig scharfe Aufnahmen zu erzielen. Manchmal machen es einem die Lichtbedingungen aber auch schwer oder es stehen Aufnahmen in der Dämmerung oder Nacht mit extrem langen Belichtungszeiten auf dem Plan.

Uns ist es auch bei anstrengenden Bergtouren schon passiert, dass die Hände nicht mehr so ganz ruhig bleiben wollten, wie wir das eigentlich gewohnt waren.

In solchen Situationen ist das beste Hilfsmittel ein Stativ. Dieses sollte die Kamera solide halten, selbst nicht zu schwer sein und sich flexibel in seiner Höhe verstellen lassen. Für den gelegentlichen Einsatz würden wir bei einer leichten Kamera wie der G7 X eher auf leichtere Reisestative setzen, die auch das Budget nicht allzu sehr belasten.

In der Tabelle finden Sie ein paar Vorschläge, die das Kameragewicht der G7 X bestens halten können. Beachten sollten Sie die maximal mögliche Höhe, denn besonders kompakte Stative lassen sich meistens nicht so hoch ausziehen wie ihre etwas größeren Kollegen.

▲ *Die Reisestative der Sirui-TOX-Serie sind angenehm leicht und haben ein extrem kleines Packmaß (Bild: Sirui).*

▼ *Eine kleine, keinesfalls allumfassende Auswahl interessanter Stative für die G7 X*

Stativ	Gewicht/ Traglast (kg)	Kopf/ Wechselplatte	Packmaß/max. Höhe (cm)	Mittelsäule umkehrbar
Hama Traveller Compact Pro (Alu)	1,37/10	Kugelkopf/ja	52/163	ja
Cullmann Nanomax 260 CB6.3 (Alu)	1,3/3,5	Kugelkopf/ja	54/166	nein
Gitzo GK1580TQR5 (Karbon)	1,16/5,5	Kugelkopf/ja	35/149	ja
Manfrotto Compact Light (Alu)	0,81/1,5	Kugelkopf/nein	39,8/131	ja
Manfrotto Compact Action (Alu)	1,16/1,5	Videokopf/ja	45,3/155	nein
Rollei Traveler No. 1	1,2/5	Kugelkopf/ja	30/140	nein
Sirui T-005X	0,8/4	nein/nein (Kugelkopf C-10X empfehlenswert)	30/130	nein

Für alle, die gerne und viel Makrofotografie betreiben möchten, übrigens noch ein kleiner Tipp: Aufnahmen knapp über dem Erdboden werden leichter möglich, wenn sich die Mittelsäule des Stativs umgekehrt montieren lässt oder wenn sie gekippt werden kann oder wenn sich die Stativbeine um 180° umkehren lassen, was bei Reisestativen häufig der Fall ist. Auch sollten sich die Stativbeine sehr weit abspreizen lassen und die Mittelsäule kurz sein, daher bieten viele Hersteller extra kurze Mittelsäulen in ihrem Sortiment an.

Biegestativ für unterwegs

Gerade für eine kompakte und leichte Kamera wie die G7 X sind flexible Biegestative ideal. Vor allem wenn Sie unterwegs sind und Ihnen ein Dreibein zu groß und unhandlich ist, bieten sich diese als perfekte Alternative an. Sehr empfehlenswert sind in dieser Hinsicht flexible Stative wie zum Beispiel der GorillaPod Hybrid (Traglast 1 kg) von Joby oder der Flexipod 300 von Rollei (Traglast 1 kg). Diese zeichnen sich durch ein geringes Eigengewicht, eine ausreichende Tragleistung und vor allem ziemlich viel Flexibilität beim Anbringen aus, weil die Stativbeine biegsam sind. Zugegeben, die G7 X hält damit nicht immer so bombenfest wie mit einem gängigen Stativ. Wenn Sie jedoch mit dem Fernauslöser oder dem 2-Sek.-Selbstauslöser ⌚ fotografieren, verwackelt trotzdem nichts – es sei denn, Sie fotografieren inmitten starker Windböen, aber dann wären auch die leichten Stative aus der Tabelle ziemlich überfordert.

▶ *Die G7 X, mit dem Flexipod 300 an einem Brückengeländer befestigt*

11.3 Akku und Speicherkarte

Die Energiequelle Ihrer G7 X ist der Akku NB-13L, der entsprechend der Größe der Kamera auch sehr kompakt geraten ist. Geladen wird der Stromspeicher mit dem ebenfalls mitgelieferten Ladegerät CB-2LHE, das etwa eine Stunde benötigt, um den leeren Akku vollständig aufzuladen. Um dies zu bewerkstelligen, verbinden Sie das Ladegerät mit einer Steckdose, legen den Akku in das Gerät ein und schon beginnt der Ladeprozess. Während des Ladens leuchtet eine orangefarbene Lampe. Ist der Akku voll aufgeladen, wird dies durch das Umspringen auf ein grünes Lämpchen angezeigt.

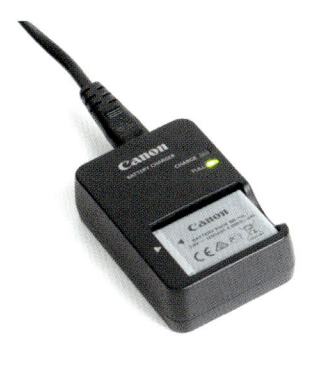

▲ Akkuladegerät mit fertig aufgeladenem Akku

Am besten nehmen Sie den Akku dann auch gleich wieder aus dem Ladegerät heraus, da sich ein längeres Verweilen des Akkus im eingeschalteten Ladegerät negativ auf die Haltbarkeit und Funktion des Energiespeichers auswirkt. Auch sollte der Akku in der G7 X möglichst nicht über die Statusanzeige ▭ hinaus entladen werden, da seine Leistungsfähigkeit, wenn das häufiger vorkommt, zunehmend schwächer wird.

Leider mussten wir beim Testen der G7 X feststellen, dass der Akku etwas schwach auf der Brust ist und eine verhältnismäßig eingeschränkte Ladekapazität besitzt. Er reicht vollgeladen nur für ca. 210 Fotoaufnahmen oder für etwa 40 Minuten Filmen.

▲ Einlegen von Akku und Speicherkarte an der Unterseite der G7 X

Hinzu kommt, dass häufiges Fokussieren, ohne auszulösen, viel Filmen oder lange Belichtungszeiten, vermehrtes Blitzen und die Verwendung der Wi-Fi-Funktionen die Anzahl an Aufnahmen senken können, da hierdurch zusätzliche Stromreserven verbraucht werden.

Wenn Sie zu denen gehören, die sich mit Ihrer G7 X auch mal einen ganzen Tag mit Fotografieren beschäftigen, können wir Ihnen nur raten, sich mindestens einen Zweitakku zuzulegen, sonst laufen Sie Gefahr, vom Energiemangel ausgebremst zu werden.

Verwenden Sie den Ersatzakku dann am besten auch immer im Wechsel mit dem Erstakku, damit beide Energiespeicher regelmäßig geladen werden, was für ihre Lebensdauer gut ist.

Vorsicht bei Akkus von Fremdherstellern

Der Originalakku von Canon ist leider nicht gerade günstig. Dennoch sollten Sie sich gut überlegen, Akkus anderer Hersteller zu verwenden. Die G7 X kann diese erkennen und Sie müssen der Verwendung aktiv zustimmen. Außerdem erlöschen bei Schäden durch den fremden Akku die Canon-Garantieansprüche. Auch kann es vorkommen, dass die G7 X den Akku gar nicht erst annimmt. Wir finden das sehr schade, aber der Trend setzt sich herstellerseitig immer mehr durch.

Schnelle und zuverlässige Speicherkarten mit entriegelter Speicherkartensperre ❶

> **Formatieren nicht vergessen**
>
> Speicherkarten, die Sie zum ersten Mal in der G7 X verwenden oder die zuvor in einer anderen Kamera eingesetzt wurden, sollten vor dem Gebrauch formatiert werden, wie auf Seite 34 beschrieben. Dann steht dem sicheren Speichern Ihrer Bilder und Movies nichts im Wege.

Geeignete Speicherkarten für die G7 X

In der G7 X werden die Bilder auf SD-, SDHC- oder SDXC-Memory-Cards gespeichert (SD steht für **S**ecure**D**igital, HC für **H**igh **C**apacity, XC für e**X**tended **C**apacity). Mit Modellen von SanDisk, Kingston, Lexar Media, Panasonic oder Toshiba sollten Sie hier in Sachen Zuverlässigkeit und Performance stets gut beraten sein.

In Bezug auf die Schnelligkeit, mit der die Karten die Daten sichern und auf den Computer übertragen können, empfehlen wir Ihnen eine Karte der Geschwindigkeitsklasse (*Class*) 10 mit 8, 16 oder 32 GByte Volumen. Erstens läuft die Filmaufnahme nur mit Karten ab Klasse 6 wirklich ruckelfrei. Ist die Speicherkarte zu langsam, wird die Aufnahme gestoppt, sobald der Pufferspeicher voll ist. Zweitens können Sie auf einer Karte mit 16 GByte immerhin etwa 600 RAW-Bilder unterbringen, und die kommen schnell zusammen, wenn Sie im Urlaub oder auf einer Feier auf viele schöne Motive treffen.

11.4 Unterwassergehäuse für den erweiterten Fotospaß

Sicherlich, das Unterwassergehäuse (WP-DC54) ist ein etwas spezielleres Zubehörteil, das mit einem Straßenpreis ab ca. 210 Euro auch nicht gerade umsonst zu haben ist. Es erweitert die Fotomöglichkeiten jedoch um interessante Aspekte, denn nicht nur beim Tauchen oder Schnorcheln, sondern beispielsweise auch beim Fotografieren von Kindern, die am Strand oder im heimischen Swimmingpool planschen, oder bei Wassersportaktivitäten kann das Unterwassergehäuse die G7 X vor schädlichem Spritzwasser schützen. Und wer gar in die Wüste fährt, kann das Gehäuse zweckentfremden und als Staub- bzw. Sandschutz einsetzen.

Das Unterwassergehäuse ist mit einem doppelwandigen Antibeschlagglas ausgestattet. Damit können Sie bis zu 40 m tief tauchen und gleichzeitig sämtliche Kamerafunktionen nutzen, also beispielsweise auch vom Foto- in den Videomodus wechseln oder den Blitz zuschalten. Es hat zudem an der unteren Seite ein ¼-Zoll-Stativgewinde, an dem Blitzschienen, Adapter oder beispielsweise auch die von Canon angebotenen Gewichte (WW-DC1) angeschraubt werden können, die dem Gehäuse beim Tauchen ein neutrales Auftriebsverhalten verpassen (drei Gewichte sowohl in Salz- als auch in Süßwasser werden von Canon empfohlen).

Über den Zubehörschuh auf der Oberseite kann ein flexibler Haltearm angebracht werden, beispielsweise ein sogenannter Clog-Shoe Flex, an dem spezielle Unterwasserlampen befestigt werden können, die das Motiv aufhellen oder den Fokus unterstützen. Über einen Abdeckungsaufsatz kann zudem ein Glasfaserkabel angebracht werden, mit dem Sie Unterwasserblitze am Gehäuse anschließen können (zum Beispiel von INON oder Sea&Sea).

▲ *Das Unterwassergehäuse WP-DC54 (Bild: Canon)*

Für die Einstellung von Funktionen mit dem Einstellungswahlrad ist beim Unterwassergehäuse ein alternativer Mechanismus zu verwenden. Als Ersatz für das Drehen am Einstellungswahlrad ● drücken Sie hier gleichzeitig die RING FUNC.-Taste und die Pfeiltasten ◄ oder ► auf dem Einstellungswahlrad.

Spezielle Unterwassereinstellungen

Unter Wasser ändern sich die Lichtverhältnisse teilweise dramatisch, alles sieht plötzlich grüner oder blauer aus. Um diese spezielle Situation etwas auszugleichen, empfiehlt es sich, den *SCN*-Modus *Unterwasser* oder den Weißabgleich *Unterwasser* zu verwenden, gegebenenfalls mit einer zusätzlichen Weißabgleichkorrektur WB +/-.

Da Fische im Allgemeinen nicht still halten, hat die G7 X zudem zwei spezielle Fokusoptionen für Unterwassermotive in petto. Diese können Sie aber nur im *SCN*-Modus *Unterwasser* nutzen. Die Funktion *Unterwasser-Makro* zielt auf dichte Aufnahmeabstände ab (5–50 cm) und nutzt die Weitwinkeleinstellung des Objektivs. Entfernte Motive lassen sich hingegen mit der Einstellung *Schnell* gut einfangen (1,5–20 m). Zudem können Sie auch den manuellen Fokus *MF* verwenden. Eingestellt werden die Fokusmodi über die ♣MF-Taste des hinteren Einstellungswahlrads.

▲ *Einstellung der Unterwasserfokusmodi*

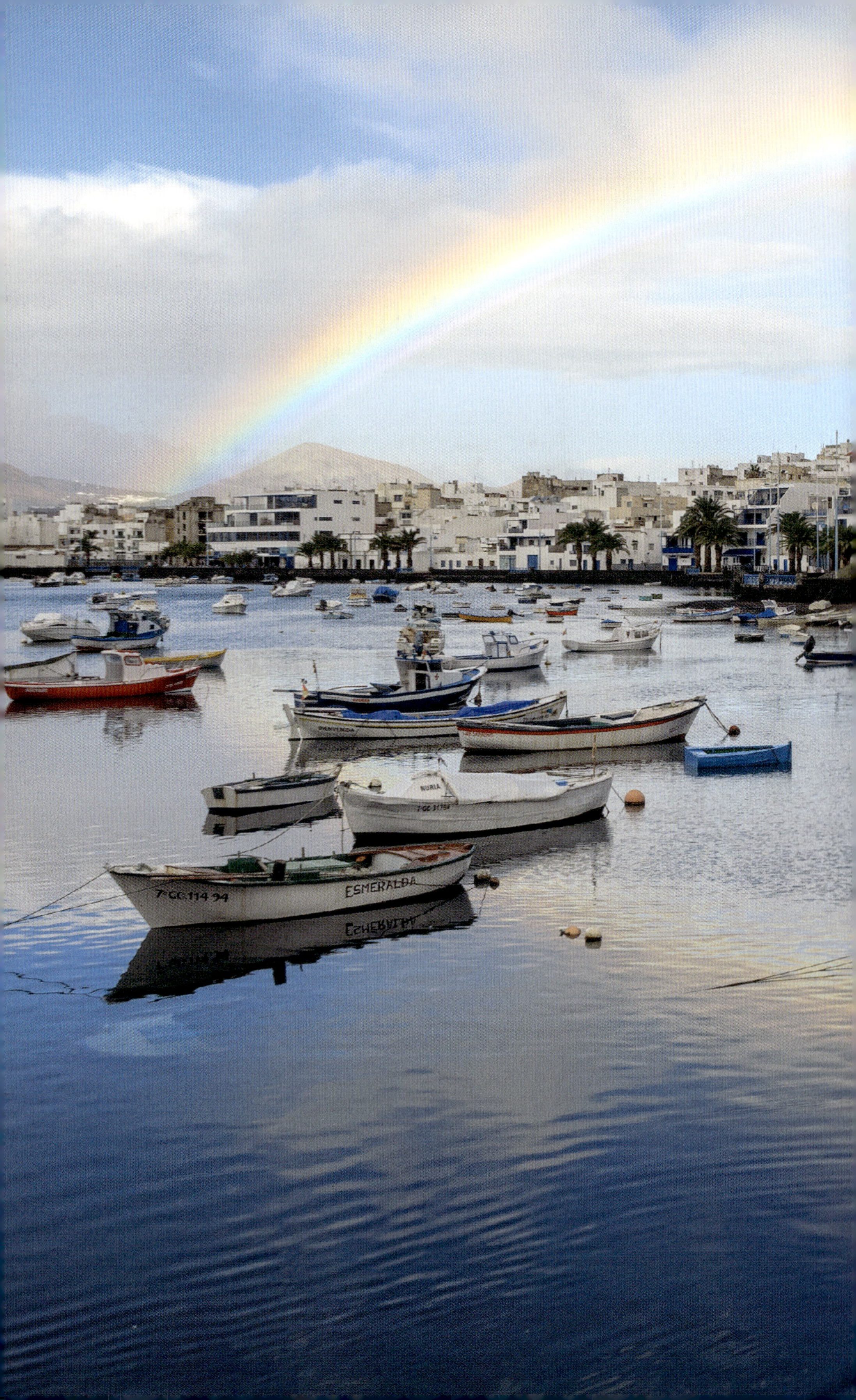
ESMERALDA

Wi-Fi, Bildweitergabe und Drucken

In diesem Kapitel wird es um die Übertragung Ihrer Bilder auf Smartphone, Computer und andere Geräte mit und ohne Kabel gehen. Machen Sie sich also gleich einmal auf Entdeckungsreise in Sachen Datenweitergabe mit Ihrer G7 X.

1/2000 Sek. | f/4,0 | ISO 125 | 8,8 mm
▲ *Auch diese Aufnahme läßt sich auf allerlei Wiedergabegeräte übertragen.*

12.1 Kabellose Bildübertragung per WLAN

Heutzutage gehört die kabellose Übertragung von Daten und Informationen schon fast überall zum Standard. Da ist es nur konsequent, dass Canon der G7 X eine Drahtlosfunktion spendiert hat, mit der Sie die schönsten Bilder schnell und unkompliziert mit anderen teilen oder die Kamera übers Handy fernsteuern können. Fragt sich nur, was man damit eigentlich Nützliches anstellen kann. Nun, derzeit stehen fünf WLAN-Funktionen zur Verfügung:

1. **Bilder zwischen Kameras übertragen** 📷: Die G7 X sucht nach Kameras mit aktiver WLAN-Funktion in der Nähe. Wählen Sie das gewünschte Gerät aus und übertragen Sie Bilder von Kamera zu Kamera, beispielsweise wenn ein Fotografenkollege ein schönes Arbeitsfoto von Ihnen aufgenommen hat.

2. **Mit einem Smartphone verbinden** 📱: Hierüber können Sie entweder mit dem Smartphone die Bilder auf der Speicherkarte der G7 X aufrufen, um sie zum Beispiel an Ihr Facebook-Konto zu schicken. Oder Sie steuern die

▲ *Die fünf Standardoptionen des WLAN-Menüs*

G7 X damit fern, indem Sie sich das Livebild auf den Smartphone-Monitor holen und darüber auslösen.

3. Verbindung zu einem Computer 🖳: Wenn Sie die G7 X mit Ihrem heimischen WLAN-Netzwerk verbinden, können Sie die Bilder kabellos auf Ihren Computer übertragen.

4. Vom WLAN-Drucker drucken 🖨: Analog zu der Verbindung mit dem Smartphone kann sich die G7 X auch mit einem WLAN-fähigen Drucker verbinden und ausgewählte Bilder direkt ausdrucken.

5. Hochladen zum Webservice ☁: Für das Senden der Bilder an Ihren Onlinespeicher bei CANON iMAGE GATEWAY müssen Sie sich zuerst dort registrieren (*www.canon.de/cig/*).

Die G7 X fürs WLAN vorbereiten

Wenn Sie die WLAN-Funktion Ihrer G7 X zum ersten Mal verwenden, müssen Sie Ihre Kamera erst einmal „taufen". Geben Sie ihr einen aussagekräftigen Nick- oder Kurznamen, damit Sie sie später unter den verschiedenen WLAN-fähigen Geräten in Ihrem Heimnetzwerk schnell wiederfinden.

Dazu drücken Sie die Wiedergabetaste ▶ und anschließend die Taste ▲. Am besten funktioniert die Namensvergabe mit der Touch-Bedienung 👆. Tippen Sie also einfach das leere Feld bei *Nickname für diese Kamera eingeben* mit dem Finger an.

Danach tragen Sie die gewünschten Buchstaben, Zeichen oder Zahlen ein und schließen die Aktion danach mit der *MENU*-Taste oder Touchfläche ab.

Verbindung mit einem Smartphone herstellen

Sicherlich ist für viele die Kamerafernsteuerung/Bildübertragung per Smartphone am interessantesten. Daher nehmen wir uns den Einstellungsweg im Folgenden vor, damit Sie im Anschluss gleich selbst loslegen können. Ihre G7 X lässt sich dann in fast jeder Lebenslage mit dem Smartphone verbinden. Nur für das Hochladen von Bildern ins

✅ CANON iMAGE GATEWAY

Bei CANON iMAGE GATEWAY können Sie Bilder und Videos auf einen 10 GByte großen Onlinespeicher hochladen und via Internet darauf zugreifen. Die Dateien können in Onlinealben sortiert und eingeladenen Freunden präsentiert werden. Auch ist es möglich, Bilder per E-Mail zu versenden oder über Facebook und Twitter zu teilen. Zudem können Sie die Bilder aus der Speicherkarte über iMAGE GATEWAY auf Ihren Computer laden, ohne sie online zu speichern. Eine Anleitung hierzu haben wir für Sie zusammengestellt auf:

www.saenger-photography.com/canon-image-gateway.

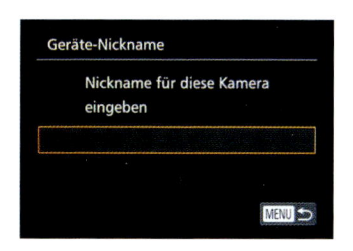

▲ *Start der Namensvergabe.*

▲ *Eintragen des Geräte-Nicknamens.*

Internet benötigen Sie eine Verbindung zwischen Smartphone und Internet.

Am besten installieren Sie zuerst die App CameraWindow auf Ihrem Smartphone. Diese finden Sie kostenlos im App Store für iOS-Betriebssysteme oder bei Google Play für Android.

Rufen Sie anschließend das WLAN-Menü Ihrer G7 X auf, indem Sie die Taste ▶ und danach ▲ drücken. Jetzt können Sie das Symbol für die Smartphone-Verbindung 📱 auswählen und anschließend den Eintrag **Gerät hinzufügen** aufrufen.

▲ *Die G7 X wartet auf das Verbindungssignal des Smartphones.*

Anschließend aktivieren Sie die WLAN-Funktion Ihres Smartphones und öffnen die WLAN-Einstellungen, bei denen Ihr Smartphone alle verfügbaren WLAN-Netze auflistet. Der Nickname Ihrer G7 X sollte darin auftauchen, sodass Sie ihn antippen und mit der Schaltfläche **Verbinden** die WLAN-Verbindung herstellen können.

▲ *Starten des Verbindungsaufbaus mit dem WLAN-Netz der G7 X*

✓ Schnellverbindung über NFC

Hinter der Abkürzung NFC steckt die Funktechnologie **N**ear **F**ield **C**ommunication, die es möglich macht, eine WLAN-Verbindung über kurze Distanzen aufzubauen. Dazu aktivieren Sie die NFC-Funktion Ihres Smartphones und halten es mit dem NFC-Bereich dicht an das eingeprägte N-Symbol 🅽 auf der Unterseite der G7 X. Auf dem Smartphone öffnet sich entweder die zuvor installierte App CameraWindow 📷 oder Sie müssen sie manuell starten. Anschließend können Sie wie nachfolgend beschrieben fortfahren.

Als Nächstes öffnen Sie die App CameraWindow 📷 auf Ihrem Smartphone. Beim erstmaligen Gebrauch werden Sie auch hier gebeten, einen Kurznamen zu vergeben (hier: *KS-Handy*), damit Sie Ihr Smartphone auch im WLAN-Menü der G7 X wiederfinden. Bestätigen Sie anschließend im Menü der G7 X die Namensschaltfläche Ihres Smartphones. Anschließend können Sie sich entscheiden, ob Sie die Kamerabilder auf dem Zielgerät

▲ *Vergeben eines Smartphone-Spitznamens*

▲ *Auswahl des Smartphones*

198 Kapitel 12 Wi-Fi, Bildweitergabe und Drucken

anzeigen lassen möchten oder nicht. Wir haben uns für Ja entschieden, um uns alle verfügbaren WLAN-Optionen zu erschließen.

CameraWindow ist nun voll funktionsfähig und zeigt Ihnen die bestehende Verbindung unten an ❶. Wenn Sie die Verbindung schnell trennen möchten, tippen Sie die Schaltfläche oben rechts ❻ an. Wenn Sie sich die Bilder anschauen möchten, die sich auf der Speicherkarte der G7 X befinden, wählen Sie *Bilder auf Kamera anzeigen* ❺, zur Fernsteuerung geht es über die Schaltfläche *Fernauslösung durchführen* ❹.

Des Weiteren können Sie mit Ihrem Smartphone ein *Standortprotokoll* ❷ aufzeichnen. Wenn Sie während dieser laufenden Standortaufzeichnung Fotos mit der G7 X aufnehmen, ohne dass die Kamera dabei mit dem Smartphone verbunden ist, können Sie diese Bilder, nachdem Sie die Kamera mit dem Smartphone verbunden haben, über die Schaltfläche *Standorte zu Bildern auf Kamera hinzufügen* ❸ mit den Standortdaten des Smartphones versehen. Die Bilder erhalten dann Angaben zu Längen- und Breitengrad.

Das Smartphone übernimmt somit die Funktion eines GPS-Datenloggers, wobei die Standortgenauigkeit davon abhängt, ob das Smartphone richtige GPS-Daten erfassen kann. Für eine korrekte GPS-Datenaufzeichnung ist es wichtig, im Smartphone die Funktion zu deaktivieren, die den Standort per WLAN oder Mobilfunk ermittelt, und im Gegenzug die Ortsermittlung über GPS zu aktivieren.

▲ *Die Menüoberfläche der Smartphone-App Canon CameraWindow*

Die WLAN-Einstellungen

Im Einstellungsmenü 🔧 unter *WLAN-Einstellungen* finden Sie alle wichtigen Informationen rund um die WLAN-Verbindungsmodi. Hier können Sie den Geräte-Nicknamen der G7 X ändern oder die Geräte-Nummer (MAC-Adresse) ablesen. Wenn Sie die *Kennwort*-Funktion einschalten, wird für die WLAN-Verbindung einmal zu Beginn ein numerisches Passwort benötigt, das Ihnen die G7 X vorgibt. Die Größe der zu versendenden Bilder können Sie unter *Größe zum Versenden ändern* einstellen. Sollten Sie die G7 X verkaufen, können Sie mit *Einstellungen zurücksetzen* alle Verbindungsdaten löschen. Mit der Aktivierung von *Zielgeräteverl.* zeigt Ihnen die G7 X beim Verbindungsaufbau an, mit welchen Geräten sie zuvor schon einmal verbunden war, was die Schnellauswahl erleichtert.

▲ *WLAN-Einstellungen*

▼ Im Programm ImageBrowser EX wird über **Karte** die Map Utility aufgerufen. Diese präsentiert Ihnen die Bilder mit Standortdaten auf einer Landkarte.

Nach der Übertragung der Bilder mit den übertragenen Standortdaten auf den Computer können Sie mit der Software ImageBrowser EX über die Schaltfläche **Karte** die Map Utility aufrufen und sich die Aufnahmeorte der Bilder in der Karte ansehen. Das funktioniert aber auch in anderen Programmen mit Kartenmodul (zum Beispiel Lightroom).

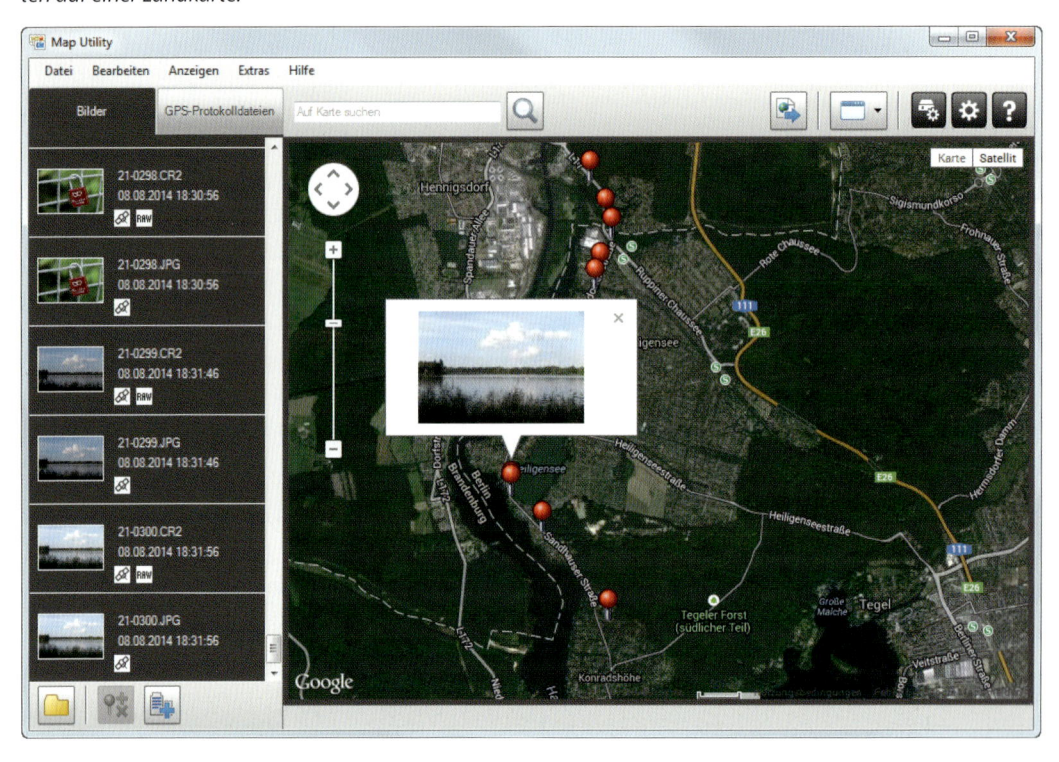

▲ Bilder und Videos von der G7 X aus zum Smartphone senden

Bilder und Filme an das Smartphone senden und weiterleiten

Sobald die Verbindung zwischen der G7 X und dem Smartphone steht, können Sie die Bilder und Videos auf der Speicherkarte an das Smartgerät senden.

Dazu wählen Sie entweder die Schaltfläche **Senden** im Monitor der G7 X, es wird dann das aktuell angezeigte Bild gesendet. Oder Sie wählen **Auswähl./Send.**, dann können Sie mit der **FUNC./SET**-Taste jede Datei einzeln auswählen und am Schluss über die **MENU**-Taste alle gemeinsam senden.

Es geht aber auch anders herum: Übertragen Sie die Bilder mit der App CameraWindow von der Kamera auf Ihr Smartphone, indem Sie die Option *Bilder auf Kamera anzeigen* ▶ wählen.

Alle Bilder und Videos auf der Speicherkarte der G7 X werden daraufhin aufgelistet. Öffnen Sie nun die *MENU*-Funktion ❷ Ihres Smartphones und tippen Sie die Bilder an ❸, die übertragen werden sollen.

Bei gruppierten Bildern können Sie die Fotos einzeln auswählen, müssen also nicht alle übertragen. Mit der Schaltfläche *Speichern* ❹ wird die Übertragung gestartet. Alternativ können Sie die Bilder aber auch gleich *Teilen* ❶ und sie zum Beispiel an Facebook oder Flickr schicken.

Schnellverbindung mit der Verbindungstaste

Wenn Sie die Verbindung zu Ihrem Smartphone nicht jedes Mal umständlich über das WLAN-Menü aufbauen möchten, können Sie mit der eigens dafür eingerichteten Verbindungstaste ❺ eine Schnellverbindung herstellen. Bei der ersten Anwendung wählen Sie einmalig den *Speicherort für One-Touch-Verbindung* aus. Im Fall des Smartphones bestätigen Sie das Symbol und im Fall einer Verbindung zum Computer das Symbol.

Im Anschluss wählen Sie das jeweils angezeigte Gerät aus der Liste aus, in unserem Beispiel das Smartphone mit dem Kurznamen *KS-Handy*, und öffnen dann am Smartphone die App CameraWindow. Nach dem Verbindungsaufbau präsentiert Ihnen der Smartphone-Monitor die Bilder auf der Speicherkarte der G7 X und Sie können sie auswählen und auf Ihr Smartgerät senden.

Wenn Sie die Verbindungstaste später erneut verwenden, wird die Verbindung zum Smartphone direkt hergestellt – egal, ob die G7 X zuvor ein- oder ausgeschaltet war. Und wenn Sie den Verbindungstyp ändern möchten, können Sie im Einstellungsmenü bei *Verbindungstaste des Geräts* die gespeicherte Vorgabe löschen und sie durch Drücken der Verbindungstaste anschließend neu anlegen.

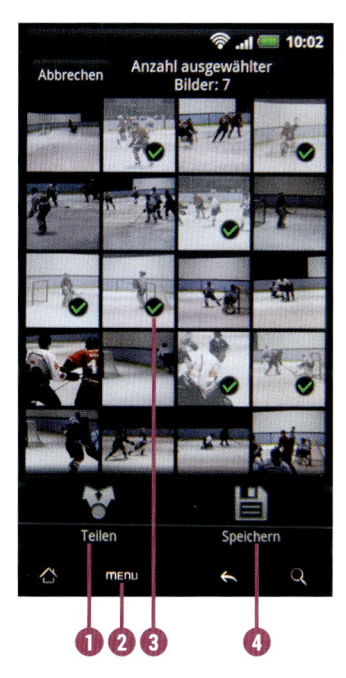

▲ *Kamerabildanzeige von CameraWindow mit ausgewählten Medienelementen*

▲ *Verbindungstaste*

▲ *Speicherort für die One-Touch-Verbindung*

Kapitel 12 Wi-Fi, Bildweitergabe und Drucken **201**

12.2 Die G7 X vom Smartphone fernsteuern

Mit der WLAN-Funktion können Sie die G7 X bequem vom Smartphone aus fernsteuern. Allerdings läuft die Kamera nur im Modus *P* und es stehen sehr wenige Einstellungsoptionen zur Verfügung.

So gibt es beispielsweise keine Möglichkeit, einen AF-Rahmen zum Scharfstellen bestimmter Bildbereiche zu verwenden. Auch haben Sie keinen Einfluss auf die Belichtung (Belichtungszeit, Blende, ISO-Wert, Belichtungskorrektur). Zudem können keine Filme aufgezeichnet werden.

Wichtig ist auch, dass im Aufnahmemenü ⬛ der *Kontinuierl. AF* eingeschaltet ist, sonst stellt die ferngesteuerte G7 X Ihr Motiv nicht scharf. Am ehesten eignet sich diese Art der Fernsteuerung für Selbstporträts oder Gruppenaufnahmen mit Fotograf im Bild, bei denen die Kamera auf dem Stativ steht oder auf andere Weise fixiert ist.

Vom Prozedere her verbinden Sie die G7 X, wie zuvor gezeigt, mit Ihrem Smartphone und öffnen in der App CameraWindow die Option *Fernauslösung durchführen*. Denken Sie daran, dass das Objektiv nun aus dem Gehäuse fährt.

Anschließend richten Sie den Bildausschnitt mit der G7 X ein und können am Smartphone nun folgende Einstellungen vornehmen: Erweitern [▦] ❶ oder verengen [▣] ❷ Sie den Bildausschnitt mit den entsprechenden Touchflächen oder verwenden Sie dafür den Schieberegler ❸. Stellen Sie, wenn benötigt, über die Schaltfläche ❹ den Blitzmodus ❺ (Blitz vorher aus der Kamera ausklappen) und den Selbstauslöser-Modus ❻ ein. Blenden Sie die Aufnahmeinformationen mit der *DISP.*-Touchfläche ❼ ein oder aus und sperren oder entriegeln ❽ Sie die Aktualisierung des Vorschaubildes.

▲ *Fernsteuerungsmonitor der CameraWindow-App*

Schließlich lösen Sie das Foto mit der Auslöser-Schaltfläche ❾ aus und können die Fernsteuerung mit der Schaltfläche ❿ wieder verlassen, sodass das Objektiv ins Gehäuse fährt.

12.3 Bilder mit der G7 X direkt ausdrucken

Wenn Sie einen Drucker besitzen, der den PictBridge-Standard ⚡ unterstützt, der ein vom Computer unabhängiges Drucken ermöglicht, können Sie Ihre Fotos direkt von der G7 X zu Papier bringen.

Dazu verbinden Sie die Kamera entweder per WLAN direkt mit dem Drucker oder schließen sie, was meist unkomplizierter funktioniert, mit einem USB-Schnittstellenkabel direkt am Drucker an.

Schalten Sie die G7 X dazu aus und befestigen Sie das kleinere Kabelende (Mini-B-Stecker) am USB-Eingang ⚡ der Kamera und das andere Ende an der USB-Buchse des Druckers. Schalten Sie die G7 X nun wieder ein.

Einzelne Bilder direkt ausdrucken

Wenn Sie ein Bild in der Wiedergabeansicht aufrufen, erscheint das Zeichen ⚡ und Sie sehen die aktuellen Druckvoreinstellungen. Wenn Sie jetzt die *FUNC./SET*-Taste drücken oder *SET* antippen, können Sie die Druckvorgaben des einzelnen Bildes öffnen.

Hier haben Sie die Möglichkeit, den Aufdruck von Datum und Uhrzeit ⚡ ❶ explizit zu untersagen oder die Voreinstellungen zu verwenden. Gleiches gilt für eine eventuell vom Drucker angewendete Bildoptimierung ⚡ ❷.

Interessant ist auch die Möglichkeit, bei *Ausschnitt* ❸ ein Menüfenster zu öffnen, in dem Sie den Druckbereich ❹ einschränken können. Bei *Papierauswahl* ❺ lässt sich schließlich eintragen, ob der Druck auf normalem Papier oder Fotopapier erfolgen soll. Starten Sie den Ausdruck schließlich mit der Schaltfläche *Drucken*.

▲ *Wiedergabe bei angeschlossenem Drucker*

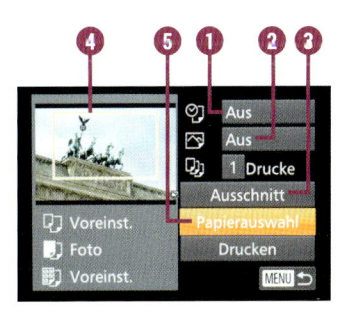

▲ *Einstellungen für den Direktdruck*

12.4 Bildübertragung mit Canon CameraWindow

Außer dem kabellosen Senden der Daten auf den Computer per WLAN bietet die G7 X auch die Möglichkeit, die Bilder und Movies „klassisch" über ein mit dem Computer verbundenes USB-Kabel zu übertragen.

Die Bilder per USB übertragen

Für die direkte Kabelanbindung der G7 X an den Computer schalten Sie die Kamera erst einmal aus. Verbinden Sie die G7 X nun über ein USB-Schnittstellenkabel, das kameraseitig einen Mini-B-Stecker hat und computerseitig einen A-Stecker, mit Ihrem Computer oder Notebook. Schalten Sie die Kamera danach wieder ein.

▸ *G7 X mit angeschlossenem USB-Kabel*

Öffnen über den Desktop

Wir haben uns den CameraWindow DC Launcher einfach auf den Desktop gelegt und so nach dem Einstöpseln der Kamera mit einem Doppelklick immer direkten Zugriff auf das Programm.

❶ ▲ *Öffnen von CameraWindow DC aus dem ImageBrowser EX heraus.*

Für das weitere Vorgehen ist es notwendig, die im Internet erhältliche Canon-Software zu installieren (*www.canon.de/Support/Consumer_Products/products/cameras/Digital_Compact/Powershot_G_series/PowerShot_G7_X.aspx*). Dazu müssen Sie zu Beginn die Seriennummer Ihrer G7 X einmal eingeben. Entpacken Sie anschließend die heruntergeladene ZIP-Datei und installieren Sie die Software. Öffnen Sie nun als Erstes das Canon-Programm ImageBrowser EX und wählen Sie aus dem Drop-down-Menü *Kameraeinstellungen/importieren* den Eintrag *Verbindung mit Kamera herstellen* ❶, und schon öffnet sich CameraWindow.

Am besten wählen Sie als Erstes oben rechts die Schaltfläche *Einstellungen* aus und gehen dann bei *Importieren* ❷ zu den *Ordnereinstellungen* ❸. Legen Sie den Speicherort ❹ und gegebenenfalls neu zu erstellende Unterordner ❺ fest, in die die Dateien übertragen werden sollen. Wenn Sie die Fotos nach dem Herunterladen direkt in eigene Ordner weitersortieren, empfiehlt sich die Wahl der Checkbox *Aus*. Andernfalls wäre die Standardeinstellung *Aufnahmedatum* eine gute Wahl.

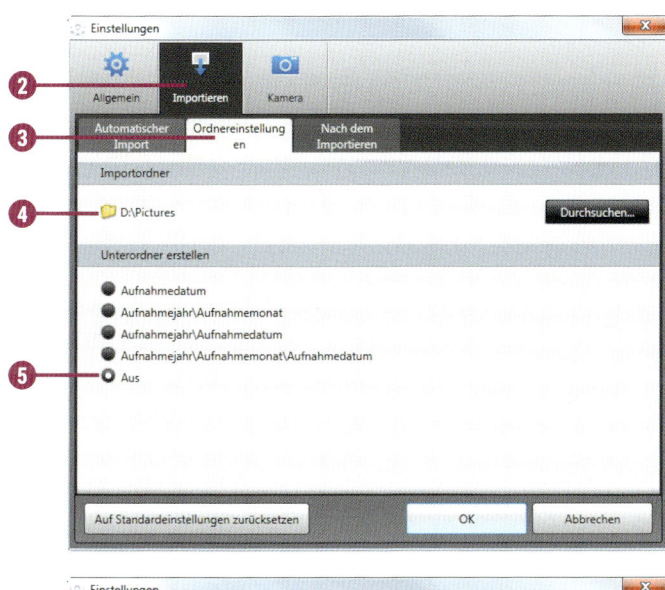

◂ *Auswahl des Speicherverzeichnisses für heruntergeladene Dateien (oben) und Festlegen der Software, die nach dem Herunterladen automatisch gestartet werden soll (unten).*

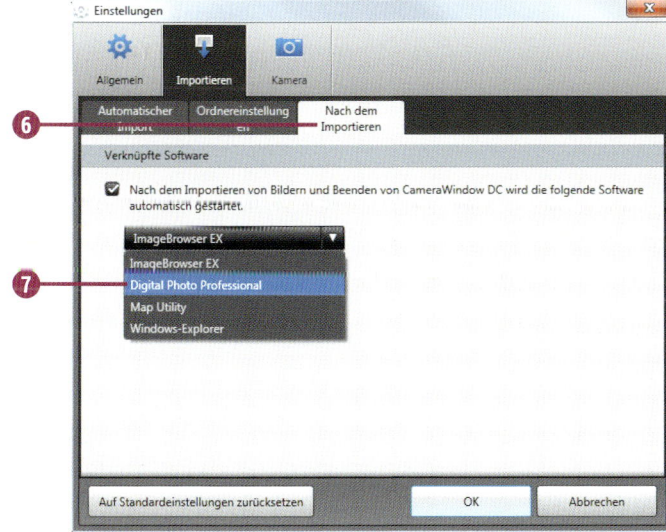

Über die Registerkarte *Nach dem Importieren* ❻ legen Sie fest, ob und welches Programm nach dem Schließen von CameraWindow gestartet werden soll. Das könnte zum Beispiel Digital Photo Professional ❼ sein, wenn Sie Ihre RAW-Aufnahmen gleich nach dem Import weiterbearbeiten möchten. Oder Sie wählen das Ordnerverzeichnis Ihres Betriebssystems, zum Beispiel Windows-Explorer, um die Bilder gleich in eigene Ordner weiter zu sortieren. Bestätigen Sie auf jeden Fall alle Angaben mit einem Klick auf *OK*.

Zurück im Startfenster von CameraWindow klicken Sie auf *Bilder von Kamera importieren*. Jetzt können Sie wählen, ob Sie nur die bisher *Nicht übertragenen Bilder importieren* ❽, *Bilder für den Import auswählen* ❾ oder einfach *Alle Bilder importieren* ❿ möchten.

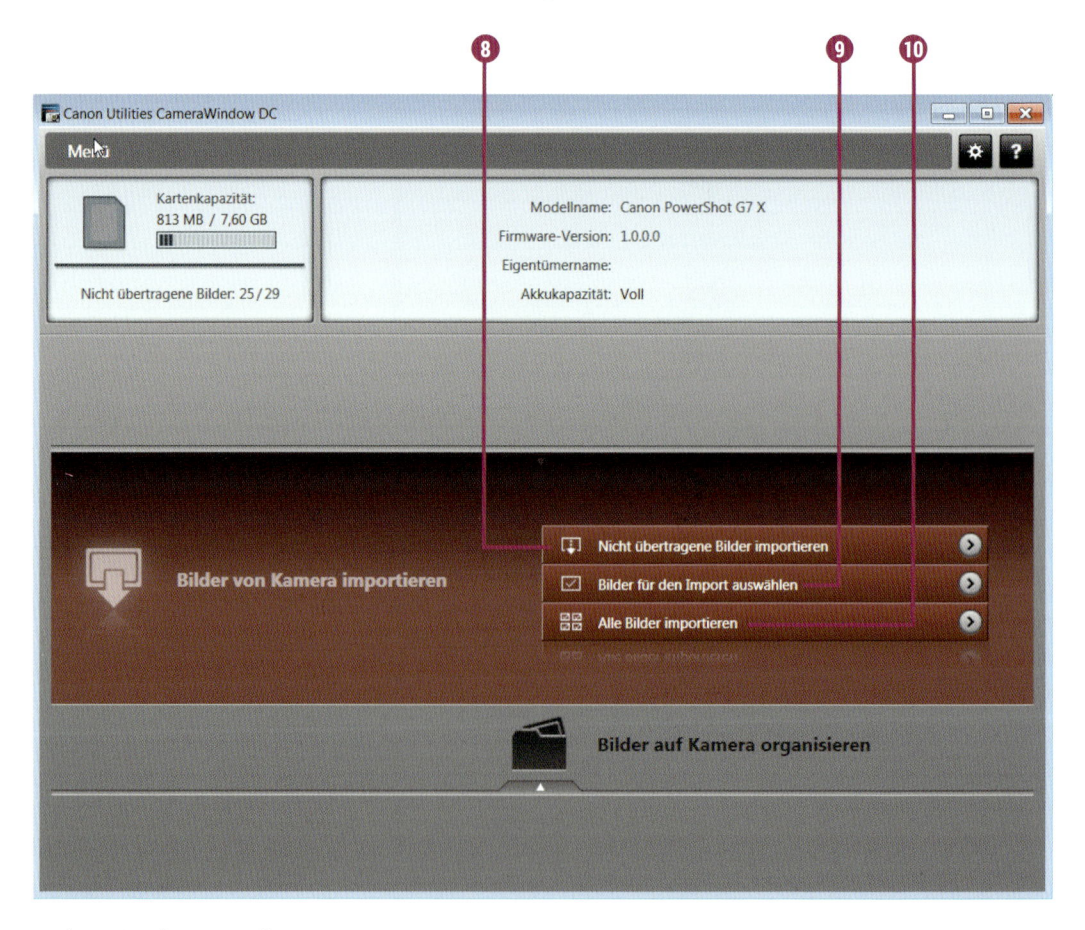

▲ *Importoptionen von Camera-Window DC*

206 Kapitel 12 Wi-Fi, Bildweitergabe und Drucken

Wenn Sie *Bilder für den Import auswählen* ❾ angeklickt haben, werden im nächsten Fenster alle Fotos und Videos der Speicherkarte angezeigt. Durch einen Klick auf die Datei wird das Bild ausgewählt. Wenn Sie gleichzeitig die ⇧-Taste drücken, können Sie am Stück mehrere Bilder markieren.

Einzelne Fotos lassen sich bei gedrückter Strg/cmd-Taste auswählen. Alternativ können Sie unten über die Schaltfläche *Alle* die gesamten Fotos markieren. Klicken Sie schließlich unten rechts auf die Schaltfläche *Importieren*.

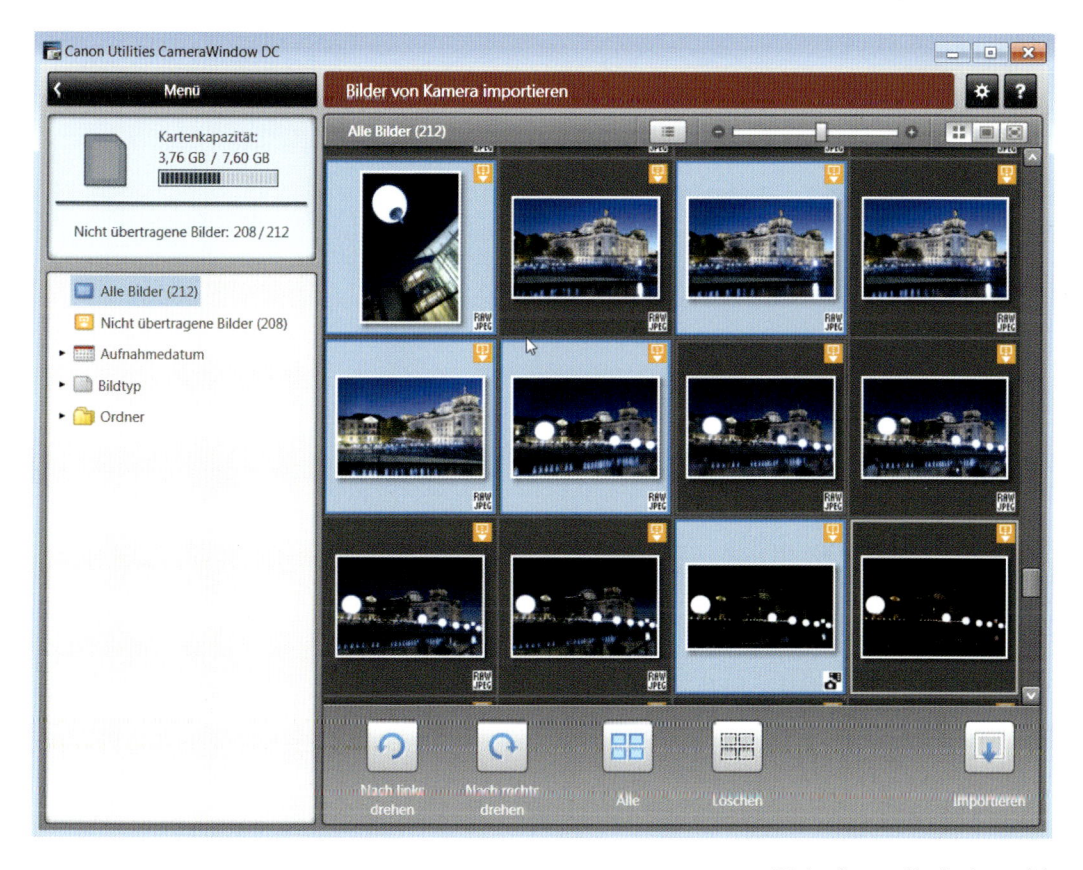

Wenn alles erledigt ist, beenden Sie CameraWindow, schalten die G7 X aus und ziehen das Kabel wieder ab. Nun können Sie die Bilder mit den Canon-eigenen Programmen oder mit anderer Software weiterbearbeiten, betrachten und sortieren.

▲ *Dialogfenster für die Auswahl der zu importierenden Bilder, Filmtagebücher und Videos*

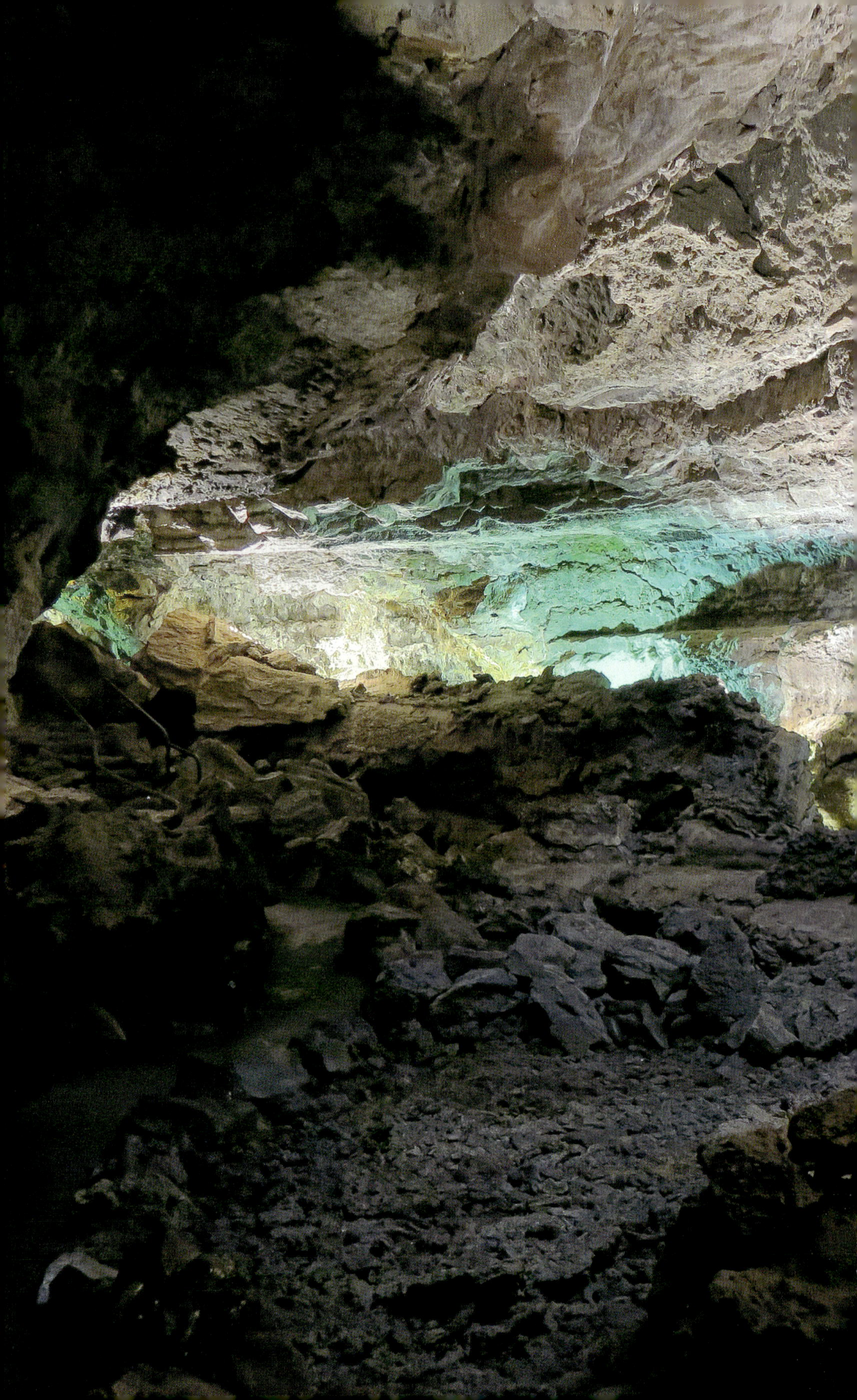

Menüeinstellungen

Last, but not least werden wir Ihnen in diesem Kapitel verschiedene Möglichkeiten vorstellen, wie Sie sich bestimmte Menüs und Steuerelemente der G7 X individuell einrichten können und was die Informationsanzeigen alles für Sie bereithalten.

13.1 Das FUNC.-Menü individuell einrichten

Bei dem flexiblen Bedienkonzept der G7 X gehört es auch zum guten Ton, dass sich das *FUNC.*-Menü individuell anpassen lässt. Es können Funktionen daraus entfernt oder die bestehende Reihenfolge verändert werden. Um sich ein eigenes *FUNC.*-Menü zu gestalten, beginnen Sie mit der Auswahl des Menüeintrags *Layout des FUNC.-Menüs* im Aufnahmemenü. Nach etwa zwei Sekunden präsentiert Ihnen die Kamera alle verfügbaren Optionen in diesem Menü. Nun können Sie jeden Eintrag mit dem Einstellungswahlrad oder per Fingertipp ansteuern und mit der *FUNC./SET*-Taste wählen, ob die Funktion verfügbar sein soll (Häkchen sichtbar) oder nicht. Um die ausgewählten Funktionen neu zu sortieren, drücken Sie die RING/FUNC.-Taste. Wählen Sie anschließend die zu verschiebende Funktion aus und drücken Sie die *FUNC./SET*-Taste. Platzieren Sie die Funktion mit den Pfeiltasten ▲ oder ▼ oder mit dem Einstellungswahlrad an der gewünschten Stelle und bestätigen Sie dies mit *FUNC./SET*. Durch Drücken der *MENU*-Taste können Sie die Einstellungsprozedur abschließen, indem Sie die Frage *Einstellungen anwenden?* mit der *OK*-Schaltfläche bestätigen.

▲ Auswählen (oben) und Sortieren (rechts) der verfügbaren Funktionen im FUNC.-Menü

▼ Vorschläge für die Belegung des FUNC.-Menüs für verschiedene Fotoschwerpunkte

In der nachfolgenden Tabelle haben wir Ihnen unsere persönlichen Prioritäten für die Belegung des *FUNC.*-Menüs

Porträt	Landschaft	Sport	Fotografieren im RAW-Format
Weißabgleich	Weißabgleich	Auslösemodus	Auslösemodus
My Colors	My Colors	My Colors	Aufnahmereihe
Auslösemodus	Aufnahmereihe	Weißabgleich	Weißabgleich
Selbstauslöser	Kontrastkorrektur	Messverfahren	Selbstauslöser
Messverfahren	Schattenkorrektur	ND-Filter	ND-Filter
ND-Filter	Selbstauslöser	Seitenverhältnis	Seitenverhältnis
Kontrastkorrektur	ND-Filter	Bildtyp JPEG	Filmqualität
Schattenkorrektur	Auslösemodus	Aufnahmepixel	
Seitenverhältnis	Seitenverhältnis	Filmqualität	
Bildtyp JPEG	Bildtyp JPEG		
Filmqualität	Filmqualität		

in Abhängigkeit vom fotografischen Schwerpunkt einmal zusammengestellt. Wobei wir Ihnen empfehlen, generell alle Funktionen aktiviert zu halten und die nicht benötigten einfach hinter die wichtigen Funktionen zu verschieben, um bei Bedarf doch noch darauf zugreifen zu können.

13.2 Das My Menu einrichten

Nachdem Sie einiges über die Vielzahl der Menüfunktionen erfahren haben, fragen Sie sich vielleicht: „Kann ich auf Funktionen, die ich häufiger benötige, noch direkter zugreifen als über das normale Menü?"

Das geht natürlich, und zwar mit dem *My Menu* ★. Darin hält Ihre G7 X fünf freie Speicherplätze bereit, die Sie mit Ihren Lieblingsfunktionen belegen können. Hierzu zählen auch Funktionen, die weder über die Direkttasten noch über das *FUNC.*-Menü verfügbar sind, womit Sie die Bedienung also um fünf schneller erreichbare Menüoptionen erweitern können.

▲ *Das My Menu mit unseren persönlichen Favoriten*

Um die gewünschten Funktionen im *My Menu* abzuspeichern, stellen Sie am besten zuerst den Modus *P* ein, damit Ihnen die vollen Funktionspalette zur Verfügung steht. Wählen Sie anschließend im Menü die Registerkarte *My Menu* ★ aus und bestätigen Sie den Eintrag *My Menu Einst.* mit der *FUNC./SET*-Taste.

Wählen Sie anschließend *Objektwahl* ❶. Nun können Sie nacheinander fünf Funktionen Ihrer Wahl mit der *FUNC./SET*-Taste mit einem Häkchen versehen. Drücken Sie schließlich die *MENU*-Taste, um wieder eine Ebene zurück zu gelangen. Wenn Sie die Reihenfolge der Einträge umgestalten möchten, ist auch das kein Problem. Verwenden Sie hierzu einfach die Funktion *Sortieren* ❷.

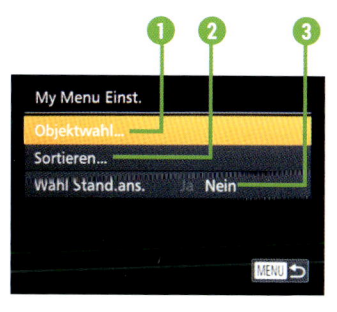

▲ *Die verfügbaren My Menu Einst.*

✅ **Direktzugriff auf das My Menu**

Damit der Zugriff auf die *My-Menu*-Funktionen wirklich schnell geht, aktivieren Sie die Funktion *Wahl Stand.ans.* ❸. Nach dem Drücken der *MENU*-Taste präsentiert Ihnen die G7 X dann ohne Umschweife die gespeicherten Funktionen Ihres *My Menu*.

13.3 Steuerelemente neu belegen

Die Ringsteuerung Ihrer G7 X kann auch mit anderen Funktionen vorbelegt werden. Im folgenden Abschnitt zeigen wir wie es geht.

Die Ringsteuerung umprogrammieren

Die Ringsteuerung am Objektiv der G7 X ist eine komfortable Möglichkeit, um wichtige Parameter direkt und unkompliziert einzustellen. Dabei ist die Ringsteuerung bei jedem verwendeten Programm schon mit einer bestimmten Funktion vorbelegt. Im Programm *Av* beispielsweise mit der Einstellung des Blendenwertes. In den Modi *P*, *Tv*, *Av* oder *M* ist es aber auch möglich, dem Ring eine andere Funktion zuzuweisen.

▲ *Funktionseinstellung der Ringsteuerung*

Dies bewerkstelligen Sie ganz einfach, indem Sie zuerst die Wahltaste für den Steuerring RING FUNC. drücken, mit der sich das Optionsmenü aufrufen lässt. Sogleich erscheint am oberen Rand des Displays eine Reihe von Funktionen, die mit dem Einstellungswahlrad oder per Fingertipp aufgerufen werden und mit der *FUNC./SET*-Taste der Ringsteuerung zugewiesen werden können. Im manuellen Betrieb (*M*) können Sie dabei lediglich zwischen Blendenwert *Av* und Belichtungszeit *Tv* wählen, in den anderen Programmen stehen neben der Voreinstellung sieben weitere Optionen zur Verfügung.

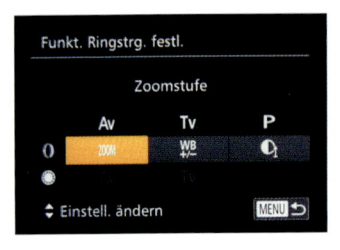

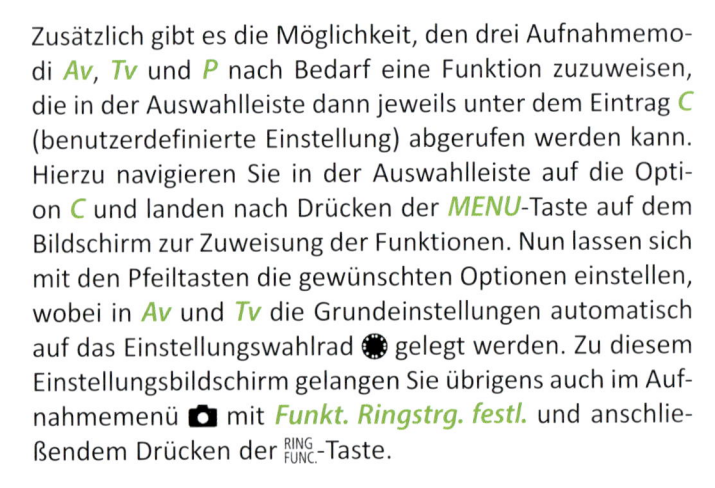

▲ *Belegung der Option C der Ringsteuerung*

Zusätzlich gibt es die Möglichkeit, den drei Aufnahmemodi *Av*, *Tv* und *P* nach Bedarf eine Funktion zuzuweisen, die in der Auswahlleiste dann jeweils unter dem Eintrag *C* (benutzerdefinierte Einstellung) abgerufen werden kann. Hierzu navigieren Sie in der Auswahlleiste auf die Option *C* und landen nach Drücken der *MENU*-Taste auf dem Bildschirm zur Zuweisung der Funktionen. Nun lassen sich mit den Pfeiltasten die gewünschten Optionen einstellen, wobei in *Av* und *Tv* die Grundeinstellungen automatisch auf das Einstellungswahlrad gelegt werden. Zu diesem Einstellungsbildschirm gelangen Sie übrigens auch im Aufnahmemenü mit *Funkt. Ringstrg. festl.* und anschließendem Drücken der RING FUNC.-Taste.

Ringsteuerung per Touchscreen belegen

Das Anpassen der Belichtungszeit, des Blendenwertes oder der ISO-Empfindlichkeit lässt sich auch per Touchscreen kurzfristig auf die Ringsteuerung ❨❩ übertragen. Hierzu berühren Sie die rechte Kante des Bildschirms, woraufhin die möglichen Optionen erscheinen. Zusätzlich zur aktuell aktivierten Funktion ❶ wird auch die entsprechende Einstellungsskalierung im unteren Bereich des Displays ❷ eingeblendet. Wenn Sie die eingestellte Funktion ändern möchten, ziehen Sie den Finger in die entsprechende Richtung. Der weiße Rahmen verlagert sich zum nun aktivierten Feld.

◀ Hier wurde die Ringfunktion kurzfristig mit *Av* belegt, um den Blendenwert anzupassen, während die Ringsteuerung langfristig mit einer anderen Funktion belegt ist.

Wichtig ist, dass die Ringsteuerung mit der gewählten Funktion in diesem Modus nur so lange funktioniert, wie Ihr Finger auf dem Touchfeld liegen bleibt. Sobald Sie ihn entfernen, springt die Ringsteuerung wieder auf die per RING FUNC.-Taste eingestellte vorherige Funktion zurück. Diese Variante ist also nur für ein kurzfristiges Umschalten gedacht, wenn die Ringsteuerung gerade mit einer anderen Funktion belegt ist.

Tasten mit anderen Funktionen belegen

Die Tasten RING FUNC. und Movie ● lassen sich ganz unkompliziert mit einer großen Auswahl an alternativen Funktionen belegen, sodass Sie zwei zusätzliche Direkttasten mit Ihren Lieblingsfunktionen kreieren können. Dazu wählen Sie im

▲ *Individuelle Tastenbelegung*

▲ *Belegung der RING-FUNC.-Taste*

Aufnahmemenü 🄲 den Eintrag *Belegung RING FUNC. Taste* oder *Belegung 🎥 Taste*. Bestätigen Sie darin die gewünschte Option mit *FUNC./SET*, und schon ist die jeweilige Taste mit der neu gewählten Funktion belegt, die dann im Menü angezeigt wird ❶.

Wir haben festgestellt, dass wir die Belegung der Ringsteuerung einmal durchführen und es dann üblicherweise auch dabei belassen. Somit ist die RING FUNC.-Taste frei, um sie anderweitig zu verwenden. Da die G7 X keine ISO-Direkttaste besitzt und wir diese Funktion immer wieder benötigen, haben wir der RING FUNC.-Taste die Funktion *ISO-Empfindl.* zugewiesen.

Mit der Movie-Taste 🔴 ist das so eine Sache. Wenn Sie gerne auch mal ein Video drehen, sollten Sie die Taste nicht anderweitig belegen. Falls Sie sich hingegen nicht für bewegte Bilder interessieren, wäre es auch ganz praktisch, die Funktion *AF-Rahmen* mit der Taste zu verknüpfen.

So können Sie blitzschnell von der Gesichtserkennung (*Gesicht/AiAF*) auf den punktuellen Autofokusrahmen (*1-Punkt*) umschalten, was bei schnell wechselnden Szenarien, beispielsweise bei Veranstaltungen, sehr praktisch ist.

Oder wenn Sie wie wir zu denen gehören, die immer mal versehentlich den Bildschirm touchieren und damit eine Menge ganz besondere Aufnahmen für den virtuellen Mülleimer produzieren, kann es interessant sein, den *Touch-Auslöser* schnell deaktivieren zu können. Aber entscheiden Sie selbst, es steht eine Vielzahl von Optionen zur Auswahl.

13.4 Was der Aufnahmemonitor alles anzeigt

Wenn Sie Ihre G7 X einschalten, befinden Sie sich direkt im Aufnahmemodus und der LCD-Monitor informiert Sie über die wichtigsten Aufnahmeeinstellungen. Die Ansicht variiert jedoch abhängig vom gewählten Aufnahmemodus. Es sind also nicht immer alle Symbole zu sehen oder es kommen bei speziellen Anwendungen weitere hinzu und die Anordnung kann auch variieren.

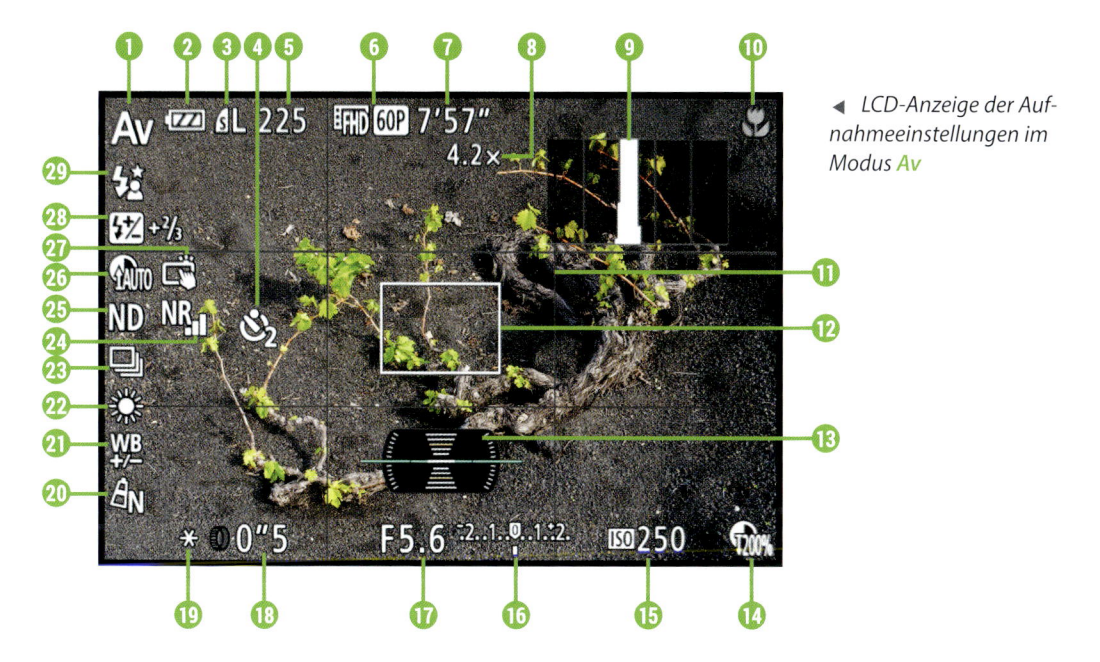

◄ LCD-Anzeige der Aufnahmeeinstellungen im Modus Av

① Szenensymbol oder *Aufnahmemodus*: über das Modus-Wahlrad eingestelltes Belichtungsprogramm, auch *Szenensymbol* in den Modi AUTO und 🅰.

② Akkuladestand: voll, noch ausreichend, fast leer, leer (*Akku aufladen*)

③ Kompression (= *Bildqualität*) und Auflösung (= *Bildgröße*)

④ Selbstauslöser: *10 Sec.*, *2 Sec.* oder *Custom Timer*

⑤ Mögliche Anzahl an Fotoaufnahmen

⑥ *Filmqualität*: Auflösung und Bildrate für Videoaufnahmen

⑦ Mögliche Filmaufnahmezeit

⑧ *Digitalzoom* oder *Digital-Telekonverter*: gibt die aktuell eingestellte Zoomstufe an

⑨ *Histogramm*: listet alle Bildpixel nach ihrer Helligkeit auf

⑩ Fokussierbereich: *Normal* oder *Makro*, alternativ Anzeige der

AF-Speicherung (Schärfespeicherung, *AFL*)

⑪ *Gitternetz*: hilfreich bei der Bildgestaltung nach der Drittel-Regel

⑫ *AF-Rahmen*: markiert das für die Scharfstellung verwendete AF-Feld

⑬ *Elektronische Wasserwaage*: hilfreich beim horizontalen und vertikalen Ausrichten der Kamera

⑭ *Kontrastkorrektur*: Kontrastoptimierung durch kamerainterne Bildbearbeitung

⑮ *ISO-Empfindlichkeit*: regelt die Lichtempfindlichkeit des Sensors

⑯ *Belichtungsstufe*: zeigt den Wert der *Belichtungskorrektur* (veränderte Bildhelligkeit) oder die Abstufungen der automatischen Belichtungsreihe *AEB* an

⑰ *Blende*: Größe der Objektivöffnung, beeinflusst die Schärfentiefe

⑱ *Verschluss- oder Belichtungszeit*: Dauer der Belichtung

Kapitel 13 Menüeinstellungen 215

⑲ *AE-Speicherung* ✱ (gespeicherte Belichtungswerte) oder *Blitzbelichtungsspeicherung* (gespeicherte Belichtungswerte mit Blitzlicht)

⑳ *My Colors* 🖌: beeinflusst Schärfe, Kontrast, Farbsättigung und Farbton des Bildes

㉑ *Weißabgleichkorrektur* 🔲: wird angezeigt, wenn der Weißabgleich manuell angepasst wurde

㉒ *Weißabgleich* 🔲: stimmt die Farben auf die Lichtquelle ab, damit Weiß- und Grautöne ohne Farbstich wiedergegeben werden

㉓ *Auslösemodus* (*Einzelbild* 🔲, *Reihenaufnahme* 🔲, *Reihenaufnahme mit Autofokus* 🔲), *AEB-Aufnahme* 🔲 (automatische Belichtungsreihe), *Fokus-Aufnahmereihe* 🔲 (automatische Fokusabstufungen)

㉔ *High ISO NR*:Rauschunterdrückung beim Aufnehmen mit hohen ISO-Empfindlichkeiten, die in drei Stufen eingestellt werden kann

㉕ *ND-Filter* ND: reduziert die Lichtmenge und verlängert die Belichtungszeit

㉖ *Schattenkorrektur* 🔲: verbessert die Bilddetails in den Schattenpartien des Motivs durch kamerainterne Bildbearbeitung

㉗ *Touch-Auslöser* aktiv: Das Bild kann durch Antippen des LCD-Monitors ausgelöst werden

㉘ *Blitzbelichtungskorrektur* 🔲: zeigt an, um wie viele Drittelstufen die Blitzbelichtung korrigiert wurde

㉙ *Blitzmodus* (*Aus* ⚡, *Ein* ⚡, *Auto* ⚡A, *Langzeitsynchronisierung* 🔲): regelt die Mischung aus vorhandenem Licht und hinzugesteuertem Blitzlicht

13.5 Die detaillierte Informationsanzeige

Falls Sie neben der Bildansicht noch genauer wissen möchten, mit welchen Einstellungen die Aufnahme gemacht wurde, oder die Belichtung anhand des Histogramms kontrollieren wollen, drücken Sie die *DISP.*-Taste so oft, bis die *Detaillierte Informationsanzeige* erscheint. Die G7 X listet Ihnen nun eine Fülle an Informationen auf, die sich abhängig vom Aufnahmeprogramm allerdings etwas unterscheiden können – es sind also nicht immer alle der hier gezeigten Einträge vorhanden oder tauchen an der gleichen Stelle auf.

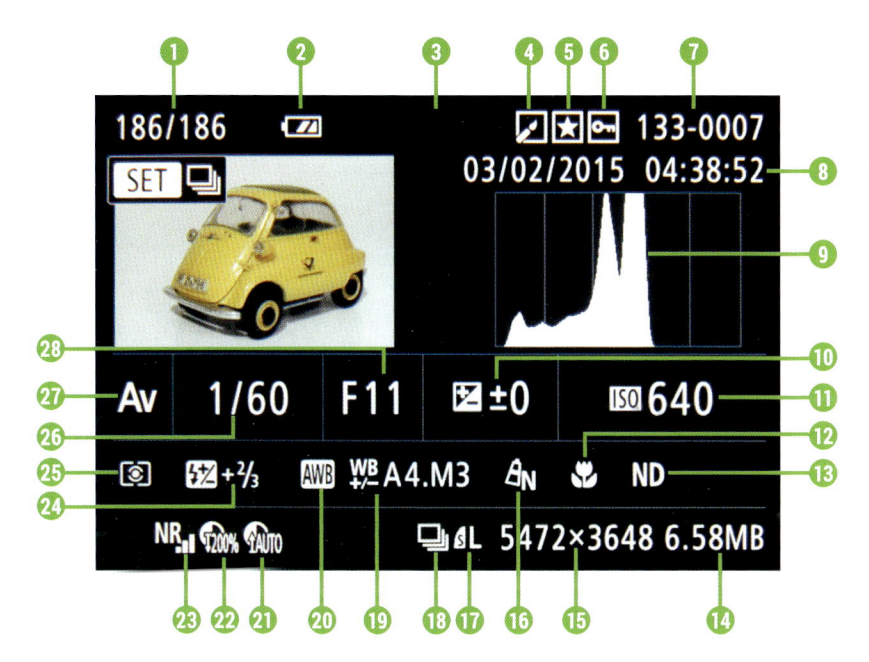

◀ Aufnahmeinformationen in der *Detaillierten Informationsanzeige*

1. Wiedergabenummer/Gesamtanzahl der gespeicherten Bilder
2. Akkuladestand 🔋
3. Aufnahmedatum
4. Bild wurde bearbeitet
5. Bild wurde als *Favorit* ★ markiert
6. *Bildschutz* aktiv: Das Bild kann mit den Löschfunktionen nicht entfernt werden
7. Ordnernummer und Dateinummer
8. Uhrzeit der Aufnahme
9. *Histogramm*: listet alle Bildpixel nach ihrer Helligkeit auf und dient der Belichtungskontrolle
10. *Belichtungskorrektur*: wirkt sich auf die allgemeine Bildhelligkeit aus
11. Lichtempfindlichkeit des Sensors, ausgedrückt als ISO-Wert
12. *Makromodus* aktiv: Aufnahme entstand mit besonders kurzem Aufnahmeabstand
13. *ND-Filter*: Die Belichtungszeit wurde durch den eingebauten Graufilter verlängert
14. Dateigröße in Megabyte (MB)
15. Auflösung in Pixeln oder Wiedergabezeit bei Movies
16. Bildstil *My Colors* oder Effekt der *Kreativen Aufnahme* oder Effekt des *Sternen-Zeitraffer-Movies* oder Korrektur für Quecksilberdampflampen
17. Bildqualität
18. Gruppenanzeige: markiert gruppierte Bilder, die im Modus *Reihenaufnahme*, *Kreative Aufnahme* oder *Sternen-Zeitraffer-Movie* aufgenommen wurden
19. *Weißabgleichkorrektur*: Anpassung der Bildfarben in Richtung Grün-Magenta oder Blau-Gelb
20. *Weißabgleich*: passt die Farben an die vorhandene Lichtquelle an

Kapitel 13 Menüeinstellungen 217

㉑ *Schattenkorrektur* oder nachträgliche Kontrastkorrektur (*i-contrast*) oder Aufnahmeintervall für *Sternen-Zeitraffer-Movie*

㉒ *Kontrastkorrektur*: verbessert die Helligkeit ansonsten ausgewaschen wirkender Bildbereiche

㉓ *High ISO NR*: reduziert das Bildrauschen vorwiegend bei hohen ISO-Werten

㉔ Blitzbelichtungskorrektur: angepasste Helligkeit des Blitzlichts

㉕ Lichtmessverfahren: Methode für die Belichtungsmessung (*Mehrfeld*, *Spot* oder *Mittenbetont integral*) oder Bildrate des *Sternen-Zeitraffer-Movies*

㉖ Belichtungszeit oder Bildqualität/Bildfrequenz bei Movies

㉗ Aufnahmemodus

㉘ Blendenwert (steuert die Größe der Objektivöffnung) oder Bildqualität bei Movies

1-Punkt 106
31-Punkt-AiAF 12

A

Abbildungsmaßstab 153
Actionfotografie 162
AEB-Belichtungsreihe 19, 161
AE-Speicherung 96, 179
AF-Feld Lupe 108
AF-Hilfslicht 103
AF-Messfeldwahl 116
AF mit Reihenaufnahme 164
AF-Peaking 12
AF-Rahmen 104, 215
   1-Punkt 106
   Gesicht/AiAF 106
AF-Rahmenauswahl 107
AF-Speicherung 107
Akku 191
Akkuladestand 215
Aufhellblitz 144
Auflösung 215
Aufnahmedatum 63
Aufnahmemenü 18
Aufnahmemodus 215
Aufnahmereihe 19
Auslösemodus 16, 216
Auslösepriorität 102, 116
Auslöser 15
Autofokus
   31-Punkt-AiAF 12
   AF-Hilfslicht 103
   Gesicht/AiAF 108
   Kontinuierl. AF 104
   Warnung 103
Autofokusmodus 104
Autofokusrahmen 36
Autofokus .... *siehe* Scharfstellen
Automatikprogramme 33
Automatische Fokusreihe 119
Automatischer ISO-Wert 88
Autom. ISO-Einst. 89
Av (Zeitautomatik) 71, 154

B

Bedienelemente 13
Bedienkonzept 16
Belichtung
   AE-Speicherung 179
   Belichtung speichern 96
   ISO-Wert 84
Belichtungskorrektur 44, 95, 179
Belichtungskorrektur-Wahlrad 15
Belichtungsmessung
   Mehrfeldmessung 90
   Mittenbetont integral 91
   Spotmessung 92
Belichtungsreihenautom. (AEB) 161
Belichtungsstufenanzeige 74, 215
Belichtungswarnung 69, 71, 72
Belichtungszeit 78, 215
   Wischeffekt 165
Bewegungsunschärfe 165
Bilder gruppier. 61
Bildgröße 27
Bildqualität 180
Bildrauschen 86
Bildstabilisator 11, 79
Bildstil .... *siehe* My Colors
Bildsuche 63
Blende 83, 215
Blendenautomatik (Tv) 163
Blendenvorwahl (Av) 71
Blinzel-Timer 41, 123
Blinzelwarnung 110
Blitz 139
   Aufhellblitz 144
   Blitz aus 146
   Blitzautomatik 141
   Blitzbelichtungskorrektur 147
   Blitzentriegelungstaste 13
   Blitzmodus 144
   Blitzsteuerung 146
   Blitztaste 14
   erster Verschluss 148
   FE-Speicherung 97
   integrierter Blitz 15, 140

Blitz
  Langzeitsyncr. 145
  Leitzahl 140, 141
    R.Aug.Lampe 146
    Reichweite..140
    Rote-Aug.Korr. 146
    zweiter Verschluss 148
Blitzbelichtungskorrektur 216
Blitzmodus..216
Brennweite 22

C

CANON iMAGE GATEWAY 197
Cropfaktor 21
Custom Display 94
Custom Timer 121

D

Detaillierte Informationsanz..............59, 216
Diaschau 62
DIGITAL-Anschluss 15
Digital-Telekonverter 26
Digitalzoom..25
Digitalzoom, ZoomPlus 25
Direkttasten...16
Direktwahltaste 114, 193
Displ spiegeln 122
DISP.-Taste 14, 59
Drucken 203
Druckmenü 18
Dynamik sichtbar machen 165

E

Einfache Informationsanzeige 59
Einstellungsmenü 18
Einstellungswahlrad...........................14, 16
Einst.speicher 75
Einzel-AF 105
Elektronische Wasserwaage 157, 215

F

Farbtemperatur 126
Farbverstärkung..53
Favoriten...61, 63
Fernsteuerung per WLAN 202
Feuerwerk (SCN).......................................45

Filmen..13, 174
  Belichtungskorrektur..........................179
  Bildqualität 180
  Filmlänge 180
  Filmmodus..174
  Filmsteuerung 184
  Kameraschwenk 177
  Kontinuierl. AF....................................175
  Movie-Taste.................................14, 174
  ND-Filter 179
  Rolling-Shutter-Effekt 177
  Schneiden...185
  Speicherkarte 192
  Tonaufnahme 183
  Windschutz 183
  Zeitraffer...182
Filmqualität 215
Filmtagebuch 38
Fischaugeneffekt 49
Flexipod 190
Fokus-Aufnahmereihe 119
Fokuspunkt prüfen 59
Fokuspunkt prüfen, Gesichter prüfen......110
Fokussierbereich 16, 215
  Makro..154
  Normal 44
  Schnell 43
  Unterwasser-Makro 43
Formatieren..34, 65
Formatieren, sicheres...............................35
FUNC.-Menü 16, 210
FUNC./SET-Taste 14, 17

G

Gefilterte Wiedergabe...............................63
Gesicht/AiAF 106, 108
Gesichts-ID 110
Gesichtsrahmen...36
Gesichts-Timer 41, 122
Gitternetz...157, 215
GorillaPod..190
GPS-Daten 199
GPS-Informationen 59
Graukarte 133
Gyrosensoren 81

H

HDMI-Anschluss 15
HDMI-Ausgang 64
HDMI-Kabel 64
HDR 47
HDR-Automatik 159
HDR, High Dynamic Range....................158
High ISO NR 87, 216
Histogramm 93, 215
HS-System..11
Hybrid Auto 38

I

i-contrast 98
Indexanzeige..60
Indexeffekt..61
Integrierter Blitz 15, 140
Intelligente Aufnahme (SCN)............41, 121
IS-Einstellungen..82
ISO-Automatik 88
   Änderungsrate..89
   Max. ISO-Empf.......................................89
ISO-Empfindlichkeit...............................215
ISO-Wert 84

J

JPEG-Format 29, 30

K

Kamera
   Bedienelemente.....................................13
   Direkttasten..16
   Objektiv 20
Kameramenü 17
Kategorien 63
Keine Informationsanzeige 59
Kelvin-Wert..126
Kompression..215
Kompressionsstufe 27
Kontinuierl. AF 104, 175
Kontrastkorrektur..............................98, 215
Kontrollleuchte 14
Kreative Aufnahme....................................46
Kreative Filter 47
Kreative Filter, HDR.................................159

L

Lächelautomatik 121
Lächeln 41
Lampe 13
Langzeitsyncr..145
Lautsprecher.....................................15, 183
Layout des FUNC.-Menüs 210
LC-Display, Aufnahmemodus.................214
Leitzahl 140, 141
Lichtempfindlichkeit.................................84
Lichtmessverfahren 89
Lichtstärke 10, 21, 72
Lithium-Ionen-Akku................................191
Löschen 65

M

Makrofotografie
   Abbildungsmaßstab 153
   Fokussierbereich 154
Makro/MF-Taste 14
Manueller Fokus..............................117, 155
   MF-Fokus Lupe 118
   Safety MF 155
Manueller Weißabgleich 132
Map Utility...200
Mehrfeldmessung 90
Menü
   Aufnahme..18
   Druck 18
   Einstellung..18
   FUNC.-Menü 210
   My Menu 18, 211
   Wiedergabe..18
MENU-Taste.......................................14, 17
MF-Fokus Lupe..118
MF Peaking..155
MF-Taste 16
Mikrofon..15, 183
Miniatureffekt 49, 182
Mischlicht..132
Mittenbetont integral 91
Modus
   Av 71, 154
   C 74
   Farbverstärkung 53

Modus
  Feuerwerk (SCN) 45
  Filmmodus 174
  Fischaugeneffekt 49
  HDR 47
  Hybrid Auto 38
  Intelligente Aufnahme (SCN) 41
  Kreative Aufnahme 46
  Kreative Filter 47
  Manuell (M) 73
  Miniatureffekt 49, 182
  Nachtaufn. o. Stativ (SCN) 42
  Nostalgisch 48
  P 68
  Porträt (SCN) 40
  Postereffekt 54
  Schnee (SCN) 44
  Smart Auto 35, 154
  Spezielle Szene (SCN) 39
  Spielzeugkamera 50
  Sternenhimmel 166
  Sternenhimmel (SCN) 41
  Tv 69, 163
  Unscharfer Hintergrund 51
  Unterwasser (SCN) 43
  Weichzeichner 52
Modus-Wahlrad 15
Monitor, Touchscreen 12
Monochrome-Effekt 52
Movies .... *siehe* Filmen
Movie-Taste 14
My Colors 134, 216
My Menu 18, 211

N

Nachtaufn. o. Stativ (SCN) 42
Naheinstellgrenze 152
ND-Filter 166, 179, 216
NFC (Near Field Communication) 198
Nostalgisch 48

O

Obj.einfahren 59
Objektiv 20
  Brennweite 22
  Lichtstärke 21

Objektiv
  Naheinstellgrenze 152
  Reinigung 188
  Zoombereich 23
One-Touch-Verbindung 201
ON/OFF-Taste 15

P

Panorama 156
Panorama, Software 158
Personenprofile 110
Perspektive 24
PictBridge 203
Porträt
  Lächelautomatik 121
  Selfie 122
Porträt (SCN) 40
Postereffekt 54
Programmautomatik (P) 68
Prozessor 10

R

R.Aug.Lampe 146
RAW-Format 29, 31
RAW + JPEG 30
Reihenaufnahme 163
  mit AF 164
  mit Livebild 164
Reihenaufnahmegeschwindigkeit 164
Reinigungslösung 188
RGB-Histogramm 59
RING/FUNC.-Taste 14, 97
Ringsteuerung 14, 212
Rolling-Shutter-Effekt 177
Rote-Aug.Korr. 146

S

Safety MF 155
Safety Shift 72
Schärfentiefe 83
Scharfstellen
  1-Punkt 106
  AF-Feld Lupe 108
  AF-Rahmen 104
  AF-Speicherung 107
  Auslösepriorität 102

Scharfstellen
  Autofokus 102
  Autofokusmodus 104
  Einzel-AF 105
  Fokus-Aufnahmereihe 119
  Fokuspunkt prüfen 59
  Fokussierhilfen 102
  Gesicht/AiAF 106, 116
  Kontinuierl. AF 175
  manueller Fokus 117, 155
  MF-Fokus Lupe 118
  MF Peaking 155
  Safety MF 155
  Servo AF 115, 163, 165
  Touch-Auslöser 113
Schattenkorrektur 98, 216
Schnee (SCN) 44
Schnell 193
Schnell (AF-Bereich) 43
Schützen 64
SCN 39
  Intelligente Aufnahme 121
Seitenverhältnis 28
Selbstauslöser 120, 215
  2 Sek. 121
  10 Sek. 121
  Blinzel-Timer 123
  Custom Timer 121
  Gesichts-Timer 122
Selfie 122
Sensor 11, 21
Servo AF 115, 163, 165
Sicheres Formatieren 35
Smart Auto 35, 154
Software
  CameraWindow-App 198
  HDR 162
  Map Utility 200
  Panorama 158
Sonnenuntergang 131
Speicherkarte 192
Speicherkarte formatieren 34
Speichervorschläge für Fotomotive 75
Spielzeugkamera 50
Sportfotografie 162
Spotmessfeld 93

Spotmessung 92
Standortprotokoll (GPS) 199
Stative 189
Sternenhervorhebung 167
Sternenhimmel 41, 166
Sternennachtaufnahme 167
Sternenporträt 168
Sternenspuren 168
Sternen-Zeitraffer-Movie 170
Steuerring 212
Synchronisation
  erster Verschluss 148
  zweiter Verschluss 148
Szenen-Icons 36

T

Tastenbelegung 213
Teleeinstellung 23
Tonaufnahme 183
Touchaktionen festl. 20
Touch-Auslöser 113, 216
Touch-Bedien. 20
Touch-Reaktion 20
Touchscreen 18
Tv (Blendenautomatik) 69, 163

U

Überbelichtungswarnung 94
Übergangseffekt 58
Unscharfer Hintergrund 51
Unterwasser 43, 193
Unterwassergehäuse 192
Unterwasser-Makro 43, 193

V

Verbindungstaste 15, 201
Vergrößerungsmaßstab 153
Verschluss-Sync 149
  erster Verschluss 148
  zweiter Verschluss 148
Verschlusszeit 78, 215
Verwacklungswarnung 39, 103
Videoaufnahmen
  Kameraschwenk 177
  Ton 183

Video ....*siehe* Filmen
Vignettierung...50

W

Wahltaste für Steuerring 14
Weichzeichner 52
Weißabgleich...................................126, 216
    anpassen 128
    AWB..127
    Graukarte 133
    manuell 132
    RAW-Konvertierung.............................131
    Wolkig 17
Weißabgleichkorrektur............131, 166, 216
Weitwinkeleinstellung 23
Wiedergabe 58
    Aufnahmedatum 63
    Bilddurchlauf 58
    Bilder gruppier.......................................61
    Detaillierte Informationsanzeige 216
    Diaschau..62
    Einzelbildanzeige 58
    Favoriten 61, 63
    Fernseher 64
    Fokuspunkt prüfen 59
    Foto/Movie 63
    gefilterte Wiedergabe 63
    Gesichter prüfen 110
    Gesichts-ID 63, 112
    Indexanzeige 60
    Informationsanzeigen...........................59
    Menschen..63
    Schützen..64

Wiedergabe
    Touchaktionen festl. 20
    Übergangseffekt 58
    vergrößern 59
Wiedergabemenü..18
Wiedergabemodus 16
Wiedergabetaste 14
Wi-Fi .... *siehe* WLAN
Windschutz..183
Wischeffekt......................................148, 165
WLAN 196
    an Smartphone senden 200
    CameraWindow-App...........................198
    Kamera fernsteuern 202
    NFC-Verbindung 198
    Nickname eingeben 197
    Smartphone-Verbindung.....................197
    Verbindungstaste 201
WLAN-Antennenbereich 14
WLAN-Einstellungen................................199
WLAN-Funktionen 196

Z

Zeitautomatik (Av)............................71, 154
Zeitraffer...170, 182
Zeitvorwahl (Tv)..69
Zoombalken..23
Zoombereich
    Digitalzoom 24
    optischer Zoom 23
ZoomPlus..25
Zoomregler 15, 23